LA CONSOLIDACIÓN DE LA TIRANÍA JUDICIAL

El Juez Constitucional controlado por el Poder Ejecutivo asumiendo el Poder Absoluto

COLECCIÓN ESTUDIOS POLÍTICOS

Títulos publicados

Allan R. Brewer-Carías

Profesor emérito de la Universidad Central de Venezuela

LA CONSOLIDACIÓN DE LA TIRANÍA JUDICIAL

El Juez Constitucional controlado por el Poder Ejecutivo asumiendo el Poder Absoluto

COLECCIÓN ESTUDIOS POLÍTICOS Nº 15

Editorial Jurídica Venezolana International

Caracas / New York

2017

© Allan R. Brewer-Carías
Email: allan@brewercarias.com
Hecho el depósito de Ley
Depósito Legal: DC2017000927
ISBN: 978-980-365-391-0

2017
Editorial Jurídica Venezolana
Avda. Francisco Solano López, Torre Oasis, P.B.,
Local 4, Sabana Grande,
Apartado 17.598 – Caracas, 1015, Venezuela
Teléfono 762.25.53, 762.38.42. Fax. 763.5239
Email fejv@cantv.net
http://www.editorialjuridicavenezolana.com.ve

Impreso por: Lightning Source, an INGRAM Content company
para Editorial Jurídica Venezolana International Inc.
Panamá, República de Panamá.
Email: editorialjuridicainternational@gmail.com

Diagramación, composición y montaje
por: Francis Gil, en letra Time New Roman 13
Interlineado Exacto 14, Mancha 18 x 11.5

CONTENIDO GENERAL

NOTA EXPLICATIVA DEL AUTOR

Esta obra sobre *La consolidación de la Tiranía Judicial. El Juez Constitucional controlado por el Poder Ejecutivo asumiendo el poder absoluto,* es la continuación de mi obra anterior: *Dictadura Judicial y perversión del Estado de derecho. La Sala Constitucional y la destrucción de la democracia en Venezuela,* dedicada a estudiar las sentencias de la Sala Constitucional del Tribunal Supremo de Justicia dictadas a partir de enero de 2016, mediante las cuales el Juez Constitucional fue despojando progresiva y sistemáticamente a la Asamblea Nacional de todas sus funciones parlamentarias, legislativas y de control, después de que la misma pasó a estar controlada por la oposición democrática luego de las elecciones parlamentarias de diciembre de 2015.

La primera edición de la obra sobre *Dictadura Judicial...* se publicó en junio de 2016,[1] apareciendo una segunda edición en noviembre de 2016.[2] Posteriormente, en marzo de 2017 salió publicada lo que puede considerarse como una tercera edición de la misma (primera en España) editada en Madrid en la Colección *El Cronista* de la Editorial IUSTEL, en la cual se analizaron otras sentencias, dictadas después de que la posibilidad

1   Véase Allan R. Brewer-Carías, *Dictadura Judicial y perversión del Estado de derecho. La Sala Constitucional y la destrucción de la democracia en Venezuela,* Primera edición, Caracas / New York 2016, 454 pp.

2   Véase Allan R. Brewer-Carías, *Dictadura Judicial y perversión del Estado de derecho. La Sala Constitucional y la destrucción de la democracia en Venezuela,* segunda edición: Caracas / New York 2016, 488 pp.

de realizar el referendo revocatorio presidencial a cual tenía derecho el pueblo venezolano, había sido totalmente eliminada por obra del mismo Juez Constitucional, y cuando todas las funciones de la Asamblea ya habían sido totalmente neutralizadas.

Ahora, en lugar de preparar una nueva edición de la obra sobre *Dictadura Judicial* …, hemos decidido sacar esta nueva obra, complementaria sin duda de aquella, en la cual hemos completado el estudio de todas las sentencias del Tribunal Supremo en la materia hasta 2017, con las cuales se consolidó definitivamente la tiranía judicial que denunciamos.

La primera edición aquella mencionada de *Dictadura Judicial y perversión del Estado de derecho. La Sala Constitucional y la destrucción de la democracia en Venezuela,* apareció publicada el mismo día en el cual el Secretario General de la Organización de Estados Americanos, Dr. Luis Almagro, presentó ante el Consejo Permanente de la Organización su *Informe sobre Venezuela* de 30 de mayo de 2016; y ahora, aparece este obra complementaria sobre *La consolidación de la Tira-nía Judicial. El Juez Constitucional controlado por el Poder Ejecutivo asumiendo el poder absoluto,* el 21 de junio de 2017, coincidiendo con la reunión de la Asamblea de Cancilleres de la OEA para precisamente analizar el caso venezolano como lo había solicitado el Secretario General.

Mucho ha ocurrido en el país durante el año transcurrido desde que el Secretario General Almagro planteó ante la OEA el tema de las violaciones a la Carta Democrática Interamericana, siendo de recordar, los dos meses de extraordinarias protestas populares que el país ha vivido en forma continua contra el régimen, contra su Juez Constitucional sumiso y contra la convocatoria a una Asamblea Nacional Constituyente fraudulenta desde abril de 2017, que ha dejado un lamentable saldo de varias decenas de estudiantes y jóvenes asesinados a manos de una jauría militar represiva conducida por el Estado, y varios miles de detenidos y torturados por la misma.

Estas manifestaciones repulsa popular contra el gobierno del Sr. Nicolás Maduro, por otra parte, son sin duda la continuación de las que se realizaron en 2014 y luego en 2016, en particular de la denominada "Toma de Caracas" que se efectuó el 1° de septiembre de 2016,[3] de una magnitud no comparable con ninguna otra realizada en una sola ciudad contra gobierno alguno en todo el Continente, y que se realizó con el objetivo de exigir el cumplimiento de los lapsos para la efectiva realización del referendo revocatorio del mandato de Nicolás Maduro[4] con el objeto de sacarlo a él y a su régimen del poder;[5] así como para

---

3   Véase Nicholas Casey y Patricia Torres, "Thousands of Venezuelans March for President's Ouster," en *The New York Times*, New York, 2 de septiembre d 2016, p. A 4.; "Multitudinaria marcha en Venezuela a favor del referendo," en *El Nuevo Herald*, Miami, 1° de septiembre de 2016, disponible en http://www.el-nuevoherald.com/noticias/mundo/article99222082.html; "Más de medio millón de venezolanos protestaron contra Nicolás Maduro en la "Toma de Caracas", en *La Nación*, Buenos Aires, 1° de septiembre de 2016, en http://www.lanacion.com.ar/1933646-toma-de-caracas-oposicion-marcha-nicolas-maduro.

4   La movilización popular convocada por la oposición fue calificada por el Presidente de la República como nuevo "plan golpista" contra su gobierno. Véase "Maduro denuncia planes de derroca-miento contra gobiernos de izquierda en América Latina," en spanish.peopledaily.com, 28 de agosto de 2016 en http://spanish.peopledaily.com.cn/n3/2016/0828/c316179106554.html; y por el Vicepresidente Ejecutivo, igualmente, conforme al mismo *script* como "un plan desestabilizador, golpista para buscar tumbar a Maduro." Véase "Aristóbulo Istúriz denunció que la oposición intenta derrocar al presidente Nicolás Maduro," Noticiero Venevisión, 28 de agosto de 2016 en http://www.noticierovenevision.net/politica/2016/agos-to/28/167263=aristobulo-isturiz-denuncio-que-la-oposicion-intenta-derrocar-al-presidente-nicolas-maduro-. No sin antes haber deportado a la candidata a la presidencia de Ecuador, diputada Cynthia Viteri, y su comitiva que estaban de visita en el país, acusándola de realizar "actividades proselitistas y desestabilizadoras" Véase el "Comunicado" del Gobierno venezolano en "Gobierno venezolano ordenó deportación de Viteri por actividades desestabilizadoras (Comunicado),"en *La patilla.com*, Caracas 27 de agosto de 2016, en http://www.lapatilla.com/site/2016/08/27/gobierno-venezolano-ordeno-deportacion-de-viteri-por-actividades-desestabilizadoras-comunicado/.

5   Como lo expresó Enrique Aristiguieta Gramcko: "el objetivo no debe limitarse a exigir una fecha para el referendo revocatorio, sino a lograr un cambio de gobierno." Véase "Aristiguieta Gramcko: La Toma de Caracas debe

exigir del Consejo Nacional Electoral la realización de las vo-
taciones para elegir gobernadores y miembros de los Consejos
Legislativos de los Estados que correspondía realizar en 2016;
y que el régimen le secuestró a los venezolanos.

En la víspera de aquella convocatoria, el gobierno formuló
toda suerte de amenazas represivas imaginables contra la oposición, apresando a líderes políticos sin motivo, o con motivos
falsos, y trasladado presos políticos arbitrariamente de sus lugares de detención, al punto de que ante la negativa del Estado
de aceptar una misión de observación y acompañamiento que
le formuló la Secretaria General de la Organización de Estados
Americanos al gobierno, el Dr. Luis Almagro tuvo que adver-
tirle al Gobierno en comunicación del 30 de agosto de 2016
que lo hacía responsable "de asegurar al pueblo su derecho a
manifestarse pacíficamente, su derecho de asociación y su derecho de libre expresión sin sufrir ningún tipo de violencia e
intimidación," manifestándole:

> "su preocupación por lo ocurrido estos días previos al llama-
> do de la oposición democrática venezolana del 1° de septiem-
> bre, donde se han recibido denuncias que demuestran el recru-
> decimiento de la represión y de las violaciones de Derechos
> Humanos. Se pretende criminalizar la protesta, se amenaza con
> inhabilitar a partidos políticos, y se criminaliza la actuación de
> diputados de la Asamblea Nacional y activistas de la sociedad
> civil, acciones que dejan serias dudas de que al gobierno vene-
> zolano le interese un diálogo serio y constructivo para salir de
> la crisis en la que ha sumergido a Venezuela.[6]

En las semanas anteriores a estos acontecimientos, la con-
ducta del Tribunal Supremo para desmantelar la democracia y

---

ser un nuevo 23 de enero," en *Lapatilla.com*, 21 de agosto en https://www.lapa-
tilla.com/site/2016/08/21/ariste-guieta-gramcko-la-toma-de-caracas-debe-ser-
un-nuevo-23-de-enero/.

6   Véase en: *Mensaje de la Secretaría General de la OEA en ocasión de las
manifestaciones del 1 de septiembre*, Luis Almagro, 30 de agosto de 2016, en
http://www.oas.org/es/centro_noticias/comunicado_prensa.asp?sCodigo=C-
090/16.

el Estado de derecho, imponiendo la "dictadura judicial" no se detuvo, y basta para constatarlo la sentencia de la Sala Electoral del Tribunal Supremo N° 108 de 1° de agosto de 2016,[7] mediante la cual se preparó el camino para la adopción de un acto más irresponsable y definitivo en la confrontación de poderes del Estado,[8] consistente en la "disolución" de hecho de la Asamblea Nacional, al declarar no sólo que la nueva juramentación de los diputados electos por el Estado Amazonas efectuada ante la Asamblea el 28 de julio de 2016, carecía "de validez, existencia y no produce efecto jurídico alguno" por haber sido la proclamación de los mismos "suspendida" judicialmente desde el 30 de diciembre de 2015; sino que a partir de dicho día 1° de agosto de 2016, también decidió la Sala que "carecen de validez, existencia y no producen efecto jurídico alguno" todos "aquellos actos o actuaciones *que en el futuro* dictare la Asamblea Nacional" con la participación de los diputados juramentados. Se trató, así, de una nulidad declarada sobre actos inexistentes y desconocidos, por ser futuros e inciertos, lo que fue un soberano, arbitrario y peligroso disparate.

Ello, además, fue ratificado por la Sala Constitucional en sentencia N° 808 de 2 de septiembre de 2016, que declaró la nulidad de la Ley que Reserva al Estado las Actividades de Exploración y Explotación de Oro sancionada unas semanas antes,[9] todo lo cual fue sucesivamente ratificado en múltiples sentencias dictadas posteriormente, por ejemplo, sentencias de la Sala Constitucional N° 810 de septiembre de 2016, N° 952 de 21 de noviembre de 2016, Nos. 1012, 1013 y 1014 de 25 de noviembre de 2016 y N° 1086 de 13 de diciembre de 2016.

---

7   Véase en http://www.tsj.gov.ve/decisiones/scon/marzo/162025-138-17314-2014-14-0205.HTML.

8   Véase sobre este proceso lo expuesto por Ernesto Estévez León, "El enfrentamiento de poderes," en *La Caja de Pandora*, 5 de agosto de 2016, en https://cajadepandora49.wordpress.com/2016/08/05/el-enfrentamiento-de-poderes/.

9   Véase en http://historico.tsj.gob.ve/decisiones/scon/septiembre/190395-808-2916-2016-16-0831.HTML.

Este libro tiene por objeto, por tanto, analizar todas esas sentencias dictadas desde finales de 2016, con las cuales se consolidó la dictadura judicial, analizándose también en el mismo, las sentencias del Juez Constitucional dictadas a partir de la N° 3 de 11 de enero de 2017,[10] con la cual se le cercenó definitivamente al pueblo su derecho más elemental en un Estado de derecho, que es el de ejercer la soberanía mediante sus representantes.

Por otra parte, si los diputados habían sido juramentados al integrar la Asamblea Nacional, fue para que participaran en las labores legislativas, lo que de plano fue negado por la Sala Constitucional al resolver en las sentencias dictadas a partir del 1° de agosto de 2016, que todo lo que había decidido y decidiera en el futuro la Asamblea Nacional carecía de validez, existencia y no produce efecto jurídico alguno.

Y como la decisión se adoptó en el marco de un amparo cautelar –aun cuando sin identificarse el supuesto derecho fundamental lesionado ni citarse a los supuestos agraviantes–, entonces, con la misma también se abrió la puerta para que la Sala Constitucional incluso pudiera avocarse al conocimiento de los asuntos por simple "notoriedad judicial," y preparar el camino para poder proceder a aplicar la inconstitucional doctrina que sentó en 2014, en el caso de los Alcaldes de los Municipios San Diego del Estado Carabobo y San Cristóbal del Estado Táchira,[11] pudiendo terminar entonces decretando la "cesación" de las funciones de los diputados que incurrieran en

---

10   Véase en http://historico.tsj.gob.ve/decisiones/scon/enero/194892-03-11117-2017-17-0002.HTML.

11   Véase sobre esas sentencias los comentarios en Allan R. Brewer-Carías, *El golpe a la democracia dado por la Sala Constitucional (De cómo la Sala Constitucional del Tribunal Supremo de Justicia de Venezuela impuso un gobierno sin legitimidad democrática, revocó mandatos populares de diputada y alcaldes, impidió el derecho a ser electo, restringió el derecho a manifestar, y eliminó el derecho a la participación política, todo en contra de la Constitución)*, Colección Estudios Políticos N° 8, Editorial Jurídica venezolana, segunda edición, Caracas 2015, pp. 115 ss.

LA CONSOLIDACIÓN DE LA DICTADURA JUDICIAL   15

desacato, y con ello proceder a "disolver" de hecho la Asamblea, como se ha venido anunciando en forma desvariada.[12]

Las decisiones de la Sala Constitucional también abrieron la puerta para que otros órganos depredadores del poder público pudieran también contribuir a cerrar la Asamblea Nacional, como fue lo anunciado del Poder Ejecutivo, de proceder a ahogarla presupuestariamente para, de hecho, tratar de impedir que funcione,[13] lo que efectivamente comenzó a ocurrir al terminar las sesiones ordinarias de la Asamblea el 15 de agosto de 2016.[14]

En fin, de lo que se ha tratado en la "dictadura judicial" que se consolidó definitivamente en los primeros tres meses de 2017, ha sido desplazar a los representantes de la voluntad popular del marco institucional del Estado, como la culminación del proceso de demolición de la democracia, lo que incluso fue formalmente "anunciado" por el Presidente de la República, sin duda en respuesta a la multitudinaria manifestación popular de rechazo a su gobierno del 1° de septiembre de 2016, al declarar que:

> "Le he pedido a un grupo de juristas, al Procurador General, que en el marco del Decreto de Emergencia Económica y Estado de Excepción, me preparen un decreto constitucional para consultarle a la Sala Constitucional para levantar la inmunidad

---

12　La única posibilidad constitucional que existe en la Constitución para que el Presidente de la República pueda disolver la Asamblea Nacional es cuando en un mismo período constitucional se remueva al Vicepresidente Ejecutivo tres veces como consecuencia de la aprobación por la Asamblea de tres mociones de censura (art. 240). Por tanto, para que ese supuesto se pueda llegar a producir, es porque la voluntad de la Asamblea de que la disuelvan.

13　Véase Yelesza Zavala, "Maduro: Si la AN está fuera de ley yo no puedo depositarle recursos," en *NoticieroDigital.com*, 2 de agosto de 2016, en http://www.noticierodigital.com/forum/viewto-pic.php?t=38621.

14　Véase las declaraciones del Presidente de la Asamblea: "Ramos Allup: Gobierno suspendió salario a diputados opositores," en *El Tiempo*, Puerto La Cruz, 24 de agosto de 2016, disponible en *El Tiempo.com.ve,* en http://el-tiempo.com.ve/venezuela/gobierno/ra-mos-allup-gobierno-suspendio-salario-a-diputados-opositores/227363.

a todos los cargos públicos, empezando por la inmunidad parlamentaria en Venezuela, si fuese necesario." [15]

Como bien lo observó José Ignacio Hernández:

"Esta amenaza podría ser preludio de un nuevo episodio del conflicto contra la Asamblea Nacional, que incorporaría un elemento sumamente peligroso para el orden democrático y constitucional: desconocer la inmunidad parlamentaria con base en argumentos jurídicos bastante primitivos, permitiendo no sólo el enjuiciamiento sino, además, la privación de libertad de diputados, como consecuencia de una acción de retaliación política." [16]

La amenaza se cumplió posteriormente con la sentencia Nº 155 de 29 de marzo de 2017, mediante la cual, de un plumazo, se eliminó dicha inmunidad (aun cuando la Sala posteriormente se retractó mediante sentencia Nº 157 de 1º de abril de 2017), todo lo cual por supuesto fue absolutamente inconstitucional pues conforme al artículo 200 de la Constitución la inmunidad parlamentaria, como privilegio de los diputados, solo puede ser allanada en los casos de comisión de delitos por el Tribunal Supremo de Justicia, "única autoridad que podrá ordenar, previa autorización de la Asamblea Nacional, su detención y continuar su enjuiciamiento," luego de realizado el antejuicio de méritos correspondiente (art. 266.3).

---

15   Véase "Maduro pide evaluar levantamiento de inmunidad a parlamentarios en Venezuela," en *El Espectador*, Bogotá, 1 de septiembre de 2016, disponible en http://www.elespectador.com/noticias/elmundo/maduro-pide-evaluar-levantamiento-de-inmunidad-parlamen-artículo-652327. El primer Vicepresidente de la Asamblea Nacional Enrique Márquez consideró con razón que "Es un golpe de Estado que Maduro pretenda levantar la inmunidad a los parlamentarios," Caracas 1º de septiembre de 2016. Véase en http://unidadvenezuela.org/2016/09/42810/.

16   Véase José Ignacio Hernández, "¿Qué puede pasar con la inmunidad parlamentaria, tras el anuncio de Maduro?", en *Prodavinci*, 1º de septiembre de 2016, en http://prodavin-ci.com/blogs/que-puede-pasar-con-la-inmunidad-parlamentaria-tras-el-anuncio-de-maduro-por-jose-i-hernandez/.

Como lo observó María Alejandra Correa Martín:

"La Constitución no confiere al Presidente de la República atribución alguna para instar al Tribunal Supremo de Justicia para allanar la inmunidad parlamentaria, ni para dictar decretos que la condicionen o excluyan. Ni siquiera en el marco de un Estado de Excepción, porque durante la vigencia de éstos no se afecta el funcionamiento de los demás Poderes Públicos (artículo 339, último aparte de la Constitución)." [17]

Lo cierto, en todo caso, es que la intención del gobierno y de la Sala Constitucional, como fue anunciado, fue acabar definitivamente con la Asamblea Nacional y la representación popular, buscando la expresada inconstitucional y tortuosa vía para quizás, alegando el desacato de los diputados a cumplir con las inconstitucionales sentencias del Tribunal Supremo de Justicia que le han cercenado las facultades constitucionales a la Asamblea, proceder a "allanarle" la inmunidad parlamentaria a los diputados con la sola intervención de dicho Tribunal Supremo, al considerar que la "autorización" que la Constitución exige que deba dar la propia Asamblea Nacional para ello, no es posible que pueda ser emitida, ya que sus Salas decidieron en sus sentencias recientes, como la N° 108 de 1° de agosto de 2016 de la Sala Electoral, la N° 808 de 2 de septiembre de 2016 y todas las posteriores de 2016 y de 2017 de la Sala Constitucional, antes indicadas, que todos los actos de la Asamblea "carecen de validez, existencia y no producen efecto jurídico alguno."

O sea, tan simple y burdo como esto: como la Asamblea Nacional no puede decidir nada válidamente, porque así lo decidió el Tribunal Supremo, entonces no puede autorizar el allanamiento de la inmunidad parlamentaria de los diputados como lo exige la Constitución, pudiendo entonces ello ser decidido con la sola participación del Tribunal Supremo.

---

17   Véase María Alejandra Correa Martin, "Inmunidad parlamentaria incomoda al Ejecutivo Nacional," 1° de septiembre de 2016, disponible en http://www.allanbrewercarias.com/Content/449725d9-f1cb-474b-8ab2-41efb849fec2/Content/MAC..%20Inmunidad%20parlamentaria.pdf.

Y mientras todo esto se estuvo preparado tras bastidores, la persecución política continuó, y muestra de ello fue el inconstitucional secuestro y detención del periodista Braulio Jatar,[18] por haber difundido legalmente un video con imágenes verídicas de una manifestación callejera en la cual vecinos del barrio Villa Rosa en las afueras de Porlamar, en la Isla de Margarita, participaban legítimamente, y entre ellos muchas señoras mayores amas de casa que blandían cacerolas como única "arma" para expresar su descontento, y que tuvieron que enfrentar a un irresponsable Presidente quién en una insólita bravuconada pretendió mezclarse con los manifestantes queriendo él solo callar el ensordecedor ruido de las cacerolas de las amas de casa,[19] lo que por supuesto no sólo no logró, sino que no ha logrado posteriormente ni logrará en lo adelante.

Luego de que circuló la segunda edición del libro *Dictadura Judicial y perversión del Estado de derecho*, antes indicado, además de haberse ensayado la realización de un "diálogo" ilusorio promovido por el Vaticano para resolver la crisis política del país, que no condujo a nada, en paralelo, el Tribunal Supremo siguió emitiendo nuevas decisiones a través de sus Salas, que contrariaron toda posibilidad de diálogo.

Entre ellas, se destaca la adoptada por la Sala Constitucional para terminar de clausurar de hecho a la Asamblea Nacional, como fue la sentencia de la Sala Constitucional del Tribunal Supremo N° 814 de 11 de octubre de 2016,[20] dictada con

---

18   Véase el reportaje: publicado en el diario *El Nacional*, dónde se informó que: "Un Mundo sin mordaza rechazó la detención del director del portal Reporte Confidencial, Braulio Jatar, por publicar videos de habitantes de Nueva Esparta caceroleando en contra del presidente Nicolás Maduro, durante una visita a la comunidad de Villa de Rosa. Véase *El Nacional*, Caracas 3 de septiembre de 2016, disponible en http://www.el-nacional.com/libertad_de_expresion/Mundo-Mordaza-detencion-Braulio-Jatar_0_914908609.html.

19   Véase Nicholas Casey, "Venezuelan Show Anger By Chasing President," en *The New York Times*, New York, 4 de septiembre de 2016, p. 8.

20   Véase en http://historico.tsj.gob.ve/decisiones/scon/octubre/190792-814-111016-2016-2016-897.HTML.

motivo de "ampliar" supuestamente lo resuelto en una sentencia anterior, mediante la cual la propia Sala asumió directamente las competencias de la Asamblea Nacional esta vez en materia presupuestaria, en una evidente usurpación de autoridad, llegando a aprobar un decreto-ley de la Ley de Presupuesto para 2017.

La Sala Electoral del Tribunal Supremo además, dictó la sentencia Nº 417 del 17 de octubre de 2016,[21] mediante la cual secuestró de nuevo el derecho ciudadano a la revocatoria de mandatos presidenciales para la realización del referendo revocatorio previsto para 2016, "interpretando" en forma inconstitucional que el respaldo de firmas que se necesitaba para convocar dicho referendo era del 20% de los electores inscritos en el Registro Electoral en cada una de las circunscripciones de cada uno de los Estados de la República y del Distrito Capital, y no en la circunscripción nacional. La consecuencia fue que la oposición democrática se preparó para una nueva recolección de firmas, conforme a lo dispuesto por el Consejo Nacional Electoral, para los días 26 al 28 de octubre de 2016, lo cual fue frustrado por la acción conjunta de cinco gobernadores de Estado y jueces penales de los Estados "dejado sin efecto la recolección de firmas del 1% del padrón electoral," que se había realizado cuatro meses antes por la Mesa de la Unidad Democrática (MUD) para promover el referendo."[22]

Ello condujo al Consejo Nacional Electoral, el mismo día 20 de octubre, a paralizar "hasta nueva orden judicial, del proceso de recolección de 20% de las manifestaciones de voluntad, que estaba previsto para el 26, 27 y 28 de octubre de 2016," posponiendo "el proceso de recolección hasta nueva

---

21   Véase en http://historico.tsj.gob.ve/decisiones/selec/octubre/190852-147-171016-2016-2016-000074.HTML.

22   Véase la información en CNN. Español, 20 de octubre de 2016, en http://cnnespanol.cnn.com/2016/10/20/anulan-firmas-de-la-primera-fase-del-revocatorio-en-varios-estados-de-venezuela/#0.

instrucción judicial,"[23] con lo cual se acabó definitivamente la posibilidad de que el pueblo venezolano pudiera ejercer su derecho constitucional al referendo revocatorio presidencial, que debió haber ocurrido en 2016. Una nueva manifestación de la dictadura judicial lo impidió.

El balance de las actuaciones y decisiones adoptadas por la Sala Constitucional del Tribunal Supremo de Justicia durante todo el año 2016 fue, en definitiva, que absolutamente todas las leyes y actos parlamentarios sancionados y adoptados por la Asamblea Nacional fueron declarados nulos, concluyendo el proceso a principios de 2017, al disponer la misma Sala Constitucional la cesación definitiva, de hecho, de la Asamblea Nacional, al decidir mediante sentencia N° 2 de 11 de enero de 2017,[24] la nulidad tanto del acto de instalación de la Asamblea para su segundo período anual del 5 de enero de 2017, como el Acuerdo de 9 de enero de 2017 que declaró la falta absoluta del Presidente de la República, indicando que:

> "Cualquier actuación de la Asamblea Nacional y de cualquier órgano o individuo en contra de lo aquí decidido será nula y carente de toda validez y eficacia jurídica, sin menoscabo de la responsabilidad a que hubiere lugar."

En esta forma, mediante un sablazo final de la Justicia, que se ratificó en la sentencia de la misma Sala N° 3 de 11 de enero de 2017,[25] se le cercenó definitivamente al pueblo su derecho más elemental en un Estado de derecho, que es el de ejercer la soberanía mediante sus representantes; y posteriormente, mediante sentencia N° 7 de 26 de enero de 2017, mediante la cual si bien se declaró inadmisible la acción intentada, de ofi-

---

23   Véase en: http://www.cne.gov.ve/web/sala_prensa/noticia_detallada.php?-id=3483.

24   Véase en http://historico.tsj.gob.ve/decisiones/scon/enero/194891-02-11117-2017-17-0001.HTML.

25   http://historico.tsj.gob.ve/decisiones/scon/enero/194892-03-11117-2017-17-0002.HTML.

cio, en un supuesto *Obiter Dictum,* la Sala procedió a darle la estocada final a la Asamblea, al ratificar la declaratoria de nulidad absoluta e inconstitucionales de todas las actuaciones de la misma, pero dando inicio al procedimiento para proceder a enjuiciar a los diputados de la Asamblea por desacato, revocarle su mandato popular y encarcelarlos.[26]

Con posterioridad, y con ocasión de la adopción por la Asamblea Nacional del *Acuerdo de la Asamblea Nacional sobre la Reactivación del Proceso de Aplicación de la Carta Interamericana de la OEA,* como mecanismo de resolución pacífica de conflictos para restituir el orden constitucional en Venezuela,[27] la Sala Constitucional dictó la sentencia N° 155 de 27 de marzo de 2017, consolidando definitivamente una dictadura judicial, en la cual, violando las reglas más elementales del debido proceso, dictó medidas cautelares de oficio ordenándole al Presidente de la República a gobernar violando abiertamente la Constitución, "decretando" para ello un inconstitucional estado de excepción, iniciando a la vez un juicio para el "control innominado de la constitucionalidad" de no se sabe qué actos, y eliminando la inmunidad parlamentaria de la mayoría de los diputados electos en diciembre de 2015.

Dos días después, mediante sentencia N° 156 de fecha 29 de marzo de 2017[28] decidió un recurso de interpretación intentado el día antes por los representantes de una empresa del Estado del sector hidrocarburos, disponiendo que como la Asamblea Nacional no podía funcionar por estar la mayoría de los diputados que la componen en situación de desacato de sentencias anteriores, siendo ello una supuesta *omisión inconstitucional legislativa,* entonces la propia Sala Constitucional procedió a

---

26   Véase   en   historico.tsj.gob.ve/decisiones/scon/enero/195578-07-26117-2017-17-0010.HTML.

27   Sentencia N° 155 de 27 de marzo de 2017, en http://historico.tsj.gob.ve/decisiones/scon/marzo/197285-155-28317-2017-17-0323.HTML.

28   Véase en http://historico.tsj.gob.ve/decisiones/scon/marzo/197364-156-29317-2017-17-0325.HTML.

asumir "de pleno derecho" y ejercer *de facto* las competencias parlamentarias, auto-atribuyéndose incluso la potestad de "delegarlas " en "el órgano que ella disponga;" y atribuyó inconstitucionalmente al Presidente de la República la potestad de legislar en materia de hidrocarburos.

La grave alteración del orden constitucional que ocurrió con estas sentencias fue advertida de inmediato por el Secretario General de la OEA, Dr. Luis Almagro, quien apenas se publicaron, denunció con razón, el día 30 de marzo de 2017, "el auto-golpe de Estado perpetrado por el régimen venezolano contra la Asamblea Nacional, último poder del Estado legitimado por el voto popular," afirmando con lamento que lo que tanto había "advertido lamentablemente se ha concretado." El Secretario General fue también preciso al destacar los aspectos medulares de las dos sentencias indicando que:

> "El Tribunal Supremo de Justicia (TSJ) ha dictado dos decisiones por las que despoja de sus inmunidades parlamentarias a los diputados de la Asamblea Nacional y, contrariando toda disposición constitucional, se atribuye las funciones de dicho Poder del Estado, en un procedimiento que no conoce de ninguna de las más elementales garantías de un debido proceso.
>
> Por la primera de ellas, del 27 de marzo de 2017, el TSJ declara la inconstitucionalidad de acuerdos legislativos calificando como actos de traición a la patria el respaldo a la Carta Democrática Interamericana, instrumento jurídico al cual Venezuela ha dado su voto al tiempo de aprobarlo y fue el primer país en solicitar su aplicación en el año 2002.
>
> Por el segundo fallo, del 29 de marzo, este tribunal declara la "situación de desacato y de invalidez de las actuaciones de la Asamblea Nacional", en forma que no conoce respaldo constitucional ni en las atribuciones de la Asamblea (art. 187 de la Constitución), ni mucho menos en la de la Sala Constitucional del TSJ (art. 336 de la Constitución) y que viola la separación de poderes que la propia Constitución exige sea respetada por todos los jueces los que deben "asegurar su integridad" (art. 334).

Dichas sentencias, a juicio del Secretario General, al "despojar de las inmunidades parlamentarias a los diputados de la Asamblea Nacional y de asumir el Poder Legislativo en forma completamente inconstitucional son los últimos golpes con que el régimen subvierte el orden constitucional." Con ello coincidió la Fiscal General de la República, en contraste con la posición del Presidente de la República que celebró las sentencias considerándolas como "históricas." La Fiscal General, en efecto indicó que de dichas sentencias se evidenciaban "varias violaciones del orden constitucional y desconocimiento del modelo de Estado consagrado en nuestra Constitución," considerando que ello constituía "una ruptura del orden constitucional." [29]

Luego de todas esas reacciones generalizadas, y considerando que lo que había ocurrido era un "impasse" entre la Sala Constitucional y la Fiscal General de la República, el Presidente de la República convocó una reunión de un Consejo consultivo de Defensa de la Nación, [30] que exhortó al Tribunal Supremo a modificar sus decisiones, a lo cual accedió la Sala Constitucional anunciando el 1° de abril de 2017, [31] que proce-

---

29   Véase el texto en la reseña "Fiscal general de Venezuela, Luisa Ortega Díaz, dice que sentencias del Tribunal Supremo sobre la Asamblea Nacional violan el orden constitucional," en Redacción BBC Mundo, *BBC Mundo*, 31 de marzo de 2017, en http://www.bbc.com/mundo/noticias-america-latina-39459905 Véase el video del acto en https://www.youtube.com/-watch?v=GohPIrveXFE.

30   La propia Sala confesó en un Comunicado de 3 de abril de 2017 publicado en *Gaceta Oficial* que "El Tribunal Supremo de Justicia en consideración al exhorto efectuado por el Consejo de Defensa de la Nación ha procedido a revisar las decisiones 155 y 156, mediante los recursos contemplados en el ordenamiento jurídico venezolano, y en tal sentido, hoy son públicas y notorias sendas sentencias aclaratorias que permiten sumar en lo didáctico y expresar cabalmente el espíritu democrático constitucional que sirve de fundamento a las decisiones de este Máximo Tribunal." Véase en la *Gaceta Oficial* N° 41.127 de 3 de abril de 2017.

31   Véase sobre el anuncio de las aclaratorias, los comentarios en Allan. Brewer-Carías: "El golpe de Estado judicial continuado, la no creíble defensa de la constitución por parte de quien la despreció desde siempre, y el

dería de oficio a *reformar y revocar* parcialmente las mencionadas sentencias N° 155[32] y 156[33] de 27 y 29 de marzo de 2017.

Ello, por supuesto, está prohibido en el ordenamiento jurídico venezolano; sin embargo, la Sala dictó para complacer al Poder Ejecutivo las sentencias Nos. 157[34] y 158[35] de fecha 1° de abril de 2017 (cuyo texto sin embargo solo fue conocido cerca de las 11 am del día 4 de abril de 2017), modificando sus sentencias anteriores en violación de los principios más elementales del debido proceso en Venezuela; pero irónicamente invocando como motivación fundamental, la "garantía de la tutela judicial efectiva consagrada en el artículo 26 constitucional."

Con dichas sentencias, como lo precisó el profesor Román José Duque Corredor, los magistrados de la Sala Constitucional cometieron "fraude procesal por falseamiento de la verdad, la adulteración del proceso, y fraude a la ley."[36]

---

anuncio de una bizarra "revisión y corrección" de sentencias por el juez constitucional por órdenes del poder ejecutivo. (Secuelas de las sentencias N° 155 y 156 de 27 y 29 de marzo de 2017), New York, 2 de abril de 2017, en   http://allanbrewercarias.net/site/wp-content/uploads/2017/04/150.-doc.-BREWER.-EL-GOLPE-DE-ESTADO-Y-LA-BIZARRA-REFORMA-DE-SENTENCIAS.-2-4-2017.pdf.

32   Véase sentencia N° 155 de 27 de marzo de 2017, en http://historico.tsj.gob.ve/decisiones/scon/marzo/197285-155-28317-2017-17-0323.HTML.

33   Véase la sentencia N° 156 de 29 de marzo de 2017 en http://historico.tsj.gob.ve/decisiones/scon/marzo/197364-156-29317-2017-17-0325.HTML.

34   Véase en http://historico.tsj.gob.ve/decisiones/scon/abril/197399-157-1417-2017-17-0323.HTML.

35   Véase en http://Historico.Tsj.Gob.Ve/Decisiones/Scon/Abril/197-400-158-1417-2017-17-0325.Html.

36   Véase Román José Duque Corredor, "Fraude procesal de los magistrados de la Sala Constitucional," 4 de abril de 2017, en http://justiciayecologia-integral.blogspot.com/2017/04/fraude-procesal-de-los-magistrados-de.html?spref=fb&m=1.

Al estudio detallado de todas las sentencias antes mencionadas dictadas desde finales de 2016 hasta abril de 2017, es que se dedica ahora esta obra, la cual como hemos dicho es la continuación de lo estudiado en la anterior sobre la *Dictadura Judicial y la perversión del Estado de Derecho.* De allí su título de sobre *La consolidación de la Tiranía Judicial,* que es lo que lamentablemente ha ocurrido.

Sabemos por supuesto, que la labor destructiva del Juez Constitucional no ha concluido y la más reciente manifestación de ello ha sido su actuación ante la última de las manifestaciones de desprecio a la Constitución que hemos visto en el país, como es la inconstitucional convocatoria de una Asamblea Nacional Constituyente, sin consultar al pueblo, que se ha realizado por decreto N° 2830 de 1° de mayo de 2017.[37].

De acuerdo con el texto de la Constitución, al supuestamente estar montado sobre el concepto de democracia participativa, el mismo exige la participación del pueblo mediante referendo en cualquier de los tres mecanismos de reforma constitucional que son según la importancia de la reforma propuesta, la enmienda constitucional, la reforma constitucional y la asamblea constituyente. En la enmienda o la reforma constitucional el pueblo debe aprobarlas mediante referendo aprobatorio, una vez que ha sido sancionada, (arts. 341.3, y 344); o en el caso de la Asamblea nacional Constituyente el pueblo es el que puede convocarla mediante referendo de convocatoria (art. 347).[38] No es posible concebir que para cambiar una coma de un artículo, o para reformar un artículo fundamental se requiera de la participación del pueblo mediante referendo; y ello no se requiera en cambio para cambiar toda la Constitución y dictar una nueva.

---

37   Véase *Gaceta Oficial* N° 6295 Extraordinario de 1 de mayo de 2017

38   Véase Allan R. Brewer-Carías, Véase sobre ello lo que hemos expuesto en Allan R. Brewer-Carías, *Reforma constitucional y fraude a la Constitución (1999-2009),* Academia de Ciencias Políticas y Sociales, Caracas 2009, p. 64-66; y en *La Constitución de 1999 y la Enmienda constitucional N° 1 de 2009,* Editorial Jurídica Venezolana, Caracas 2011, pp. 299-300

Por ello, la Constitución exige que sea el pueblo el que pueda convocar una Asamblea Constituyente, pudiendo manifestarse sólo mediante referendo, y así vote también por las bases comiciales sobre la asamblea constituyente que deben garantizar el funcionamiento de la misma conforme a los valores, principios y garantías democráticas (art. 350), y entre ellas, el derecho a la democracia representativa. Ello implica que los constituyentes se tienen que elegir exclusivamente mediante sufragio universal, directo y secreto (art. 63), quedando proscrita toda otra forma de representación grupal, sectorial, de clase o territorial.

Esa convocatoria necesariamente popular de la Asamblea Nacional Constituyente (mediante referendo) es distinta a la *iniciativa* para que dicha convocatoria la pueda realizar el pueblo, que la Constitución le atribuye al Presidente en Consejo de Ministros, a la Asamblea Nacional con voto calificado, a los dos tercios de los Concejos Municipales, o a un quince por ciento de los electores (art. 348).

Por tanto, el hecho de poder tener la iniciativa para que se convoque la Asamblea Nacional Constituyente no puede implicar que se pueda usurpar el carácter del pueblo como depositario del poder constituyente originario, y que el Presidente de la República pueda convocar directamente una Constituyente sin el voto popular expresado en un referendo.

Pero ninguno de estos argumentos tuvo valor alguno para la Sala Constitucional del Tribunal Supremo y para forma cómo ha venido "interpretando" la Constitución *a la medida,* conforme a lo que le requiera o exija el Presidente de la República, razón por la cual dictó la sentencia N° 378 de 31 de mayo de 2017, al decidir un recurso de interpretación interpuesto por un ciudadano respecto de los artículos 357 y 358 de la Constitución que regula la figura de la Asamblea Nacional Constituyente como instrumento para la reforma total e integral de la Constitución. La sentencia concluyó indicando, simplemente, que como dichas normas constitucionales no indican expresamente que debe haber un referendo popular para convocarla, ignorando que es el pueblo el que solo puede convocar la Constituyente, usurpando la voluntad popular indicó que el Presidente de la República sí podía convocar la Asamblea Constituyente sin consultar al pueblo.

Como lo observó Ramón Escobar León, en la sentencia, la Sala Constitucional:

> "afirmó a los cuatro vientos que no había que consultar al pueblo para realizar una asamblea nacional constituyente originaria, porque –según dice la "ponencia conjunta"– la Constitución no lo establecía expresamente. Los "jueces" que integran la Sala Constitucional no interpretaron la Constitución relacionando una norma con otra, sino que tomaron el artículo 347 y extrajeron de él un significado contrario al que la misma Constitución, la doctrina y la experiencia enseñan."[39]

Es decir, ni más ni menos, lo que decidió la Sala Constitucional equivalió a indicar, como se dijo, que para cambiar una simple "coma" en una frase de un artículo en la Constitución mediante el procedimiento de enmienda constitucional, o para reformar un artículo de la misma mediante el procedimiento de reforma constitucional se requiere de un referendo popular, pero que sin embargo, para reformar *toda la Constitución y sustituir el texto vigente por otro nuevo,* no se necesita consultar al pueblo.[40]

---

39   Véase Ramón Escobar León, "Activismo y originalísmo constitucional versus tiranía judicial," en *Prodavinci*, 20 de junio de 2017, en http://prodavinci.com/blogs/activismo-y-originalismo-constitucional-versus-tirania-judicial-por-ramon-escovar-leon/?platform=hootsuite

40   Ante las críticas generalizadas, mediante Decreto No. 2889 de 4 de junio de 2017 (*Gaceta Oficial* N° 6303 Extra de 4 de junio de 2017), el Presidente de la república "complementó las bases comiciales" exhortando a la Asamblea Nacional Constituyente que se elija para someter a referendo aprobatorio la Constitución que se sancione.

Ante este absurdo constitucional, con toda razón, la Fiscal General de la República solicitó al Tribunal Supremo con fecha 1 de junio de 2017, conforme a lo dispuesto en el Código de Procedimiento Civil, una aclaratoria de dicha sentencia, la cual ni siquiera fue considerada por el Tribunal Supremo de Justicia, al decidir mediante sentencia N° 441 de 7 de mayo de 2017,[41] que la Fiscal General de la República carecía de legitimación para solicitar aclaratorias de sentencias pues supuestamente no era "parte" en el proceso específico, ignorando que en una parte nata en todos los procesos constitucionales, como garante que es conforme a la Constitución de las garantía constitucionales (art. 285.1).[42] La Sala para decidir en esta forma, incluso llegó a eliminar en la sentencia el carácter de "proceso" que necesariamente debería tener el "proceso constitucional" de interpretación constitucional que se origina con los recursos de interpretación.

Ante este revés, al día siguiente (es decir hoy mismo, 8 de junio de 2017), la Fiscal General de la República en su condición de ciudadana, de electora y de Fiscal General, buscando poder argumentar ante alguna autoridad judicial su demanda de inconstitucionalidad de todo el proceso de convocatoria de la Asamblea Nacional Constituyente fraudulenta hecha por el Poder Ejecutivo, introdujo recurso contencioso electoral por razones de inconstitucionalidad, conjuntamente con una petición de amparo cautelar, ante la Sala Electoral del Tribunal Supremo de Justicia,[43] contra las decisiones del Consejo Nacional Electoral, mediante las cuales había aprobado y convalidado la convocatoria a la Asamblea Nacional Constituyente

---

41   Véase   http://historico.tsj.gob.ve/decisiones/scon/junio/199712-441-7617-2017-17-0519.HTML

42   Véase en   http://www.panorama.com.ve/politicayeconomia/TSJ-declaro-inadmisible-solicitud-de-aclaratoria-interpuesta-por-la-fiscal-Luisa-Ortega-Diaz-20170607-0083.html

43   Véase el texto en   http://www.mp.gob.ve/c/document_library/get_file?uuid=-3e9aba8c-59ab-4e99-86e0-8953e5e1a504&groupId=10136

efectuada por el Presidente de la República, había validado las bases comiciales respectivas, había convocado a postulaciones para constituyentístas y había convocado a las elecciones de los mismos.

En los días que siguieron, la Sala Electoral del Tribunal Supremo de Justicia cesó de dar audiencias de despacho a los efectos de no recibir ningún recurso o adhesión a la acción presentada por la Fiscal, como ella lo había solicitado públicamente; y en todo caso, las fuerzas de seguridad represivas del gobierno bloquearon e impidieron a las personas llegar hasta la sede del mismo. Además, desde la organización administrativa del Poder Judicial, los Jueces Rectores Civiles en los Estados se dirigieron a todos los jueces de cada Estado informándoles que *debían abstenerse de recibir* dichas adhesiones.

Días después, mediante sentencia N° 67 de 12 de junio de 2017, la Sala Constitucional simplemente declaró inadmisible el recurso intentado por la Fiscal, por supuestamente haber una inepta acumulación ya que según la Sala, habría impugnado actos de distintos órganos del Estado (cuya nulidad compete a diferentes tribunales), cuando ello es absolutamente falso pues en el recurso la Fiscal solo impugnó decisiones del Consejo Nacional Electoral (12.6-2017).

Por otro lado, la Sala Constitucional del Tribunal Supremo, días después, mediante sentencia N° 455 de fecha 12 de junio de 2017 (*Caso: Emilio J. Urbina Mendoza*), declaró sin lugar un recurso de nulidad de nulidad por inconstitucionalidad intentado contra el Decreto N° 2.878 de 23 de mayo de 2017 que estableció las "bases comiciales" para la integración de la Asamblea Nacional Constituyente basándose en su fallo anterior N° 378 del 31 de mayo de 2017, estableciendo en definitiva "la constitucionalidad" de las referidas bases comiciales inconstitucionales.

Posteriormente, mediante sentencia N° 470 de 27 de junio de 2017[44] la Sala Constitucional declaró inadmisible el recurso de nulidad que había intentado la Fiscal General de la República y otros funcionarios de la Fiscalía contra el mismo Decreto N° 2.878 de 23 de mayo de 2017, por "haber operado la cosa juzgada" en virtud de que la misma Sala ya había "juzgado sobre la constitucionalidad" del Decreto impugnado, al declarar sin lugar el recurso de nulidad contra el mismo decreto que había intentado el abogado Emilio J Urbina Mendoza, mediante sentencia N° 455, del 12 de junio de 2017.[45] La sentencia, sin embargo no quedó allí, sino que la Sala, previamente, había pasado a juzgar *de oficio* sobre la validez del nombramiento del Vice-Fiscal de la República quien aparecía firmando el recurso de nulidad declarado sin lugar, y quien había sido nombrado por la Fiscal conforme a la Ley Orgánica del Ministerio Público, en carácter de "encargado," considerando que el mismo carecía de legitimidad para actuar en juicio.

Como la designación del mismo debía "contar con la previa autorización de la mayoría" de los diputados a la Asamblea nacional, y como ésta, a juicio de la Sala, se mantenía en desacato, la Sala consideró que la Fiscal para hacer el nombramiento debió "acudir" ante la Sala Constitucional; y como no lo hizo entonces declaró la nulidad del nombramiento sin proceso ni contradictorio alguno, y además, usurpando las funciones de la Asamblea, dispuso que "esta Sala por auto separado

---

44   Véase   en   http://historico.tsj.gob.ve/decisiones/scon/junio/200380-470-27617-2017-17-0665.HTML

45   Véase sobre dicha sentencia Allan R. Brewer-Carías, "El Juez Constitucional vs. el pueblo, como poder constituyente originario," (Sentencias de la Sala Constitucional N° 378 de 31 de mayo de 2017 y N° 455 de 12 de junio de 2017), 16 de junio de 2017, en http://allanbrewercarias.net/site/wp-content/uploads/2017/06/161.-doc.-Sobre-proceso-constituyente-SC-sent.-378-y-455.pdf. Véase igualmente Allan R. Brewer-Carías, *La inconstitucional convocatoria de una Asamblea Nacional Constituyente en fraude a la voluntad popular*, Editorial Jurídica Venezolana International, Caracas 2017, pp. 131 y ss.

designará de manera temporal un Vicefiscal General de la República. Así se decide."

En ese contexto, se destaca además, la sentencia de la Sala Plena del Tribunal Supremo de Justicia de unos días antes, del 20 de junio de 2017,[46] mediante la cual se decidió admitir una solicitud formulada por un diputado para que se calificara como falta grave las actuaciones de la Fiscal General de la República en defensa de la Constitución y del orden constitucional, en violación abierta del artículo 25.5 de la Ley Orgánica del Ministerio Público de 2007 que indica que sólo el Vice Fiscal o un representante de la Asamblea Nacional pueden solicitar ante el Tribunal Supremo de Justicia que se inicie un antejuicio contra la Fiscal; norma que ignoró el Tribunal y que en desprecio total al derecho, ni siquiera se cita en la sentencia. Lo insólito es que quien no tiene legitimación alguna para actuar, acusó a la Fiscal por sólo haber comenzado a defender la Constitución y denunciar los atropellos del régimen contra la ciudadanía, alegando que habría incurrido en incumplimiento o negligencia manifiesta en el ejercicio de sus atribuciones y deberes; que había atentado contra la respetabilidad del Poder Ciudadano, que habría puesto en peligro su credibilidad e imparcialidad comprometiendo la dignidad del cargo, que al tomar decisiones administrativas habría incurrido en grave e inexcusable error, o al hacerlo haría hecho constar hechos que no sucedieron o habría dejado de relacionar los que ocurrieron. Más insólito aún fue el alegato de solicitante de que conforme a los ordinales 2 y 3 del artículo 23 de la Ley Orgánica del Ministerio Público, la Fiscal habría actuado con grave e inexcusable ignorancia de la Constitución, de la ley y del derecho y

---

46   Véase en la reseña en *El Nacional*, caracas 21 de junio de 2017, en http://www.el-nacional.com/noticias/politica/sala-plena-del-tsj-aprobo-antejuicio-merito-fiscal-ortega-diaz_188686. NO se pudo acceder al link de la página web del Tribunal Supremo: http://www.tsj.gob.ve/es/-/sala-plena-del-tsj-admitio-solicitud-de-antejuicio-de-merito-contra-la-fiscal-general-de-la-republica

que habría violado, amenazado o menoscabado los principios fundamentales establecidos en la Constitución. Todo ello por haber comenzado a defender la Constitución.

Esta decisión, y la posterior antes mencionada Nº 470 de 27 de junio de 2017, mediante la cual la Sala Constitucional se arrogó inconstitucionalmente el nombramiento del Vice-Fiscal General, concretó la amenaza de la remoción de la Fiscal por el Tribunal Supremo de Justicia, cuando ello es potestad exclusiva y excluyente de la Asamblea Nacional, [47] lo que muestra no es otra cosa que la consolidación en Venezuela de una tiranía judicial, conducida por un Tribunal Supremo de ilegítimo origen. Todo lo cual proviene, como lo ha observado Ramón Escobar León, "no solo de la transparencia del proceso de su elección, sino también de la justificación jurídica de sus sentencias," concluyendo que:

"El juez que no tiene un origen democrático ni fundamenta sus fallos, menosprecia su toga y la convierte en una herramienta de la dictadura. Un Poder Judicial sin jueces independientes es fuente del despotismo.

No en balde Montesquieu afirmaba: *"Cruel tiranía es aquella que se ejerce al abrigo de las leyes y con los colores de la justicia."* [48]

New York, 27 de junio de 2017

---

47   Véase Juan Manuel Raffalli, ¿Qué hay detrás del antejuicio a la Fiscal?" en *Prodavinci*, 21 de mayo de 2017, en http://prodavinci.com/blogs/que-hay-detras-del-antejuicio-a-la-fiscal-por-juan-manuel-raffalli/

48   Véase Ramón Escobar León, "Activismo y originalismo constitucional versus tiranía judicial," en *Prodavinci*, 20 de junio de 2017, en http://prodavinci.com/blogs/activismo-y-originalismo-constitucional-versus-tirania-judicial-por-ramon-escovar-leon/?platform=hootsuite

LA CREMACIÓN DE LA ASAMBLEA NACIONAL Y LA USURPACIÓN DE SUS FUNCIONES PRESUPUESTARIAS POR PARTE DEL JUEZ CONSTITUCIONAL

La Sala Constitucional del Tribunal Supremo, mediante sentencia N° 814 de 11 de octubre de 2016,[1] dictada con motivo de supuestamente "ampliar" lo resuelto en una sentencia anterior, le ha puesto fin definitivo a lo que podía haber quedado de la Asamblea Nacional en Venezuela, luego de todo el proceso de consolidación de la dictadura judicial mediante sentencias dictadas durante los meses anteriores de 2016, que le fueron cercenando todas sus funciones, habiendo ahora simplemente asumido, directamente, las competencias de la Asamblea, esta vez en materia presupuestaria, en una evidente usurpación de autoridad, que hace a la supuesta Ley de Presupuesto para 2017 simplemente nulo e ineficaz conforme al artículo 135 de la Constitución.

---

1 Véase en http://historico.tsj.gob.ve/decisiones/scon/octubre/190792-814-111016-2016-2016-897.HTML.

I. LA "AMPLIACIÓN" DE SENTENCIAS COMO NUEVA FORMA INCONSTITUCIONAL DE LA SALA CONSTITUCIONAL PARA DICTAR SENTENCIAS, SIN PROCESO Y EN VIOLACIÓN DEL DEBIDO PROCESO

En efecto, la Sala Constitucional del Tribunal Supremo, mediante sentencia N° 808 del 2 de septiembre de 2016,[2] dictada con motivo de la incorporación y juramentación de los diputados electos por el Estado Amazonas el 6 de diciembre de 2015, que habían sido debidamente proclamados por las autoridades del Consejo Nacional Electoral, pero cuya proclamación fue "suspendida" por la Sala Electoral mediante sentencia cautelar N° 260 de 30 de diciembre de 2015;[3] declaró a los diputados de la Asamblea Nacional en desacato, decidiendo, en general, hacia futuro, que *"mientras se mantenga el desacato a la Sala Electoral* del Tribunal Supremo de Justicia," todos "los actos emanados de la Asamblea Nacional, incluyendo las leyes que sean sancionadas" son y "resultan *manifiestamente inconstitucionales y, por ende, absolutamente nulos y carentes de toda vigencia y eficacia jurídica."*

Unas semanas después, mediante sentencia N° 810 de 21 de septiembre de 2016,[4] la misma Sala Constitucional, al revisar la constitucionalidad del decreto N° 2.452 de 13 de septiembre de 2016[5], por el cual el Presidente de la República *declaró* el estado de excepción por emergencia económica, y luego de declararse sobre la "constitucionalidad" de dicho Decreto por supuestamente haber sido dictado "en cumplimiento de los parámetros que prevé el Texto Constitucional, la Ley Orgánica sobre Estados de Excepción y demás instrumentos jurídicos

---

2   Véase en http://historico.tsj.gob.ve/decisiones/scon/septiem-bre/190395-808-2916-2016-16-0831.HTML.

3   Véase en http://historico.tsj.gob.ve/decisiones/selec/diciem-bre/184227-260-301215-2015-2015-000146.HTML.

4   Véase en http://historico.tsj.gob.ve/decisiones/scon/septiem-bre/190408-810-21916-2016-16-0897.HTML.

5   Véase en *Gaceta Oficial* N° 6.256 *Extra.* de 13 de septiembre de 2016.

aplicables, preservando los Derechos Humanos y en protección del Texto Fundamental, el Estado, sus Instituciones y el Pueblo;" procedió de paso, sin que ello fuera el *thema decidendum,* a "reiterar" lo que había declarado en la antes mencionada sentencia N° 808 del 02 de septiembre de 2016, en el sentido de que la Asamblea Nacional en Venezuela no podía adoptar ninguna decisión válida, mientras "se mantenga el desacato" respecto de la indicada sentencia de la Sala Electoral del Tribunal Supremo de Justicia.

Es decir, la Sala Constitucional, paralizó totalmente la voluntad popular que representa la Asamblea Nacional, declarando de antemano y hacia futuro que todas las decisiones que pudiera adoptar, fueran leyes o acuerdos de cualquier naturaleza, incluso los actos parlamentarios sin forma de ley, como podrían ser sus *interna corporis,* serían *"manifiestamente inconstitucionales y, por ende, absolutamente nulos y carentes de toda vigencia y eficacia jurídica."*

En el contexto de esa situación creada exclusivamente por la Sala Constitucional, el Presidente de la República que estaba obligado a someter a la Asamblea Nacional el proyecto de Ley de Presupuesto para el año 2017 para su discusión y sanción antes de 15 de octubre de 2016 (arts. 187.5; y 313 Constitución), pues sin ello no podría hacerse gasto alguno (art. 314), se negó a hacer dicha presentación a la Asamblea Nacional. A raíz de ello, el Presidente, primero, amenazó públicamente que haría aprobar la Ley de Presupuesto, al margen de la Constitución, por alguna fantasmagórica asamblea popular,[6] y segundo, ante lo descabellado del planteamiento, decidió acudir ante la Sala Constitucional, como si fuese su órgano de asesoría jurídica, para que le resolviera la situación constitucional que la

---

6   Véase lo declarado por el Vice Presidente Ejecutivo, Aristóbulo Istúriz, desde el 5 de octubre de 2016: "Istúriz dijo que el Presupuesto de 2017 será aprobado en Asamblea Popular', en *El Norte. El periódico completo*, 5 de octubre de 2016, en http://www.elnorte.com.ve/isturiz-dijo-que-presupuesto-2017-sera-aprobado-en-asamblea-popular/.

propia Sala había creado; de lo que resultó que fuera la misma Sala Constitucional la que decidió usurpar las funciones de la Asamblea Nacional, auto atribuyéndose la función de aprobar el Presupuesto así ello hubiese sido solo "para esa oportunidad."

Como lo observó Laura Louza de *Acceso a la Justicia*:

"cuando la Sala Constitucional se nombra a sí misma como la autoridad "competente" para ejercer el control del proceso presupuestario, en sustitución de la AN, viola de manera clara los artículos 136 y 137 de la Constitución que consagran, por una parte, el principio de separación de poderes según el cual cada rama del poder público tienes sus propias funciones; y por la otra, que solo la Constitución y la ley definen las atribuciones del poder público y a estas normas debe sujetarse su ejercicio."[7]

Bajo esas inconstitucionales premisas, fue que mediante escrito de 3 de octubre de 2016, el Presidente de la República le solicitó a la Sala "de conformidad con el artículo 252 del Código de Procedimiento Civil," en concordancia con el artículo 98 de la Ley Orgánica del Tribunal Supremo de Justicia," que procediera a decidir sobre la *"ampliación* de la decisión N° 810, dictada por esta Sala el 29 de septiembre de 2016," la cual, como se ha dicho, había declarado la constitucionalidad del Decreto N° 2.452 de Estado de Excepción y Emergencia Económica, y había ratificado la declaración de nulidad de todos los actos del órgano legislativo, mientras se mantuviera el desacato a la Sala Electoral del Tribunal Supremo de Justicia.

Una "ampliación" de sentencia es realmente un asunto excepcionalísimo, que sólo es posible aplicar en precisos casos, como excepción al principio que establece el Código de Procedimiento Civil (art. 252), de que "después de pronunciada la

---

7   Véase, Laura Louza, "El TSJ usurpa a la AN el control del presupuesto," en *Acceso a la Justicia. El observatorio venezolano de la justicia*, Caracas 18 de octubre de 2016, en http://www.accesoalajusticia.org/wp/infojusticia/noticias/el-tsj-usurpa-a-la-an-el-control-del-presupuesto/.

sentencia definitiva o la interlocutoria sujeta a apelación, *no podrá revocarla ni reformarla el Tribunal que la haya pronunciado.*"

Ese principio, que es uno de los pilares del sistema judicial, sin embargo tiene una excepción y es que el Tribunal puede, a solicitud de parte, como lo dice el mismo artículo:

> "*aclarar los puntos dudosos, salvar las omisiones y* rectificar *los errores de copia, de referencias o de cálculos numéricos*, que aparecieren de manifiesto en la misma sentencia, o *dictar ampliaciones,* dentro de tres días, después de dictada la sentencia, con tal de que dichas aclaraciones y ampliaciones las solicite alguna de las partes en el día de la publicación o en el siguiente."

Independientemente de los lapsos procesales establecidos, que por lo perentorio pueden considerarse como no razonables,[8] lo importante de la norma es que regula dos supuestos distintos que permiten al juez intervenir en su propia sentencia, una vez dictada, que son la aclaratoria y la ampliación.

Sobre ésta última, la ampliación, concepto que no se desarrolla en la norma, la doctrina jurisprudencial tradicional en Venezuela la ha considerado siempre como un "complemento

---

8   La Sala de Casación Social del Tribunal Supremo de Justicia, en sentencia N° 48 del 15 de marzo de-2000, recurriendo a la idea del plazo razonable, consideró necesario "aplicar con preferencia la vigencia de las normas constitucionales sobre el debido proceso relativas al razonamiento de los lapsos con relación a la norma del artículo 252 Código de Procedimiento Civil y, en ejecución de lo dispuesto en el artículo 334 de la Constitución, dispone en forma conducente, con efectos *ex nunc*, que el lapso para oír la solicitud de aclaratoria formulada es igual al lapso de apelación del artículo 298 CPC." Véase en http://historico.tsj.gob.ve/decisiones/scs/marzo/48-150300-99638.HTM Véase igualmente, sentencia N° 124 de la Sala Político Administrativa del 13 de febrero de 2001, (Caso: *Olimpia Tours and Travel, C.A.*), en http://historico.tsj.gob.ve/decisiones/spa/febrero/00124-130201-11529.htm. Dicha decisión se cita, también en la sentencia N° 209 de la Sala de Casación Social del 25 de febrero de 2016, (Caso: *Municipio Chacao del Estado Bolivariano de Miranda*), en http://historico.tsj.gob.ve/decisiones/spa/febrero/185475-00209-25216-2016-2013-1575.HTML.

conceptual de la sentencia requerido por omisiones de puntos, incluso esenciales, en la disertación y fundamento del fallo o en el dispositivo, siempre que la ampliación no acarree la modificación del fallo."[9]

Por tanto, la ampliación no significa que se puedan realizar modificaciones de lo establecido en el fallo, sino que son "adiciones o agregados que dejan incólumes los dispositivos ya consignados," pues "su causa motiva obedece a un *lapsus* o falta en el orden intelectivo, en el deber de cargo del magistrado, y su causa final es la de inteligenciar un razonamiento o completar una exigencia legal."[10] En otras palabras, la "ampliación tiene por objeto complementar la decisión sobre la cual versa el recurso, *añadiendo los aspectos omitidos en ella*

---

9   Véase Ricardo Henríquez La Roche, *Comentarios al Código de Procedimiento Civil*, Tomo II, Centro de Estudios Jurídicos de Venezuela. Caracas 2009, pág. 267. Así lo expone R. Henríquez La Roche, quien trae a colación la sentencia de la Corte Suprema de Justicia en Sala de Casación Civil, de 6 de agosto de 1992, en Oscar Pierre Tapia, *Jurisprudencia de la Corte Suprema de Justicia*, N° 8-9, Editorial Pierre Tapia, Caracas 1992, pp. 385-386.

10   Véase sentencia del Juzgado Superior Segundo del Trabajo de la Circunscripción Judicial del Estado Bolívar, Extensión Territorial Puerto Ordaz, de 22 de noviembre de 2010 http://bolivar.tsj.gob.ve/DECISIONES/2010/NOVIEMBRE/1928-22-FP11-R-2010-000342-.HTML. Como también lo ha expresado R. Marcano Rodríguez, que *"La ampliación no supone, como la aclaración, que el fallo sea oscuro, ambiguo o dudoso, sino más bien insuficiente o incompletamente determinativo de las soluciones dadas al problema jurídico planteado con la acción y la excepción (...), la ampliación no es remedio de los vicios congénitos del fallo, sino que, por el contrario, presupone la existencia de una decisión válida, que ha resuelto todos y cada uno de los puntos del litigio de acuerdo con el pro y el contra, pero que, en su dispositivo hay una insuficiencia de generalización, de determinación, de extensión en el modo de fijar el fin y el alcance de algunos o algunos de los puntos debatidos."* Véase en *Apuntaciones Analíticas sobre las Materias Fundamentales y Generales del Código de Procedimiento Civil Venezolano*, Editorial Bolívar, Caracas, 1942, Tomo III, pág. 75-76. Véase igualmente sentencia de la Sala Político Administrativa del Tribunal Supremo de Justicia, N° 2676 del 14 de noviembre de 2001, caso: VENEVISIÓN en http://historico.tsj.gob.ve/deci-siones/spa/noviembre/02676-141101-0816.HTM.

en razón de un error involuntario del tribunal," y en ningún caso "significa que *pueda versar sobre asuntos no planteados en la demanda*, o disminuir o modificar los puntos que han sido objeto de pronunciamiento en la decisión."[11]

La Sala Constitucional, sin embargo, desvirtuando el significado de la norma, al referirse a la misma afirmó que:

> "la aclaratoria tiene por objeto lograr que sea expresada en mejor forma la sentencia, de manera que permita el conocimiento cabal de su contenido, evitando las dudas o los malos entendidos que la lectura de su texto pueda generar, a los fines de la apropiada comprensión integral de la decisión, mientras que la *ampliación persigue resolver un pedimento cuyo análisis se deriva del acto decisorio.*"

Esta afirmación es contraria a lo que es y ha sido siempre la institución de la ampliación de sentencias en Venezuela, la cual no *puede versar sobre asuntos que no fueron planteados inicialmente en la demanda que originó la sentencia,* y pueda pretenderse que se aplica, como erradamente lo indicó la Sala, a asuntos cuyo *"análisis se deriva"* de la sentencia, es decir, a asuntos que no fueron planteados al juez para decidir y que por tanto, nunca pudieron ser incluidos en la sentencia cuya aclaratoria se pide. Es decir, la ampliación solo puede referirse a as-

---

11   Véase Ricardo Henríquez La Roche, *Comentarios al Código de Procedimiento Civil*, Tomo II, Centro de Estudios Jurídicos de Venezuela. Caracas, 2009, pág. 267. Véase igualmente sentencia de la Sala Político Administrativa del Tribunal Supremo de Justicia, N° 2676 del 14 de noviembre de 2001, (Caso: VENEVISIÓN) en http://historico.tsj.gob.ve/decisiones/spa/noviembre/02811-271101-14950.HTM. En el mismo sentido se pronunció la misma Sala Político Administrativa en sentencia N° 570 del 2 de junio de 2004 en la cual sostuvo, respecto de la ampliación, que "dicha figura está prevista con miras a subsanar omisiones de la sentencia pronunciada, corrigiendo la falta de congruencia del fallo con la pretensión o con la defensa en algún punto específico, es decir, es necesario para su procedencia que la sentencia sea insuficiente en cuanto a la resolución del asunto a que se contraen las actuaciones. Véase en http://historico.tsj.gob.ve/decisiones/spa/junio/00570-020604-2003-0971.HTM.

pectos que fueron originalmente pedidos en la demanda y que no fueron considerados en la sentencia cuya aclaratoria se pide.

Con esta sentencia de la Sala Constitucional, por tanto, la misma ha inventado una nueva forma inconstitucional de decidir, desvirtuando la institución de la ampliación de sentencias establecida en el Código de Procedimiento Civil, emitiendo decisiones sobre asuntos no planteados anteriormente en el juicio, proceso o procedimiento que originó la sentencia cuya "ampliación" se pide, pero sin proceso judicial, es decir, sin garantizar el debido proceso ni el derecho a la defensa, contrariando la garantía judicial prevista en el artículo 49 de la Constitución.

II. EL PROCEDIMIENTO CONSTITUCIONAL EN EL CUAL SE DICTÓ LA SENTENCIA CUYA "AMPLIACIÓN" SE SOLICITÓ Y LA AUSENCIA DE REFERENCIA SOBRE LA APROBACIÓN DE LA LEY DE PRESUPUESTO

La sentencia cuya "ampliación" se solicitó, en efecto, fue la sentencia N° 810 del 21 de septiembre de 2016 dictada por la Sala Constitucional, en la cual después de seguirse el procedimiento constitucional respectivo conforme a la competencia que le asigna el artículo 336.6 de la Constitución, simplemente declaró la constitucionalidad del Decreto N° 2.452 de 13 de septiembre de 2016 de declaratoria de estado de excepción, de cuyo contenido nada resultaba necesario ampliar, porque nada se había omitido. La Sala, en efecto, en la sentencia decidió sobre lo único que podía decidir, que era sobre la constitucionalidad o no del Decreto.

Sin embargo, la Sala Constitucional, bajo la excusa de dictar una "aclaratoria" de dicha sentencia, mediante la mencionada N° 814 de 11 de octubre de 2016,[12] pasó a emitir una nueva sentencia en la cual, sin que ello tuviese relación alguna con la materia decidida en sentencia supuestamente "aclara-

---

12   Véase en http://historico.tsj.gob.ve/decisiones/scon/octubre/190792-814-111016-2016-2016-897.HTML.

da," decidió, contrariando la Constitución, sobre asuntos que no fueron considerados en la sentencia, como son las competencias constitucionales para la aprobación de la Ley de Presupuesto y sobre la propia noción de ley en la Constitución. A tal efecto dispuso, por lo que respecta a la Ley de Presupuesto correspondiente a 2017, que:

> "el Presidente la República deberá presentar el presupuesto nacional *ante esta máxima instancia de la jurisdicción constitucional*, dentro de los cinco (5) días siguientes a la notificación de la presente decisión, bajo la forma de *decreto que tendrá rango y fuerza de ley*, la cual ejercerá el control de ese acto del Poder Ejecutivo Nacional, *conforme a lo previsto en el Texto Fundamental*, todo ello en garantía de los principios constitucionales que rigen la materia presupuestaria.

> 4. Que ese *decreto* de presupuesto nacional, *con rango y fuerza de ley*, tendrá vigencia para el ejercicio fiscal 2017, estará sujeto a las normas y principios que rigen la materia y al control constitucional de esta Sala, conforme a lo dispuesto en los numerales 3 y 4 del artículo 336 de la Constitución de la República Bolivariana de Venezuela, como parte del sistema de garantías previstos en el Texto Fundamental, sin perjuicio de las atribuciones inherentes al Poder Ciudadano en esta materia.

> 6. Que en el presente caso *no procede la reconducción presupuestaria* y que, por ende, la *Asamblea Nacional no podrá alterar en ningún momento las partidas* presupuestarias ni pretender obstruir ni incidir en la integridad de las disposiciones establecidas en el correspondiente decreto de presupuesto nacional."

Esta sentencia, por supuesto, viola abiertamente lo establecido en los artículos 187.6, 311 y 313 de la Constitución que le atribuyen a la Asamblea Nacional la competencia exclusiva para "discutir y aprobar el presupuesto nacional;" lo establecido en el artículo 202 de la Constitución sobre la noción de "ley" en Venezuela como acto emanado de la Asamblea Nacional actuando como cuerpo legislador; lo previsto en el mismo artículo 202 de la Constitución, sobre la competencia exclusiva de la Asamblea Nacional para sancionar leyes; y lo previsto en los artículos 203; 236.8 de la Constitución, que establecen la competencia excepcional del Ejecutivo Nacional de poder dictar actos ejecutivos con fuerza y valor de ley, es decir, los "decretos leyes" que pueda dictar por delegación el Presidente en Consejo de Ministros, en ejecución de una ley orgánica de habilitación legislativa; todo lo cual significó la violación del principio democrático conforme al cual sólo los representantes electos del pueblo son los que pueden aprobar el presupuesto nacional.

Los vicios de la sentencia los resumió la Academia Nacional de Economía, en un acertado "Pronunciamiento" publicado el 13 de octubre de 2016,[13] en el cual luego de referirse a la Ley de Presupuesto Nacional como "un elemento central de la política pública para el desarrollo de cualquier país," que "constituye el principal instrumento para el manejo de la política fiscal de la Nación," por lo cual "en una sociedad democrática, el Gobierno Central no puede decidir arbitrariamente el nivel y composición de los ingresos y gastos públicos," y más bien, debe ser presentado por el Ejecutivo para su aprobación por "el órgano constitucional que representa a los venezolanos, vale decir: la Asamblea Nacional," consideró a la sentencia como un "atentado contra el Orden Constitucional en un área tan relevante para el buen funcionamiento de la economía y de la institucionalidad democrática," que "impide el cumplimiento de un precepto constitucional fundamental que define nuestro carácter como sociedad democrática." La Academia dijo, en resumen, que:

> "El Poder Legislativo encarna la pluralidad necesaria para asegurar que las prioridades recogidas en la estructura del presupuesto respondan a las necesidades del país, conforme a la diversidad de enfoques y perspectivas, ahí expresadas. Además, el Poder Legislativo realiza su función contralora al Gobierno y

---

13   Véase en http://www.ance.org.ve/.

del cumplimiento de sus compromisos. A esta función contralora se suma el derecho de la ciudadanía a la realización de contraloría social, a quien en última instancia se debe responder por el uso de los fondos públicos.

Debemos insistir, los ingresos previstos en la Ley de Presupuesto Nacional no son sino los tributos impuestos a las personas naturales y jurídicas por sus actividades económicas. En ejercicio de su soberanía, consagrada en el artículo 5 de la Carta Magna, es la misma sociedad la que debe decidir, a través de sus órganos de representación, cómo financiar la provisión de los bienes y servicios que el Gobierno Central debe proveerle con el objeto de garantizar y mejorar el nivel del bienestar social."[14]

Evidentemente que estos temas no fueron considerados por la Sala Constitucional en la sentencia N° 810 del 21 de septiembre de 2016 cuya "ampliación" se solicitó violando el Código de Procedimiento Civil, para poder haberse pretendido obtener alguna "ampliación" de esta última originando la sentencia N° 814 de 11 de octubre de 2016, razón por la cual la misma, al no "ampliar" nada de lo resuelto en aquella, no es más que una sentencia nueva, dictada en forma inconstitucional por el Juez Constitucional, sin proceso alguno, es decir, sin respetar instrumento alguno para la realización de la justicia como lo exige la Constitución (art. 257); dictada, además, de oficio, sin que nadie se lo pidiera a la sala, violando el principio dispositivo que rige en materia de justicia constitucional; y todo en violación absoluta de la garantía del debido proceso y el derecho a la defensa (artículo 49 de la misma Constitución), al no haberse asegurado la participación en juicio de los representantes de la propia Asamblea Nacional, cuyas funciones constitucionales cercenó.

---

14 *Idem.*

III. LA INCONSTITUCIONAL "AMPLIACIÓN" DE UNA SENTENCIA PARA INTERPRETAR LA CONSTITUCIÓN MEDIANTE UN NUEVO PROCEDIMIENTO Y UNA NUEVA "SENTENCIA"

La Sala Constitucional, para cometer esta aberración jurídica, comenzó "entresacando" de entre los "Considerandos" del Decreto N° 2.452 de 13 de septiembre de 2016, declarativo del estado de emergencia, que la misma había declarado "constitucional" en la sentencia N° 810 de 11 de octubre de 2016, el "Considerando" que hacía referencia a la declaratoria de la Sala "sobre la invalidez, inexistencia e ineficacia jurídica de todos los actos y actuaciones dictados por la Asamblea Nacional, por encontrarse este órgano legislativo en desacato y en flagrante violación del orden público constitucional;" para luego pasar a constatar, de noticias de prensa, lo que calificó como un hecho "notoriamente comunicacional," que fue el pronunciamiento realizado por la Asamblea Nacional el 20 de septiembre de 2016, rechazando el mencionado Decreto N° 2452 de 13 de septiembre de 2016 sobre estado de excepción;[15] pronunciamiento que la Sala, de entrada, sentenció declarándolo como "absolutamente nulo, de conformidad con la sentencia 808/2016, ya mencionada." A esa decisión, le siguió el "Acuerdo sobre el rescate de la democracia y la Constitución" de la Asamblea Nacional de 13 de octubre de 2016, en el cual resolvió

"Desconocer, de conformidad con lo dispuesto en los artículos 7 y 333 de la Constitución, la autoridad y vigencia de los actos del Poder Ejecutivo y de las sentencias del Tribunal Supremo de Justicia, que contraríen los valores, principios y garantías democráticos y lesionen los derechos fundamentales."[16]

---

15   Véase en http://www.asambleanacional.gob.ve/noticia/show/id/16338.

16   En dicho Acuerdo, la Asamblea Nacional expresó además, con toda claridad: "Que no hay democracia sin la vigencia efectiva de un texto constitucional que ordene de acuerdo a la justicia, el ejercicio de los poderes públicos, así como las relaciones del poder público con los ciudadanos;" que no hay democracia sin respeto de los derechos humanos, que el ejercicio de los

La Sala, así, violando la Constitución sin proceso constitucional de nulidad alguno, de oficio declaró la nulidad de un acto parlamentario sin forma de Ley, lo que solo puede ocurrir conforme al proceso de anulación regulado en la Ley Orgánica del Tribunal Supremo de Justicia, conforme a lo dispuesto en el artículo 336 de la Constitución. Es decir, con esta decisión, la Sala Constitucional incurrió en una inconstitucionalidad adicional al violar los principios más elementales de la justicia constitucional, mediante dicha declaración de oficio, sin que nadie se lo hubiese solicitado, y violando el derecho a la defensa y el debido proceso, un acto parlamentario sin forma de

---

derechos humanos es irrenunciable y que los órganos del Poder Público están obligados a velar por su efectiva vigencia;" y que "Que no hay democracia sin voto y que el ejercicio del voto es el cauce democrático para exigir a las autoridades del Poder Público el cumplimiento de sus funciones en beneficio de los ciudadanos, así como el medio para garantizar la paz y que los cambios políticos anhelados por la ciudadanía se alcancen pacífica y cívicamente." Véase el texto en http://www.asam-bleanacional.gob.ve/uploads/documentos/doc_e1f2b1e2f50dc2e598d87dbf11d989a2f560e4d5.pdf. Dicho Acuerdo, a juicio de Antonio Sánchez García, "constituye una auténtica declaración de guerra a la dictadura. La primera – y última – tras diecisiete años de humillaciones, de abusos, de atropellos, de fraudes y crímenes e iniquidades sin nombre. […]. Estamos ante un documento de alta valoración histórica que establece una tajante línea divisoria en la historia política de la República: un antes y un después del 13 de octubre de 2016. Un decreto que apela a la verdad y a las tradiciones democráticas de Venezuela, reivindica los derechos que le asisten a quienes detentan de iure y de facto el Poder soberano de la Nación y que expresa la voluntad indeclinable de la inmensa mayoría ciudadana de la Nación por restituir el Estado de Derecho y la integridad de la Patria, ultrajada por quienes no han trepidado en traicionar su soberanía, entregarle la disposición sobre nuestros recursos a una tiranía extranjera y usurpar la presidencia de nuestro gobierno a uno de sus agentes. […]. Es un acto de alta política que honra a nuestra Asamblea, un "no va más". Irreductible y sin retorno. Llegamos a la encrucijada definitoria de nuestro destino: dictadura o democracia. La soberanía reclama libertad, justicia y democracia. Es la hora de su reconquista." Véase: Antonio Sánchez García, "La hora final, Declaración de guerra de la Asamblea Nacional a la dictadura," 17 de octubre de 2016, en http://www.twitlonger.com/show/n_1sp74lo y en http://noti-ciasvenezuela.org/2016/10/18/la-hora-final-declaracion-de-guerra-de-la-asamblea-nacional-a-la-dictadura/.

ley dictado por la Asamblea Nacional como fue el mencionado Acuerdo de la Asamblea Nacional.

Luego de glosar el contenido del articulado del Decreto de estado de excepción, y transcribir párrafos de múltiples sentencias anteriores de la Sala en las cuales ya había declarado la "constitucionalidad" de varios decretos de excepción anteriores, pasó la Sala a constatar que la solicitud de "ampliación" formulada por el Presidente se circunscribía a "las condiciones de presentación y aprobación del Presupuesto de la República," ante la Asamblea Nacional, pues en virtud de la declaración judicial de que sus actos se consideraban "nulos y carentes de toda vigencia y eficacia jurídica," entonces el Poder Ejecutivo no podría presentar el Presupuesto ante la Asamblea "debido a la situación irregular en que se encuentra ese órgano legislativo."

De todo ello, el Presidente de la República en realidad no pidió "aclaratoria" alguna sobre supuestas omisiones de puntos en la disertación y fundamento de la sentencia anterior, o de algún *lapsus* o falta en la misma, de manera que la Sala pudiese completar la decisión añadiendo los aspectos omitidos en ella en razón de algún error involuntario de la misma, sino como se indica en la propia sentencia, lo que solicitó en realidad fue que la Sala Constitucional "*interpretara*":

> "sobre la factibilidad de que fundamentado en el Decreto de Estado de Excepción y Emergencia Económica N° 2.4.52, publicado en la *Gaceta Oficial* Extraordinaria N° 6.256 de fecha 13 de septiembre de 2016, se pueda decretar el Presupuesto de la República y normativa excepcional para la asignación de recursos presupuestarios, los límites máximos de autorizaciones para gastar, la distribución de los egresos y las operaciones de financiamiento, que regirán para el ejercicio económico financiero 2017."

No hubo por tanto en la solicitud del Presidente, requerimiento alguno de "ampliación" de la sentencia N° 816 de 29 de septiembre de 2016, habiéndose reducido la solicitud misma a la formulación de una de interpretación constitucional nueva que nada tenía relación con la sentencia de declaratoria de constitucionalidad de un Decreto de estado de excepción.

Sin embargo, la Sala consideró que el Presidente solicitante, quien supuestamente conocía "a cabalidad el contenido y alcance de la decisión," no pretendía "aclaratoria" alguna, sino que supuestamente se "ampliase" el análisis desarrollado por la Sala, en cuanto a la declaratoria de la nulidad de todos los actos de la Asamblea, lo que implicaba "la imposibilidad jurídica de someter el presupuesto 2017 a la aprobación del órgano legislativo nacional," lo cual obviamente no encajaba dentro de la posibilidad de "ampliación," pues ello no se había discutido ni mencionado, ni se planteó en el procedimiento que originó la sentencia.

IV. UN NUEVO "INVENTO" INCONSTITUCIONAL DE LA "JUSTICIA CONSTITUCIONAL" IMPARTIDA POR LA SALA CONSTITUCIONAL: EL SUPUESTO CONTROL "INNOMINADO" DE LA CONSTITUCIONALIDAD

Olvidándose entonces de que lo que se le había solicitado era una supuesta "ampliación" de la sentencia N° 810 de 11 de octubre de 2016, la Sala Constitucional pasó a decidir una especie de solicitud de interpretación, considerando que la "interpretación y aplicación es una de las funciones principales de la jurisdicción constitucional," para lo cual comentó los diversos artículos constitucionales que regulan tanto la Jurisdicción Constitucional en Venezuela, como aquellos relacionados con el tema de la aprobación del Presupuesto en el marco de la Hacienda Pública, y los artículos de la Ley Orgánica sobre los Estados de Excepción, y en particular los que regulan la competencia del Presidente de la República para dictar medidas, entre ellas, las "*de orden social, económico, político o ecológico cuando resulten insuficientes las facultades de las cuales disponen ordinariamente los órganos del Poder Público para hacer frente a tales hechos*".

De estas normas queda claro que corresponde al Presidente de la República, como Jefe de Estado y del Ejecutivo Nacional, la elaboración del presupuesto nacional (además de las otras atribuciones constitucionales, inclusive, en materia de régimen de excepción), y que a su vez, corresponde en exclusividad a la Asamblea Nacional" discutir y aprobar el presupuesto nacional y todo proyecto de ley concerniente al régimen tributario y al crédito público" (art. 187.6).

Y entonces, sin embargo, teniendo como base en esas claras atribuciones constitucionales, y sin considerar la voluntad manifiesta de la Asamblea Nacional de querer funcionar y ejercer sus atribuciones constitucionales, que la propia Sala le fue cercenando durante todo el año 2016, lo que constató la Sala Constitucional fue que la solicitud de "ampliación" aun cuando improcedente, lo que evidenciaba era, en cambio, "la voluntad manifiesta del Presidente de la República de cumplir las fases constitucionales para la aprobación del presupuesto nacional" para 2017. La Sala, además, consideró que presentar el proyecto de Ley "ante un órgano que actualmente está al margen de la Constitución en razón del desacato en el que se encuentra frente a decisiones de este alto tribunal" acarrearía "consecuencias Jurídicas" pues la propia Sala ya había declarado que todas las actuaciones de la asamblea Nacional carecían de validez y eficacia por inconstitucionales." (*lo declaró en sentencia n° 808 del 2 de septiembre de 2016 y lo reiteró en el fallo objeto de la "ampliación"*); circunstancias estas que según la Sala le exigieron proceder a ejercer un denominado e inexistente "*control innominado de la constitucionalidad*" para determinar "la solución de esa situación, en tutela del sistema constitucional."

Por supuesto, esto es absolutamente inconstitucional. No existe ni puede existir un "control *innominado* de constitucionalidad," pues la Jurisdicción Constitucional en Venezuela, como todos los órganos constitucionales, solo puede ejercer las competencias establecidas expresamente en la Constitución (art. 336). La Sala Constitucional, ante todo, está sujeta a la Constitución, y no puede "inventarse" competencias que la Constitución no establece, usurpando el poder constituyente.[17]

Y eso fue lo que hizo la Sala Constitucional, después de que había sido la propia Sala Constitucional la que había sucesivamente ahogado a la Asamblea Nacional, violando el deber que tenía de honrar los postulados de separación de poderes, de equilibrio entre los Poderes Públicos, de garantía de los derechos fundamentales y del orden constitucional, afectando gravemente el funcionamiento del Estado.

Sin embargo, insólitamente y con todo cinismo, la Sala Constitucional, para usurpar las funciones de la Asamblea Nacional, lo que argumentó fue, como si nadie supiera lo que ha estado ocurriendo en el país por obra de la dictadura judicial[18] que ha impuesto, que:

"frente a la imperiosa necesidad de cumplir una fase del proceso de formación jurídica del presupuesto nacional, ante el deber de honrar los postulados de separación y equilibrio entre los

---

17   Véase lo expuesto en Allan R. Brewer-Carías, *Constitutional Courts as Positive Legislators*, Cambridge University Press, Cambridge 2011, pp. 179-182. Por ello, con razón, José Ignacio Hernández expresó que en este caso, la Sala Constitucional se "inventó" una competencia que no tiene, agregando que: "no hay en la Constitución ninguna norma que atribuya a la Sala Constitucional la competencia para aprobar el presupuesto. Todo lo contrario: la Constitución es clara cuando señala que el presupuesto se aprueba mediante Ley, y sólo la Asamblea Nacional puede dictar leyes." Véase en "¿Qué significa que la Sala Constitucional y no la Asamblea Nacional apruebe el presupuesto 2017?," en *Prodavinci*, Caracas, 12 de octubre de 2016, en http://prodavinci.com/blogs/que-significa-que-la-sala-constitucional-y-no-la-asamblea-nacional-apruebe-el-presupuesto-2017/.

18   Véase Allan R. Brewer-Carías, *Dictadura Judicial y perversión del Estado de derecho*, Editorial Jurídica venezolana, Caracas 2016; "La Corrupción del Estado de Derecho y la "Dictadura Judicial", de Allan R. Brewer-Carías, pág. 4-9, disponible en: http://www.allanbrewercarias.com/Content/449725d9-f1cb-474b-8ab2 41efb849fea2/Content/I,%201,%201127.%20Brewer.%20La%20corrupci%C3%B3n%20del%20Estado%20de%20derecho%20y%20la%20dictadura%20judicial%20.%20Guanajuato%202016.pdf.

poderes que conforman el Poder Público y con el propósito de mantener el funcionamiento del Estado, la garantía de los derechos fundamentales y el orden constitucional, esta Sala, en ejercicio de sus atribuciones constitucionales, *declara que en esta oportunidad el Presidente la República deberá presentar el presupuesto nacional ante esta máxima instancia de la jurisdicción constitucional, bajo la forma de decreto, la cual ejercerá el control de ese acto del Poder* Ejecutivo *Nacional*, conforme a lo previsto en el Texto Fundamental, todo ello en garantía de los principios constitucionales que rigen la materia presupuestaria."

Es decir, la Sala Constitucional, en lugar de buscar la "solución constitucional" al problema que ella misma había originado, en la propia Constitución, reconociendo la representación popular de la Asamblea Nacional y las competencias que tiene, decidiendo que "en esta oportunidad," en lugar de que el proyecto de Ley de Presupuesto se presentara por el Presidente ante la Asamblea Nacional, la cual incluso podía haberlo aprobado sin la participación en la votación de los diputados por el Estado Amazonas, simplemente, en lugar de ello, violando abiertamente la Constitución, lo que resolvió fue: *primero*, liberar inconstitucionalmente al Presidente de la República de su obligación de presentar el proyecto de Ley de Presupuesto ante la Asamblea Nacional; *segundo*, auto-atribuirse como Juez Constitucional, usurpando la potestad de la Asamblea Nacional, la competencia para discutir y aprobar el presupuesto nacional, ignorando así que sus competencias solo pueden ser las establecidas en la Constitución; *tercero*, cambiar la naturaleza constitucional del acto de aprobación del presupuesto que es única y exclusivamente mediante ley de la Asamblea Nacional, autorizando, al margen de la Constitución, que el Presupuesto para 2017 se adoptase mediante un decreto, que son los actos del Presidente de la República; y *cuanto*, también violando la Constitución, otorgar a dicho decreto, la jerarquía de decreto con "rango y fuerza de Ley", es decir, de un decreto ley, cuando estos solo son los dictados mediante el ejercicio de competencias legislativas delegadas mediante Ley Habilitante (art. 2013), o los decretos de Estados de excepción que nunca pueden ser dictados usurpando competencias constitucionales de otros órganos del Poder Público.

El "fundamento" para asignarle al decreto sui generis e inconstitucional del Presidente contentivo de la Ley de Presupuesto el rango y valor de ley que esgrimió la Sala Constitucional, fue el artículo 2.2 del Decreto N° 2.452, de 13 de septiembre de 2016, declarativo del estado de Excepción que estableció entre las "medidas" que podía adoptar el Presidente, la siguiente:

> "Decretar normativa excepcional para la asignación de recursos presupuestarios, los límites máximos de autorizaciones para gastar, la distribución de los egresos y las operaciones de financiamiento, sin compensaciones entre sí, que regirán para el ejercicio económico financiero 2017, si por situaciones de hecho o impedimentos jurídicos resultare imposible tramitar el Presupuesto 2017 oportunamente, con el objeto de evitar daños irreparables al Patrimonio Público, a los venezolanos y venezolanas, así como garantizar el adecuado funcionamiento de los órganos y entes públicos."

La norma invocada, por supuesto, era en sí misma inconstitucional, pues con ella se dejó abierta la posibilidad de que el Ejecutivo Nacional, se atribuyera a sí mismo la función de aprobación del presupuesto, ignorando que un estado de excepción no puede significar, de acuerdo con el artículo 339 de la Constitución, la interrupción del "funcionamiento de los órganos del Poder Público."

La Sala continuó considerando que los "decretos" que el Presidente de la república dicte sucesivamente en "ejecución' de su propio decreto de excepción, son "actos normativos de ejecución directa e inmediata de la Constitución, "lo que es falso, pues esa categoría solo la tiene el decreto de estado de excepción que es el sujeto a control político y judicial[19] y no

___

19   Véase Sentencia N° 07 de la Sala Constitucional del 11 de febrero de 2016, (Caso: *Hernán Toro, Norcy Álvarez y otros*), en http://historico.tsj.gob.ve/decisiones/scon/febrero/184885-07-11216-2016-16-0117.HTML.

los sucesivos decretos que se dicten con otras medidas que no se someten a dichos controles.

Es decir, los decretos que tienen rango y valor de ley, conforme al artículo 22 de la ley Orgánica de los Estados de excepción, son los decretos que declaren tales estados de excepción, y en forma alguna los decretos "en ejecución" del mismo como lo ha dispuesto la Sala Constitucional contrariando lo que la Constitución y la ley Orgánica de Estados de excepción establece. Es falso, por tanto como lo afirmó la Sala que el usurpador "decreto de ley de presupuesto" que autorizó a fuese dictado, "por su contenido, naturaleza y alcance, y, además, por ser un acto en ejercicio de la potestad contenida en el referido artículo 2.4 del Decreto N° 2.452 de Estado de Excepción y Emergencia Económica, de fecha 13 de septiembre de 2016, cuya constitucionalidad declaró la Sala en la sentencia objeto de "ampliación," tendría igualmente "rango y fuerza de ley."

Luego de estas afirmaciones, la Sala pasó a referirse a los normas constitucionales de los artículos 311, 312, 314 y 315, que regulan el proceso presupuestario a través de la ley de Presupuesto, indicando que las mismas también "regirán tal decreto con rango y fuerza de ley de presupuesto nacional," destacando en especial el artículo 313 de la Constitucional, que establece que:

> "*Artículo 313.* La administración económica y financiera del Estado se regirá por un presupuesto aprobado anualmente por ley. El Ejecutivo Nacional presentará a la Asamblea Nacional, en la oportunidad que señale la ley orgánica, el proyecto de Ley de Presupuesto. Si el Poder Ejecutivo, por cualquier causa, no hubiese presentado a la Asamblea Nacional el proyecto de ley de presupuesto dentro del plazo establecido legalmente, o el mismo fuere rechazado por ésta, seguirá vigente el presupuesto del ejercicio fiscal en curso.
>
> La Asamblea Nacional podrá alterar las partidas presupuestarias, pero no autorizará medidas que conduzcan a la disminución de los ingresos públicos ni gastos que excedan el monto de las estimaciones de ingresos del proyecto de Ley de Presupuesto.

Con la presentación del marco plurianual del presupuesto, la ley especial de endeudamiento y el presupuesto anual, el Ejecutivo Nacional hará explícitos los objetivos de largo plazo para la política fiscal, y explicar cómo dichos objetivos serán logrados, de acuerdo con los principios de responsabilidad y equilibrio fiscal".

Sin embargo, frente a esa norma constitucional, la Sala Constitucional, simplemente procedió a "suspender" sus efectos, respecto de lo que venía de decidir inconstitucionalmente, constatando que era "evidente" después de la inconstitucionalidad que venía de cometer, que lo decidido no se subsumía

"en ninguno de los supuestos señalados en esa norma, pues no se trata de que el Ejecutivo Nacional no hubiese presentado a la Asamblea Nacional el proyecto de Ley de Presupuesto dentro del lapso establecido legalmente, ni tampoco que el mismo fuere rechazado por ésta; casos en los que *seguirá vigente el presupuesto del ejercicio fiscal en curso*" (reconducción presupuestaria) y "*la Asamblea Nacional podrá alterar las partidas presupuestarias, pero no autorizará medidas que conduzcan a la disminución de los ingresos públicos ni gastos que excedan el monto de las estimaciones de ingresos del proyecto de Ley de Presupuesto.*"

En consecuencia, de la inconstitucionalidad cometida por la Sala Constitucional, la misma Sala concluyó que como en la Constitución no se previó el supuesto de que la propia Sala Constitucional paralizara a la Asamblea nacional y declarase nulos sus actos futuros, entonces ello, supuestamente:

"no acarrea en este caso la consecuencia de la reconducción presupuestaria ni, lógicamente, la posibilidad de que la Asamblea Nacional pueda alterar las partidas presupuestarias en momento alguno, no sólo por la comprensible ausencia de regulación de una actuación tan particular, sino porque la responsabilidad de la no presentación del proyecto de ley de presupuesto no es atribuible al Ejecutivo Nacional, como ya se evidenció, sino a la antijurídica actuación de la mayoría de diputados que actualmente conforman la Asamblea Nacional, los cuales han resuelto volver a desconocer el orden constitucional, como lo

> hicieron el 6 de enero del presente año, cuando incurrieron en el primer desacato, que cesó pocos días después por el reconocimiento y la decisión voluntaria de los mismos."

Allí se olvidó la Sala mencionar, sin embargo, que en realidad, la verdadera razón para impedir que el Presidente presentase el proyecto de Ley de Presupuesto ante la Asamblea, no había sido el supuesto desacato de ésta de decisiones judiciales, sino las sentencias de la propia Sala declarando nulas y sin ningún valor todas las actuaciones pasadas y futuras de la Sala Constitucional.

La sala, sin embargo, ignorando esa realidad, procedió, sin más, a suspender los efectos de la propia Constitución, afirmando que lo expuesto en la misma no podía aplicarse para el ejercicio fiscal 2017 y como lo dice la Constitución, siguiera:

> "vigente el presupuesto del ejercicio fiscal en curso, sino que estará vigente el decreto de presupuesto nacional del Presidente de la República; el cual, como se indicó, deberá ser presentado a esta Sala Constitucional, dadas las circunstancias excepcionales ya descritas."

Esta suspensión de la Constitución condujo finalmente a la Sala a disponer que el "decreto de presupuesto nacional" estaría por tanto sujeto "a las normas y principios que rigen la materia y *al control constitucional de esta Sala*, conforme a lo dispuesto en los numerales 3 y 4 del artículo 336 de la Constitución"; y que conforme a ello,

> "la Asamblea Nacional no podrá alterar en ningún momento las partidas presupuestarias ni pretender obstruir ni incidir en la integridad de las disposiciones establecidas en el correspondiente decreto de presupuesto nacional, como medida de protección de la integridad constitucional, del funcionamiento del Estado y de los derechos fundamentales."

De todo este desaguisado constitucional, la Sala insistió en reafirmar la "suspensión" de los efectos de la Constitución en la materia, al decidir que:

> "actualmente el Presidente de la República está constitucio-
> nalmente relevado de presentar el presupuesto nacional ante la
> Asamblea Nacional, así como de cualquier otro pretendido con-
> trol político que ejerza ese órgano legislativo, mientras dure el
> desacato que voluntariamente mantiene la mayoría de diputados
> que actualmente integran el mismo respecto del orden constitu-
> cional y, concretamente, de varias decisiones dictadas por este
> máximo tribunal de la República, que lo ubica al margen del
> orden constitucional y que pudiera generar responsabilidad tan-
> to para los diputados en desacato como para quienes cohonesten
> o participen en ese desacato."

Situación que además, como también lo decidió la Sala, du-
raría, "mientras dure la vigencia del decreto con rango y fuerza
de ley de presupuesto nacional," es decir, durante todo el año
2017, incluso "aun cuando la Asamblea Nacional regresare al
cauce constitucional," en cuyo caso sus decisiones la Sala consideró hacia futuro, que

> "carecerán de validez y existencia jurídica alguna, por ser
> extemporáneas, toda vez que, como ha podido apreciarse, exis-
> ten normas jurídicas que establecen lapsos preclusivos respecto
> de esta materia regida por un instrumento jurídico temporal,
> pues está destinado a regir durante un año."

Y así la Sala Constitucional declaró "resuelta la presente solicitud de ampliación de la sentencia N° 810 del 21 de septiembre
de 2016", procediendo a disponer que el "Presidente la República deberá presentar el presupuesto nacional ante esta máxima
instancia de la jurisdicción constitucional, bajo la forma de decreto, dentro de los cinco (5) días siguientes a la notificación de
la presente decisión," lo cual el Presidente hizo efectivamente el
día 14 de octubre de 2016 tal y como fue bien publicitado. [20]

---

20   Véase notas de prensa del viernes 14 de octubre de 2016, en http://globovi-
     sion.com/article/maduro-arriba-al-panteon-nacional y http://www.ultimas-
     noticias.com.ve/noticias/economia/presidente-maduro-firma-decreto-presu-
     puesto-nacional-2017/. El írrito decreto N° 2484 de la Ley de Presupuesto
     para Ejercicio Económico Financiero 2017 y el Endeudamiento de la na-
     ción, se publicó en *Gaceta Oficial* N° 6.265 Extra de 18 de octubre de 2016.

V. EL NUEVO ASALTO A LA CONSTITUCIÓN PERPETRADO POR LA SALA CONSTITUCIONAL Y EL CHANTAJE INICIADO POR EL PODER EJECUTIVO NACIONAL EN RELACIÓN CON LAS ENTIDADES POLÍTICAS DESCENTRALIZADAS (ESTADOS Y MUNICIPIOS).

Con esta decisión los venezolanos fuimos testigos de un nuevo "asalto a la Constitución,"[21] o un "golpe de Estado" que se ha dado "no sólo contra la institucionalidad legislativa, sino que además disuelve el Estado en su concepción democrática, porque inhabilita las funciones de un poder público electo por mayoría popular," [22] con lo que materialmente se ha incinerado a la Asamblea Nacional.

Tal como lo advirtieron los Colegios de Abogados del país:

> "se centralizó en el Ejecutivo la elaboración y ejecución del presupuesto nacional sin posibilidad de control parlamentario; cuando tales competencias son exclusivas y excluyentes de la Asamblea Nacional, violentando con ello el Principio de Legalidad Presupuestaria que obliga al Presidente, de manera ineludible, a no realizar gasto que no haya sido previsto en Ley. La ejecución de un espurio presupuesto aprobado por la Sala Constitucional en estos términos, constituye una apropiación criminal de los fondos públicos." [23]

---

21   Véase Carlos Canache Mata, "Asalto a la Constitución," 20 de octubre de 2016, en http://www.pedromogna.com/carlos-canache-mata-el-asalto-a-la-constitucion/.

22   Véase Javier Antonio Vivas Santana, "¡Llegamos al llegadero! Aporrea: El "autogolpe"" de Maduro, *Aporrea.com*, 14 de octubre de 2016. El autor agregó que "es evidente que una decisión de este tipo, aunque traten de "adornarla" con aprobaciones de fantasía, genera sendas limitaciones al ejercicio democrático, por no decir que lo anula, porque el golpe no es sólo contra la Asamblea Nacional, sino es contra la pluralidad y el origen del voto. El golpe es contra la expresión popular como garante de los derechos políticos, que son la génesis de los actos políticos y administrativos del poder público.".

23   Véase "Gremio de abogados se declara en rebeldía ante decisiones inconstitucionales del TSJ, 15 de octubre de 2016, en http://www.lapatilla.com/si-

De acuerdo con el artículo 312 de la Constitución "el Estado no puede reconocer obligaciones que las contraídas por órganos legítimos del Poder Nacional, de acuerdo con la ley," debiendo una "ley especial de endeudamiento anual ser presentada a la Asamblea Nacional conjuntamente con la Ley de Presupuesto," de manera que "las operaciones de crédito público requieren, para su validez, una ley especial que las autorice." En consecuencia, sin la participación de la Asamblea Nacional, con una decisión como la dictada por la Sala Constitucional y con un viciado decreto de presupuesto y de endeudamiento público como el aprobado por la Sala Constitucional en sustitución de la Ley que debió sancionar la Asamblea, ninguna operación de crédito público se podrá hacer en el futuro, todos los pagos que realice el Ejecutivo son inconstitucionales e ilegítimos, y los funcionarios que los realicen están sujetos a las sanciones establecidas en la Ley Anti-Corrupción, no pudiendo reconocerse en ningún caso, las obligaciones contraídas por el Ejecutivo Nacional, que a estos efectos del presupuesto, no puede considerarse sino como un órganos ilegítimo.

El Ejecutivo Nacional, sin embargo, buscando en alguna forma tratar de "legitimar" la inconstitucionalidad cometida, lo que por supuesto era imposible, lo quiso hacer mediante un abierto y público chantaje político, pues no otra cosa fue lo que anunció públicamente quien ejerce la Presidencia de la República, al informar públicamente en declaraciones de prensa –por supuesto sin que mediara ningún acto ejecutivo formal que no podría dictar legalmente– que los órganos del Poder Nacional no aportaría los recursos financieros que conforme a la Constitución tienen derecho los Estados y Municipios, si los Gobernadores y Alcaldes de las respectivas entidades políticas no firmaren un "acuerdo de aceptación de la sentencia del Tribunal Supremo de Justicia (TSJ) que avala que el Presupuesto

---

te/2016/10/15/gremio-de-abogados-se-declara-en-rebeldia-ante-decisiones-inconstitucionales-del-tsj-documento/.

2017 no sea presentado ante la Asamblea Nacional (AN)" adoptaría "medidas excepcionales contra dichos gobernadores y alcaldes."[24]

Con razón, los Alcaldes agrupados en la Asociación Nacional de Alcaldes expresaron, después de dejar establecidas cuáles eran sus competencias constitucionales, y las del Poder nacional, que "la exigencia de nuestras firmas como señal de conformidad con la forma de aprobación del Presupuesto Nacional 2017, excede completamente nuestras funciones constitucionales y legales", no teniendo ninguno de ellos competencia alguna "para con su firma validar o no el procedimiento utilizado," correspondiéndoles en cambio liderizar el proceso de formulación de los presupuestos en cada uno de los municipios "mediante los proyectos de ordenanzas municipales contentivos de los presupuestos municipales que contemplan los ingresos derivados del situado constitucional conforme nos ha notificado la ONAPRE que fue incluido en el Presupuesto Nacional 2017." Concluyeron los Alcaldes, con toda razón, en resumen, que:

> "nunca antes se nos ha exigido que suscribamos o avalemos la Ley que contiene el Presupuesto Nacional. Hacerlo extralimita nuestras atribuciones y competencias porque pertenecemos a un poder público distinto al que tiene las competencias constitucionales para formular y aprobar el Presupuesto Nacional. Por estas razones no firmaremos el aval solicitado al Presupuesto Nacional 2017."[25]

---

24   Véase "Maduro amenazó a gobernadores y alcaldes que no avalen el Presupuesto 2017," en *El Nacional*, Caracas 18 de octubre de 2016, en http://www.el-nacional.com/politica/Maduro-gobernadores-alcaldes-sentencia-TSJ_0_941906041.html.

25   Véase "Asociación de Alcaldes de Venezuela no firmará presupuesto 2017," en *800 Noticias*, 21 de octubre de 2016, en http://800noticias.com/asociacion-de-alcaldes-de-venezuela-no-firmara-presupuesto-2017. Sin embargo, algunos Alcaldes de oposición del Estado Zulia, según se informó en la prensa, se comprometen a "acatar la orden de la Presidencia de la República" y firmaron lo requerido aun cuando expresando que "la

Pero para el régimen, en realidad, poco importa lo que diga la Constitución, la cual solo la invocan sus representantes cuando la están violando, o cuando de antemano buscan avalar sus actuaciones inconstitucionales, o cuando lo que requieren es cambiarla, mutarla o moldearla para adaptar su texto para satisfacer sus intereses políticos, usando para ello al Juez Constitucional, siempre dispuesto a complacer u a obedecer.

Londres, 21 de octubre de 2016

---

firma del mencionado documento no convalida por nuestra parte o avala la legalidad de los procedimientos y decisiones que llevaron a la aprobación del presupuesto nacional." Véase en "Seis alcaldes opositores venezolanos firmaron presupuesto aprobado por Maduro," en Agencia EFE, *el Nuevo Herald,* 21 de octubre de 2016, en http://www.elnuevoherald.com/noticias/mundo/america-latina/venezuela-es/article109737622.html.

SEGUNDA PARTE:

NUEVO SECUESTRO DEL DERECHO DEL PUEBLO A LA REALIZACIÓN DEL REFERENDO REVOCATORIO PRESIDENCIAL PERPETRADO POR LA SALA ELECTORAL, ALGUNOS TRIBUNALES PENALES Y EL PODER ELECTORAL

En octubre de 2016, se secuestró definitivamente en Venezuela el derecho ciudadano a la realización del referendo revocatorio presidencial que garantizan los artículos 6, 70 y 72 de la Constitución, por parte del Poder Judicial, mediante una combinación de dos grupos de decisiones: *por una parte*, la decisión adoptada por la Sala Electoral del Tribunal Supremo de Justicia el 17 de octubre de 2016 de exigir, contrariando la Constitución, que el veinte por ciento de las firmas de respaldo para la convocatoria del referendo revocatorio del Presidente de la República, que había previsto el Consejo Nacional Electoral que se realizara los días 26 al 28 de octubre de 2016 se debía cubrir en todos y cada uno de los estados y el Distrito Capital, individualmente, y no solo a nivel global en la circunscripción nacional; y segundo, la decisión cautelar adoptada por varios tribunales nacionales, al unísono, en diversas circunscripciones de la República, de suspender temporalmente, lo que en términos reales es *sine die*, la realización misma de dicho proceso de recolección de firmas prevista para los días 26 al 28 de octubre de 2016, las cuales fueron inmediatamente "acatadas" por el Poder Electoral.

Con estas decisiones se manifiesta la voluntad del régimen de que en Venezuela no se realizará referendo revocatorio alguno.

I. LA ACTUACIÓN DE LA SALA ELECTORAL DEL TRIBUNAL SUPREMO DE JUSTICIA

Después de todos los obstáculos que durante todos los primeros meses de 2016 puso a la realización del referendo revocatorio el Consejo Nacional Electoral, la primera intervención del Poder Judicial en contra de la realización del referendo revocatorio que debió realizarse en 2016 se produjo mediante la sentencia N° 147 de 17 de octubre de 2016 de la Sala Electoral del Tribunal Supremo de Justicia, dictada al decidir un recurso de "interpretación" de los artículos 15 y 29 de las "Normas para Regular el Procedimiento de Promoción y Solicitud de Referendos Revocatorios de Mandatos de Cargo de Elección Popular," de 18 de diciembre de 2007[1] (en lo adelante *Normas de 2007*) ejerciendo la competencia que tiene conforme al 31.5, de la Ley Orgánica del Tribunal Supremo de Justicia. En dicha sentencia se decidió, sin que la Sala efectivamente "interpretara" lo que se le pidió, y contrariando lo establecido tanto en el artículo 72 de la Constitución como en las normas supuestamente "interpretadas," que

> "la convocatoria del referendo revocatorio requiere reunir el veinte por ciento (20%) de manifestaciones de voluntad del cuerpo electoral en todos y cada uno de los estados y del Distrito Capital de la República. La falta de recolección de ese porcentaje en cualquiera de los estados o del Distrito Capital, haría nugatoria la válida convocatoria del referendo revocatorio presidencial"

Es decir, con esta sentencia, la Sala Electoral, sin argumento ni razonamiento alguno, mutando la Constitución, simplemente dijo que el artículo 72 de la misma no dice lo que dice; pues lo que dice está muy alejado de lo resuelto en la sentencia. La norma en efecto, dispone claramente en cambio, que la iniciativa popular para el referendo revocatorio de mandato el Presidente de la República, quien es electo en la circunscrip-

---

1   Véase en *Gaceta Electoral* N° 405 de fecha 18 de diciembre de 2007.

ción nacional, debe estar respaldada por *"un número no menor del veinte por ciento de los electores o electoras inscritos en la correspondiente circunscripción,"* es decir, en la circunscripción nacional, lo que implica que es ese porcentaje de todo el Registro o padrón electoral globalmente considerado y no de los electores o electoras inscritos *"en todos y cada uno de los estados y del Distrito Capital de la República."*

Tan absurda es la sentencia que lo que faltaría por preguntarle a su Ponente, es ¿Por qué impuso que esta inconstitucional limitación se materializara a nivel de estados y del Distrito capital, y no exigió, para promover la participación política, que se materializara en lo que la Constitución considera como la unidad política primaria de la organización nacional, que es el Municipio (art. 168), disponiendo así que la recolección de firmas se hubiese hecho en el porcentaje del veinte por ciento de los electores o electoras inscritos, no en los estados, sino *en todos y cada uno de los Municipios de la República*?

Como fundamento de esta absurda sentencia, la Sala dijo lo que es obvio, que:

> "La etapa de recolección de las manifestaciones de voluntad no puede ni debe confundirse con el referéndum en estricto sentido, en el cual sí participa la totalidad del padrón electoral, universalidad que abarca a todos los electores tanto a los que apoyan la revocatoria del mandato como a aquéllos que aspiran a ratificar en el cargo al funcionario electivo sometido a la consulta popular. La recolección de las manifestaciones de voluntad no constituye en ningún caso, por consiguiente, ni una consulta, ni un referendo, ni un plebiscito."

Ello es cierto, pero no para ignorar que el referendo de revocación de mandato de un funcionario electo en la circunscripción nacional, como lo es el Presidente de la República, lo que exige es precisamente asegurar la participación de la totalidad del electorado, en dicha circunscripción nacional.

Precisamente por ello, la Sala Electoral fue la que no debió confundir la etapa de recolección de las manifestaciones de voluntad para la revocación según cargos electivos: nacionales, estadales y municipales, respecto de los cuales la Constitución y las Normas del Consejo Nacional Electoral lo que exige es recolectar el veinte por ciento de las firmas de electores en la respectiva circunscripción nacional, estadal o municipal, según que se trate de un electo nacionalmente, en un estado o en un municipio; y simplemente eliminar la existencia de la circunscripción nacional para la elección y revocación del Presidente de la República.

Un Presidente de la República se elige cuando el candidato haya "obtenido la mayoría de votos válidos" en la circunscripción nacional de toda la República (art. 228), por lo que para revocarle el mandato, la solicitud debe estar respaldada igualmente por un veinte por ciento de electores en toda la República, independientemente de que el porcentaje se refleje en cada estado, en cada municipio o en cada centro electoral de recolección de firmas, no habiendo base alguna en la Constitución para exigir que en cada una de las circunscripciones electorales de cada Estado y del Distrito Capital tenga que estar respaldada por el 20% de los electores inscritos en cada una de esas circunscripciones.

Ello, simplemente se aparta de lo que exige la Constitución, y lo más grave es que se ha hecho en una sentencia que es nula por simplemente carecer de "motivación," en la cual lo que se expresa es solo la opinión de los jueces sobre lo que quisieran que dijera la Constitución, pero que no lo dice.

II. EL GOBIERNO DE MANDATOS REVOCABLES

El artículo 6 de la Constitución venezolana de 1999 establece que el gobierno de la República y de las entidades políticas que la componen, es decir, básicamente de la República, los estados y los municipios, "es y será siempre democrático, participativo, electivo, descentralizado, alternativo, responsable, pluralista y *de mandatos revocables*".

La revocación de los mandatos de elección popular, por tanto, de acuerdo con la Constitución, debería ser de la esencia del sistema de gobierno de Venezuela, para lo cual se lo consagra, además, como un derecho político de los ciudadanos. Para ello, el artículo 62 de la Constitución establece el derecho de éstos de participar libremente en los asuntos públicos, directamente o por medio de sus representantes elegidos; enumerándose en el artículo 70 de la Constitución los siguientes "medios de participación y protagonismo del pueblo en ejercicio de su soberanía, en lo político: la elección de cargos públicos, el referendo, la consulta popular, *la revocación del mandato*, las iniciativas legislativa, constitucional y constituyente, el cabildo abierto y la asamblea de ciudadanos cuyas decisiones serán de carácter vinculante, entre otros".

Adicionalmente, el artículo 198 de la Constitución regula los efectos de la *revocación del mandato de los diputados* a la Asamblea Nacional, disponiendo que aquellos cuyo mandato fuese revocado no pueden optar a cargos de elección popular en el siguiente período; y el artículo 233 enumera como causa de falta absoluta del Presidente de la República "*la revocación popular de su mandato*".

La revocación del mandato de los representantes electos, por tanto, es un mecanismo de "participación política del soberano en los asuntos que le conciernen", lo que exige al juez interpretar el ordenamiento jurídico, adaptando sus normas "a los valores, principios y reglas que pauta el nuevo Texto Fundamental, que resulta ser la guía orientadora en toda labor hermenéutica progresiva y ajustada a los nuevos valores de nuestro ordenamiento,"[2] y no contrariándolos como lo ha hecho la Sala Electoral en la sentencia N° 147 de 17 de octubre de 2016.

---

2   Véase la sentencia de la Sala Electoral del Tribunal Supremo de Justicia, N° 170 de 22 de diciembre de 2000 (Caso: *Club Social Layalina),* en *Revista de Derecho Público,* N° 84 (octubre-diciembre), Editorial Jurídica Venezolana, Caracas, 2000, pp. 49 y ss.

Pero no ha sido esta la primera vez que se ha contrariado la Constitución, secuestrándose el derecho a la revocación de mandatos por obra de una conspiración entre el Consejo Nacional Electoral y el Tribunal Supremo de Justicia.

III. LAS CONDICIONES CONSTITUCIONALES PARA EL REFE-RENDO REVOCATORIO DE MANDATOS DE ELECCIÓN POPULAR Y EL PRIMER SECUESTRO DEL DERECHO CIUDA-DANO A LA PARTICIPACIÓN POLÍTICA MEDIANTE REFE-RENDO REVOCATORIO EN 2004.

En efecto, recordemos que conforme a los artículos 6 y 70 de la Constitución uno de los medios de participación ciudadana en lo político, es "la revocación del mandato," sobre lo cual el artículo 72 dispone que:

> "transcurrida la mitad del período para el cual fue elegido el funcionario o funcionaria, *un número no menor del veinte por ciento de los electores o electoras inscritos en la correspondiente circunscripción* podrá solicitar la convocatoria de un referendo para revocar su mandato".

Dicha norma fue objeto de interpretación por parte de la Sala Constitucional, mediante sentencia Nº 1139 de 5 junio de 2002 (Caso: *Sergio Omar Calderón y William Dávila*),[3] en la cual, sobre los requisitos mínimos de orden formal que se requieren para ejercer el derecho, en resumen estableció, sobre el referendo revocatorio, que:

a) Está sujeto a un límite de naturaleza temporal como es, sin duda, que el derecho al referendo revocatorio sólo puede ejercerse una vez que haya transcurrido la mitad del período del funcionario cuya revocación se persigue;

b) Entre los requisitos formales de la solicitud, como formas esenciales que se deben cumplir inexorablemente, como "imprescindibles", está la exigencia de que la petición o solicitud

---

3   Véase en *Revista de Derecho Público*, Nº 89-92, Editorial Jurídica Venezolana, Caracas 2002, pp. 164 ss.

de revocación exprese con precisión "el nombre y apellido del funcionario cuestionado y el cargo para el cual fue elegido popularmente, con indicación de la fecha de toma de posesión efectiva del mismo";

c) Teniendo el referendo revocatorio como único origen la *iniciativa popular*; el derecho al referendo revocatorio tiene como titulares a los ciudadanos integrantes del cuerpo electoral, por lo que la solicitud debe ir acompañada, "de los nombres y apellidos, números de cédula de identidad y las firmas respectivas", para que sean verificadas por el Consejo Nacional Electoral, el cual debe constatar, a través de la Comisión de Registro Civil y Electoral, "la debida inscripción de los electores y electoral que figuran como solicitantes de la revocación del mandato en el registro Electoral de la correspondiente circunscripción, pues, es éste el único organismo autorizado para verificar tales datos";

d) La solicitud debe formularse ante el Consejo Nacional Electoral;

e) La actividad del Consejo Nacional Electoral se ciñe a verificar las reglas del artículo 72 de la Constitución, con lo cual tiene prohibido cualquier "margen de discrecionalidad que autorice al Consejo Nacional Electoral a emitir pronunciamiento alguno sobre el mérito o conveniencia de la solicitud"; y

f) El Consejo Nacional Electoral no puede "establecer –en las normativas de carácter sub legal que dicte– nuevas condiciones para la procedencia de la revocación del mandato, no contempladas en el marco constitucional vigente."

La Constitución es clara, y la Sala Constitucional, lo que hizo fue precisar la claridad.

Sin embargo, en ausencia de una normativa legal que desarrollara dicha norma del artículo 72 de la Constitución, el Consejo Nacional Electoral en septiembre de 2003, con motivo de rechazar una solicitud de referendo revocatorio del mandato del Presidente de la República (*el "Firmazo"*) que se formuló contra el Presidente Hugo Chávez, comenzó a dictar normas para secuestrar el derecho ciudadano a la realización de referendos revocatorios,[4] de manera que antes que facilitar su ejercicio, comenzó a establecer trabas y requisitos que afectaron su ejercicio y lo limitaron más allá de lo permitido en la Constitución. Así impuso, por ejemplo, las limitaciones que afectaron la formulación de la petición por los electores, pues sin fundamento constitucional alguno, se estableció que las firmas en respaldo de la petición de los referendos sólo podía estamparse en un formulario preestablecido en papel especial diseñado por el Consejo Nacional Electoral, y que las dichas firmas sólo se podían estampar en unos lugares precisos y en un plazo de sólo unos días preestablecidos, eliminando además, el derecho de los ciudadanos que estuviesen fuera del país de poder respaldar con su firma la petición.

Posteriormente, en forma sobrevenida, con motivo de la presentación de la solicitud de revocatoria de mandato del Presidente de la República (*"El Reafirmazo"*), el Consejo Nacional Electoral estableció en una nueva Resolución[5], requisitos formales adicionales, como el que la inscripción de los datos de los solicitantes debían ser escritos de puño y letra de cada uno de ellos, lo que llevó al cuestionamiento de un número considerable de peticiones (*"Los Reparos"*).[6]

---

4   Ello lo hizo mediante Resolución N° 030912-461 de fecha 12 de septiembre de 2003, y luego Resolución N° 030925-465, se dictaron las "Normas para Regular los Procesos de Referendos Revocatorios de Mandatos de Cargos de Elección Popular" (*G.O.* N° 37.784 del 26 de septiembre de 2003).

5   Resolución N° 040302-131 del Consejo Nacional Electoral de 2 de marzo de 2004.

6   Del total de 3.467.050 firmas o peticiones presentadas, fueron objetadas 876.017 firmas aproximadamente. La antes indicada Resolución, que estableció en forma sobrevenida los señalados requisitos, fue impugnada ante la Sala Electoral del Tribunal Supremo, la cual la anuló; pero la Sala Constitucional del mismo Tribunal Supremo, a su vez, al conocer de un recurso de revisión y de una posterior solicitud de avocamiento al conocimiento de la causa, la admitió y anuló la sentencia de la Sala Electoral. Se produjo, así, el secuestro de la Sala Electoral y la confiscación

Todas estas previsiones, por aproximaciones sucesivas, se siguieron afinando en forma limitativa al derecho, hasta que fueron todas refundidas en las *Normas de 2007*.

Siendo el derecho a revocar, un derecho constitucional que todos los ciudadanos tienen a la participación política, el mismo no puede restringirse ni siquiera por ley, por lo que menos aún podría restringirse mediante actos que no son leyes, como son las Resoluciones del Consejo Nacional Electoral, violando el principio de la reserva legal. Ello, además, había sido reafirmado por la Sala Constitucional del Tribunal Supremo de Justicia en sentencia Nº 321 de 22 de febrero de 2002, en la cual señaló que las limitaciones a los derechos constitucionales "derivan por sí mismas del texto constitucional, y si el legislador amplía el espectro de tales limitaciones, las mismas devienen en ilegítimas."[7]

En 2004, a pesar de todos los obstáculos establecidos, el referendo revocatorio del mandato del Presidente Hugo Chávez se realizó finamente, habiendo sido éste revocado en su mandato en los términos establecidos en la Constitución. Frente a ello, sin embargo, se produjo el primer secuestro del derecho ciudadano a la revocación de mandatos por obra de la Sala Constitucional del Tribunal Supremo de Justicia y del Consejo Nacional Electoral,[8] que finalmente transformaron el referendo

---

del derecho a la participación política de los ciudadanos. Véase Allan R. Brewer-Carías, *La Sala Electoral vs. El Estado democrático de derecho (El secuestro del Poder Electoral y de la Sala Electoral del Tribunal Supremo y la confiscación del derecho a la participación política)*, Ediciones El Nacional, Caracas, 2004.

7   Véase en http://historico.tsj.gob.ve/decisiones/scon/febrero/321-220202-01-0559%20.HTM.

8   Véase sobre dicho proceso Allan R. Brewer-Carías, *la Sala Constitucional vs. El Estado de Derecho,* Libros El Nacional, Caracas, 2004. Véase igualmente sobre el tema mis trabajos: "El secuestro del Poder Electoral y de la Sala Electoral del Tribunal Supremo y la confiscación del derecho a la participación política mediante el referendo revocatorio presidencial: Venezuela: 2000-2004," en *Revista Costarricense de Derecho Constitucional*, Tomo V, Instituto Costarricense de Derecho Constitucional, Editorial

revocatorio en un referendo "ratificatorio" o en un simple ple-biscito no previsto en la Constitución.

En efecto, el mismo artículo 72 de la Constitución es diáfa-namente claro al disponer que:

> "*Cuando igual o mayor número de electores o* electoras *que eligieron al funcionario o funcionaria hubieren votado a favor de la revocación*, siempre que haya concurrido al referendo un número de electores o electoras igual o superior al veinticinco por ciento de los electores o electoras inscritos, *se considerará revocado su mandato* y se procederá de inmediato a cubrir la falta absoluta conforme a lo dispuesto en esta Constitución y en la ley."

Tal como lo señaló la Sala Constitucional en la misma sen-tencia antes señalada, N° 1139 de 5 de junio de 2002 (Caso: *Sergio Omar Calderón y William Dávila*), "la votación favora-ble a la revocación debe ser igual o mayor que la que el fun-cionario obtuvo cuando fue electo, sin que puedan someterse tales condiciones numéricas a procesos de ajuste o de propor-ción alguno," produciéndose con ello la revocación del manda-to de elección popular. Y nada más.

Investigaciones Jurídicas S.A. San José, 2004. pp. 167-312; "El secuestro del Poder Electoral y la confiscación del derecho a la participación política mediante el referendo revocatorio presidencial: Venezuela 2000-2004," en *Boletín Mexicano de Derecho Comparado*, Instituto de Investigaciones Jurídicas, Universidad Nacional Autónoma de México, N° 112. México, enero-abril 2005. pp. 11-73; "El secuestro del poder electoral y la confiscación del derecho a la participación política mediante el referendo revocatorio presidencial: Venezuela 2000-2004". en *Stvdi Vrbinati, Rivista tgrimestrale di Scienze Giuridiche*, Politiche ed Economiche, Año LXXI – 2003/04 Nuova Serie A – N. 55,3, Università degli studi di Urbino. Urbino, Italia, 2004 . pp. 379-436, en *Revista Jurídica del Perú*, Año LIV N° 55. Lima, marzo-abril 2004, pp. 353-396; en el libro: Juan Pérez Royo, Joaquín Pablo Urías Martínez, Manuel Carrasco Durán, Editores), *Derecho Constitucional para el Siglo XXI. Actas del Congreso Iberoamericano de Derecho Constitucional*, Tomo I, Thomson-Aranzadi. Madrid, 2006, pp. 1081-1128; "El secuestro de la Sala Electoral por la Sala Constitucional del Tribunal Supremo de Justicia" en *La Guerra de las Salas del TSJ frente al Referéndum Revocatorio*, Editorial Aequitas. Caracas, 2004, pp. 13-58.

Sin embargo, de manera evidentemente inconstitucional, en las *Normas para regular los procesos de Referendos Revocatorias de mandatos de Elección Popular* dictadas por el Consejo Nacional Electoral de 25 de septiembre de 2003,[9] si bien se estableció que se considera revocado el mandato "si el número de votos a favor de la revocatoria es igual o superior al número de los electores que eligieron al funcionario", se agregó la frase: *"y no resulte inferior al número de electores que votaron en contra de la revocatoria"* (Art. 60); agregado éste mediante el cual se restringió el derecho ciudadano a la revocatoria de mandatos populares, al establecerse un elemento que no está en la Constitución relativo a los efectos del voto por la "no revocación."

Con ello se sentó la base para trastocar la naturaleza "revocatoria" del referendo que regula el artículo 72 de la Constitución, para convertirlo en un referendo "ratificatorio" de mandatos de elección popular.

Lo inaudito de este fraude constitucional, fue que dicho criterio luego lo avaló la Sala Constitucional del Tribunal Supremo, también en una frase contenida en la sentencia N° 2750 de 21 de octubre de 2003 (Caso: *Carlos E. Herrera Mendoza, Interpretación del artículo 72 de la Constitución*), en la cual señaló que:

> "Se trata de una especie de relegitimación del funcionario y en ese proceso democrático de mayorías, incluso, si en el referendo obtuviese más votos la opción de su permanencia, *debería seguir en él*, aunque voten en su contra el número suficiente de personas para revocarle el mandato."[10]

Con esa base se secuestró el derecho ciudadano al referendo revocatorio, y se cambió la Constitución, cometiéndose un fraude a la voluntad popular, porque a pesar de que una vez

---

9   Resolución N° 030925-465 de 25-09-2003.

10   En *Revista de Derecho Público*, N° 93-96, Editorial Jurídica Venezolana, Caracas 2003..

realizado el referendo revocatorio del Presidente Hugo Chávez en 2004, su mandato quedó revocado, sin embargo, fue "ratificado" en el cargo.

En efecto, el Presidente Chávez había sido electo en agosto de 2000 con 3.757.774 votos, y en el referendo revocatorio de 2004, 3.989.008 se inclinaron por la opción "Sí" para revocar el mandato del Presidente Chávez, por lo que conforme al artículo 72 de la Constitución su mandato quedó revocado. Todo ello lo publicó el Consejo Nacional Electoral en la Resolución N° 040826-1118 de 26 de agosto de 2004[11] indicando sin embargo que los votos por la opción NO habían sido de 5.800.629 votos, deduciendo de ello, en contra de la Constitución, que en lugar de haber quedado Chávez revocado, habría sido "ratificado" para que "culminara su período constitucional en el año 2006," como si se tratase de un plebiscito.

Con esta Resolución, se consolidó el fraude constitucional que había ido configurándose, al trastocarse una "revocación de mandato" en una supuesta "ratificación de mandato" de un funcionario que había quedado constitucionalmente revocado.[12]

Después de este primer secuestro del derecho ciudadano a la revocación popular de mandatos, las limitaciones inconstitucionales establecidas por el Consejo Nacional Electoral se multiplicaron sucesivamente, en la misma línea de secuestrar el derecho a la participación política mediante el ejercicio del derecho ciudadano a la revocación de mandatos,[13] establecién-

---

11   Véase en *Gaceta Electoral* N° 210 de 30-08-2004.

12   Véase Allan R. Brewer-Carías, "La Sala Constitucional vs. el derecho ciudadano a la revocatoria de mandatos populares: de cómo un referendo revocatorio fue inconstitucionalmente convertido en un "referendo ratificatorio," en el libro *Crónica sobre la "in" justicia constitucional. La Sala Constitucional y el autoritarismo en Venezuela*, Colección Instituto de Derecho Público, Universidad Central de Venezuela, N° 2, Caracas, 2007, pp. 349-378.

13   Véase las "Normas para Regular el Procedimiento de Promoción y solicitud de Referendos Revocatorios de Mandatos de Cargos de Elección Popular," mediante Resolución N° 070207-036, publicada en la *Gacela Electoral* N°

dose, en forma evidentemente inconstitucional, unas condiciones previas para que pudiera realizarse un referendo revocatorio, consistentes en la necesidad ineludible –no exigida en la
Constitución– de tener que establecerse unas "agrupaciones de
electores" para promover el referendo revocatorio, con la exigencia de que para ello se necesita un respaldo de firmas de
ciudadanos "mayor o igual al uno por ciento (1%) de la población inscrita en el Registro Electoral del municipio, del estado
o nacional" (art. 6), para cuya recolección se establecieron todas las trabas imaginables de carácter formal, de manera que
sea una de esas agrupaciones la que pueda promover la recolección de las firmas de al menos *"veinte por ciento de los
electores o electoras inscritos en la correspondiente circunscripción"* como lo exige el artículo 72 de la Constitución *para
solicitar* la convocatoria de un referendo para revocar su mandato.

Dicho "veinte por ciento de los electores" necesarios para
solicitar la convocatoria del referendo revocatorio, como lo
dice la Constitución, son los *"inscritos en la correspondiente
circunscripción",* por supuesto, según que se trate de la revocación de mandatos de funcionarios electos en la circunscripción nacional, estadal y municipal, de manera que evidentemente, si se trata del Presidente de la República, electo en la
circunscripción nacional, el 20% de las firmas es en el nivel
nacional; si se trata de la revocación de los diputados, del go-

---

356 del 12 de febrero de 2007, la cual fue objeto de modificación mediante
la Resolución N° 07041f3-347, del 13 de abril de 2007, publicada en la Gaceta Electoral N° 373 del 07 de mayo de ese mismo año; y dictó las "Normas para la Constitución y Registro de las Agrupaciones de Ciudadanas o
Ciudadanos que participarán en los Procesos de Referendos Revocatorios de
Mandatos de Cargos de Elección Popular contenidas en la Resolución N°
070207-047; publicada en la *Gaceta Electoral* N° 358 del 14 de febrero de
2007." Todas esas normas, fueron derogadas y sustituidas por las "Normas
para Regular el Procedimiento de Promoción y Solicitud de Referendos Revocatorios de Mandatos de Cargos de Elección Popular" dictadas mediante
Resolución N° 070906-2770 de 06 de septiembre de 2007, publicada en
Gaceta Electoral N° 405 de la misma fecha.

bernador de un Estado de los diputados a los Consejos Legislativos de los Estados, el 20% de las firmas debe ser de los
electores de la circunscripción del Estado respectivos; y si se
trata de la elección de los Alcaldes o miembros de los Concejos Municipales, el 20% de las firmas debe ser de los electores
de la circunscripción del Municipio de que se trate. No es necesario ser "jurista" o versado en leyes para entender lo que el
constituyente estableció.

IV. EL NUEVO SECUESTRO DEL DERECHO A LA REVOCATORIA DEL MANDATO PRESIDENCIAL POR LA SALA ELECTORAL EN OCTUBRE DE 2016

Sin embargo, así no lo entendieron los órganos del Estado
que debieron ser los garantes del cumplimiento de la Constitución en 2016.

En efecto, a pesar de todas las trabas inconstitucionales dis-
puestas por el Consejo Nacional Electoral para la efectiva realización de un referendo revocatorio de mandatos populares, la
oposición democrática en Venezuela, durante el año 2016, re-
presentada por la Mesa de la Unidad Democrática (MUD),
promovió la realización del referendo revocatorio de quién
ejerce la presidencia de la República, Nicolás Maduro, habiendo recogido un número de firmas (409.313) con creces mayor
del uno por ciento de las firmas necesarias (194.708) para cumplir con el primer paso reglamentario, es decir, el de constituir
la agrupación de ciudadanos para promover el revocatorio.[14]

Sin embargo, un vez cumplido con el primer requisito inconstitucional, la oposición democrática se encontró con que
en el Consejo Nacional Electoral, también inconstitucionalmente, anunció que se aplicaría para la solicitud de referendo

---

14   Véase las reseñas de prensa sobre el proceso de recolección de firmas en:
http://internacional.elpais.com/internacional/2016/06/25/america/14668200
33_284575.html; http://www.larazon.net/2016/08/01/cne-aprueba-el-1-de-
firmas-para-el-revocatorio/ y http://www.laverdad.com/politica/102117-
cne-aprueba-informe-sobre-el-1-de-firmas-para-revocatorio.html.

revocatorio, en contra de lo establecido en la Constitución, que las firmas que se requerían para obtener el respaldo para convocar el referendo, del "veinte por ciento de los electores o *electoras inscritos en la correspondiente circunscripción"* que es lo que dice la Constitución, no era tal, sino que debía ser el veinte por ciento de los electores o *electoras inscritos en cada una de las circunscripciones de los Estados.*

Es decir, que en lugar de recolectar el respaldo del 20% de electores inscritos en el registro Electoral a nivel nacional, debían recolectarse 20% de respaldo de electores, en cada una de las circunscripciones de cada uno de los Estados de la República y del Distrito Capital, lo cual fue luego "ratificado" por la sentencia de la Sala Electoral del Tribunal Supremo de Justicia N° 417 del 17 de octubre de 2016,[15] que comentamos, dictada con motivo de un "recurso de interpretación" intentado una semana antes, el 11 de octubre de 2016, por el Coordinador Nacional de un partido político, respecto de lo dispuesto en los artículos 15 y 29 de la mencionada Resolución N° 070906-2770, de 6 de septiembre de 2007, del Consejo Nacional Electoral, contentiva de las "Normas para Regular el Procedimiento de Promoción y Solicitud de Referendos Revocatorios de Mandatos de Cargo de Elección Popular."[16]

Las normas cuya interpretación se solicitó, en la materia repiten exactamente lo que prevé el artículo 72 de la Constitución, sobre que la iniciativa popular para solicitar un referendo revocatorio de mandato corresponde a "un número no menor del veinte por ciento (20%) de los electores y electoras inscritos en el Registro Electoral para el momento de la solicitud en la circunscripción correspondiente" (art. 15), de manera que la verificación de las manifestaciones de voluntad que se efectúe, después de presentada la solicitud, debe ser en un número "es

---

15   Véase en http://historico.tsj.gob.ve/decisiones/selec/octubre/190852-147-171016-2016-2016-000074.HTML.

16   Véase en *Gaceta Electoral* N° 405 de fecha 18 de diciembre de 2007.

igual o mayor al veinte por ciento (20%) de los electores inscritos en el Registro Electoral de la circunscripción de que se trate" (art. 29).

Lo único distinto a lo que establece la Constitución que se incorporó a estas normas fue la precisión de que el referido veinte por ciento se refiere a los electores inscritos en la "circunscripción correspondiente" o "la circunscripción de que se trate" refiriéndose, obviamente, a la circunscripción nacional para la revocación del Presidente de la República, a las circunscripciones estadales respectivas, para la revocación de los diputados a la Asamblea Nacional, los gobernadores y diputados a los Consejos Legislativos de los Estados, y a las circunscripciones municipales respectivas, para la revocación de los alcaldes y miembros de los Concejos Municipales. Nada dudoso, por tanto, existe en esas normas que ameritase ser "interpretado."

El recurrente, en realidad, lo único que alegó fue que según un cuadro extraído del portal web del Consejo Nacional Electoral, de 21 de septiembre de 2016, donde se habría aprobado un "cronograma para recolección del 20% de solicitudes para activar referendo revocatorio," se apreciaba que el Poder Electoral había establecido los sistemas para la recolección de manifestaciones de voluntad "sobre la base del *veinte por ciento (20%) del Registro Electoral de cada circunscripción de los Estados.*" De ello, adujo el recurrente, se generaba una supuesta "duda razonable con respecto a este requisito de procedencia," toda vez que no existía a su juicio "una disposición clara y precisa que determine la fórmula de cuantificación de las manifestaciones de voluntad necesarias para la activar la convocatoria del referendo revocatorio del texto de los artículos 15 y 29 de las Normas señaladas," lo que por supuesto no era cierto. En tal sentido afirmó erradamente que

> "de las normas citadas no se desprende con claridad si la procedencia de la convocatoria requeriría reunir el veinte por ciento (20%) de las manifestaciones de voluntad en todos y cada uno de los estados y en el Distrito Capital de la República."

Como se dijo, la Constitución es clara, y claras son las disposiciones citadas de las Normas del Consejo Nacional Electoral; pero sin embargo, a pesar de ello, el recurrente insistió en solicitar un pronunciamiento de la Sala, no sobre la claridad de las normas, sino sobre lo que el Consejo Nacional Electoral estaba en proceso de establecer en relación con la recolección de manifestaciones de voluntad "del veinte por ciento (20%) del padrón electoral *según cada entidad federal*," argumentando que "no se ha hecho público el criterio de cuantificación de ese Poder Electoral en cuanto a si se requiere reunir el veinte por ciento (20%) de las manifestaciones *en cada entidad federal.*"

La Sala, para decidir, partió de lo establecido en el artículo 72 de la Constitución, así como de la interpretación de dicho artículo establecida por la Sala Constitucional mediante sentencia Nº 1139 de 5 de junio de 2002 (Caso: *Sergio Omar Calderón y William Dávila*), antes comentada, que fue desarrollado conforme a la doctrina establecida en la sentencia de la misma Sala Constitucional Nº 566 de 12 de abril de 2004, por el Consejo Nacional Electoral mediante las Normas antes citadas en "ejecución directa e inmediata de la Constitución, en la medida en que no se ha dictado aún legislación alguna para regular las distintas modalidades referendarias." Y hecho esto, pasó entonces a identificar la supuesta duda sobre la interpretación de las normas de los artículos 15 y 29 de las citadas Normas, sobre las cuales:

> "La duda que plantea el recurrente existiría porque, a su decir, a pesar de que el Consejo Nacional Electoral dispuso la organización de los centros y puntos de recolección de las manifestaciones de voluntad según el veinte por ciento (20%) del cuerpo electoral de cada uno de los estados y del Distrito Capital, expresan los solicitantes, "no se ha hecho público el criterio de ese Poder Electoral en cuanto a si se requiere reunir el veinte por ciento (20%) de las manifestaciones en cada entidad federal."

Se advierte de nuevo, que no se trataba de duda alguna sobre lo que las normas disponen, sino sobre lo que el Consejo

Nacional Electoral estaba interpretando erradamente de las mismas al haber establecido el 21 de septiembre de 2016, el mencionado "cronograma conforme al cual se llevará a efecto el evento de la recolección de manifestaciones de voluntad así como el cuadro de acuerdo con el cual se llevará a cabo la referida recolección."[17].

De la lectura del cronograma, la Sala Electoral apreció que el Consejo Nacional Electoral había asumido "como criterio de cuantificación de las indicadas manifestaciones de voluntad el que la recolección de las mismas fuera la expresión del veinte por ciento (20%) del cuerpo electoral de cada entidad federal y del Distrito Capital," deduciendo de ello, que dicho cuerpo, "en ejercicio de sus atribuciones constitucionales," había "adoptado un criterio interpretativo sobre la normativa sancionada por esa instancia electoral," es decir, las "Normas para Regular la Promoción y Solicitud de Referendos Revocatorios de Mandatos de Cargos de Elección Popular," y que ello a juicio de la Sala Electoral, sin más, es decir, sin realizar el más mínimo esfuerzo interpretativo, y sin siquiera referirse a lo que dispone la Constitución, consideró que

> "el esquema aprobado por el Consejo Nacional Electoral ostenta la naturaleza de una *interpretación auténtica*, es decir, la atribución específica de sentido a la propia normativa sancionada por el Consejo Nacional Electoral."

Y para justificar el desaguisado, la Sala Electoral, lo único que argumentó es que el criterio del Consejo Nacional Electoral, supuestamente se correspondía "con el particular modelo venezolano de Estado Federal Descentralizado," montado sobre la idea de que "los estados son entidades federales autónomas e *iguales en lo político* conforme al artículo 159 de la Constitución," lo cual evidentemente nada tiene que ver con lo establecido por el Consejo Nacional Electoral.

---

17   La sentencia cita la siguiente Fuente: http://www.cne.gov.ve/web, 'CNE aprobó cronograma para recolección del 20% de solicitudes para activar referendo revocatorio'…".

En su "argumentación" comentando la interpretación "auténtica" del Consejo Nacional Electoral, la Sala Electoral continuó "precisando" que "la recolección de las manifestaciones de voluntad para solicitar el referendo revocatorio "no puede ni debe confundirse con el proceso referendario en estricto sentido," cosa que nadie había hecho, ni siquiera el recurrente, agregando también la precisión de que "la recolección de las manifestaciones de voluntad no constituye en ningún caso, por consiguiente, ni una consulta, ni un referendo, ni un plebiscito. Así se declara," cuando tampoco nadie había alegado ni argumentado sobre tales "hipotéticas" confusiones.

Y entonces, expuesto la anterior, la Sala Electoral concluyó su sentencia "circunscribiéndose a la duda planteada por el recurrente," afirmando que los mencionados artículos 15 y 29 de las Normas para Regular la Promoción y Solicitud de Referendos Revocatorios de Mandatos de Cargos de Elección Popular:

> "deben interpretarse en el sentido de que *una válida convocatoria del referendo revocatorio requiere reunir el veinte por ciento (20%) de manifestaciones de voluntad del cuerpo electoral en todos y cada uno de los estados y del Distrito Capital de la República.*"

> De este modo, no ha lugar a dudas, que la cuantificación que efectúe el Consejo Nacional Electoral, una vez realizado el evento de recolección de voluntades, se limitará a verificar y certificar por cada entidad federal, individualmente considerada, que se cumplió debidamente con la participación del porcentaje del veinte por ciento (20%) exigido constitucionalmente para cada circunscripción; no habiendo lugar a sumatorias ni compensaciones entre entidades federales, dado el principio de igualdad política de los estados. Por consiguiente, *la falta de recolección de ese porcentaje en cualquiera de los estados o del Distrito Capital, haría nugatoria la válida convocatoria del referendo revocatorio presidencial.* Así se declara."

Y fue todo. Una sentencia de "interpretación" de unas disposiciones de las mencionadas Normas de 2007 del Consejo Nacional Electoral que no hacen otra cosa que no sea repetir lo que dice la Constitución; pero que nada interpreta, sino que copia lo que el Consejo Nacional Electoral "interpretó," así ello hubiese estado errado y contrariase la Constitución, no formulando siquiera un solo argumento que pudiese incluso ser el "justificativo" la errada interpretación, la cual simplemente dio por "auténtica."[18]. Y nada más.

En esta forma, de nuevo, de un plumazo se cambió la Constitución, secuestrándose una vez más el derecho ciudadano a la participación política mediante el referendo revocatorio del mandato presidencial que debía realizarse en 2016.

V. EL ARREBATO DEFINITIVO DEL DERECHO CIUDADANO AL REFERENDO REVOCATORIO DE 2016 POR PARTE DE LOS TRIBUNALES PENALES EN DECISIONES "ACATADAS" DE INMEDIATO POR EL PODER ELECTORAL

Pero aún con los obstáculos anteriores, la Mesa de la Unidad Democrática asumió el compromiso de movilizar al pueblo en lo necesario para la realización del proceso de recolección de firmas, aún en la forma irregular que había dispuesto el Consejo Nacional Electoral, para los días 26 al 28 de octubre de 2016.[19]

Vana ilusión. Como si todo fuera parte de un guion preestablecido para la actuación de marionetas en el marco de la dictadura judicial, configurado hacia finales del día 20 de octubre de 2016, al unísono, cinco gobernadores, de los Estados Aragua, Carabobo Monagas, Apure y Bolívar anunciaron en sus cuentas de twitter, que sendos tribunales penales en dichos Estados, en causas penales por supuestos fraudes en materia de

---

18   La supuesta "autenticidad," por supuesto, no proviene de que eso sea lo que deriva de las normas constitucionales, sino de la ratificación, por parte de la Sala Electoral, de lo resuelto por los órganos políticos del régimen.

19   Véase en "La Recolección del 20% de firmas para el revocatorio será del 24 al 30 de octubre," 29 de agosto de 2016, en http://efectococuyo.com/politica/recoleccion-del-20-de-firmas-para-el-revocatorio-sera-del-24-al-30-de-octubre; y http://www.2001.com.ve/en-la-agenda/142584/todo-lo-que-debes-saber-sobre-la-recoleccion-del-20--el-26--27-y-28-de-octubre.html.

la recolección de firmas para la constitución de la agrupación de electores para conducir la iniciativa del referendo revocatorio, –materia que por lo demás, es de la exclusiva competencia de la Jurisdicción Electoral– habrían "dejado sin efecto la recolección de firmas del 1% del padrón electoral, realizada hace cuatro meses por la opositora Mesa de la Unidad Democrática (MUD) para promover el referendo."[20]

La respuesta del Consejo Nacional Electoral, en la noche del mismo día 20 de octubre, fue inmediata, habiéndose incorporado en la página web del organismo la siguiente información:

"El Poder Electoral informa al país que ha sido notificado, por tribunales de la República, de medidas precautelativas que ordenan posponer cualquier acto que pudiera haberse generado como consecuencia de la recolección de 1% de manifestaciones de voluntad que se requirieron para validar la mediación de la organización con fines políticos MUD.

Las medidas decididas este jueves 20 de octubre por los tribunales penales de primera instancia en funciones de control de Valencia; el tercero de control de San Fernando de Apure; el de primera instancia en función de tercero de control de Aragua y el de primera instancia en funciones de control de Bolívar fueron decididas tras la admisión de querellas penales por los delitos de falsa atestación ante funcionario público, aprovechamiento de acto falso y suministros de datos falsos al Poder Electoral.

Estas decisiones tienen como consecuencia la paralización, hasta nueva orden judicial, del proceso de recolección de 20% de las manifestaciones de voluntad, que estaba previsto para el

---

20   Véase lo declarado por los gobernadores de los Estados Aragua y Carabobo en "Anulan en dos estados venezolanos recolección de firmas para referendo. Fueron Aragua y Carabobo. Según gobernadores, tribunales penales dejaron 'sin efecto' por 'fraude'," en El Tiempo, 20 de octubre de 2016, en ehttp://www.eltiempo.com/mundo/latinoamerica/anulan-en-dos-estados-recoleccion-de-firmas-para-referendo-en-venezuela/16730946; "Proceso del revocatorio, suspendido tras anulación de firmas de primera fase," en CNN. Español, 20 de octubre de 2016, en z.cnn.com/2016/10/20/anulan-firmas-de-la-primera-fase-del-revocatorio-en-varios-estados-de-venezuela/#0.

26, 27 y 28 de octubre próximos, y en el que el Consejo Nacional Electoral estaba trabajando luego de terminada la primera etapa de una solicitud hecha por el partido MUD en abril pasado.

En apego al marco constitucional, el CNE acata las medidas ordenadas por los tribunales y ha girado instrucciones de posponer el proceso de recolección hasta nueva instrucción judicial.

El Poder Electoral reitera su llamado al diálogo nacional como fórmula democrática por excelencia para preservar la paz y la estabilidad de la República y se pone a disposición de los actores políticos e instituciones nacionales para coadyuvar en la búsqueda de las mejores condiciones que hagan fructífero este encuentro."[21]

Y con esto, se acabó la posibilidad de que el pueblo venezolano pudiera ejercer su derecho constitucional al referendo revocatorio presidencial, que debió haber ocurrido en 2016. Una nueva manifestación de la dictadura judicial lo impidió.

Londres 21 de octubre de 2016.

---

21   Véase: "Poder Electoral acata medidas cautelares ordenadas por tribunales de la República. Proceso de recolección de 20% de manifestaciones de voluntad queda pospuesto hasta nueva instrucción judicial," 20 de octubre de 2016, en http://www.cne.gov.ve/web/sala_prensa/noticia_detallada.php?id=3483

SOBRE EL ÚLTIMO SABLAZO DADO POR LA "JUSTICIA" CONSTITUCIONAL CONTRA LA ASAMBLEA NACIONAL COMO ÓRGANO DE REPRESENTACIÓN POPULAR

Después de que la Sala Constitucional del Tribunal Supremo de Justicia, durante todo el año 2016, declaró como inconstitucionales y anuló absolutamente todas las leyes y actos parlamentarios sancionados y adoptados por la Asamblea Nacional, tanto en materia de legislación como de control político sobre el gobierno y la Administración Pública, a comienzos de 2017, la misma Sala Constitucional ha dispuesto la cesación definitiva, de hecho, de la Asamblea Nacional en el cumplimiento de sus funciones constitucionales como órgano que integra a los representes del pueblo, declarando, mediante sentencia N° 2 de 11 de enero de 2017,[1] en la cual anuló el acto de instalación de la Asamblea para su segundo período anual, que:

> "Cualquier actuación de la Asamblea Nacional y de cualquier órgano o individuo en contra de lo aquí decidido será nula y carente de toda validez y eficacia jurídica, sin menoscabo de la responsabilidad a que hubiere lugar."

En esta forma, mediante un sablazo final dado por la "Justicia," que se ratificó en la sentencia N° 3 de 11 de enero de

---

1 Véase en http://historico.tsj.gob.ve/decisiones/scon/enero/194891-02-11117-2017-17-0001.HTML.

2017, [2] se le cercenó definitivamente al pueblo su derecho más elementar en un Estado de derecho, que es el de ejercer la soberanía mediante sus representantes.

Esas decisiones de la Sala Constitucional tuvieron su antecedente en las decisiones de la Asamblea Nacional adoptadas desde octubre de 2016, en las cuales se consideró que en el país, precisamente por las decisiones adoptadas por la Sala Constitucional, se había dado origen a una situación de ruptura del orden constitucional.

I. EL ACUERDO DE LA ASAMBLEA NACIONAL DE 23 DE OCTUBRE DE 2016 DECLARANDO QUE EN EL PAÍS EXISTÍA UNA SITUACIÓN DE RUPTURA DEL ORDEN CONSTITUCIONAL

El día 23 de octubre de 2016, después de las innumerables sentencias dictadas por la Sala Constitucional del Tribunal Supremo, en combinación con el Poder Ejecutivo, cercenándole a la Asamblea Nacional todas sus facultades para legislar, para deliberar, para controlar y para ejecutar sus funciones como cuerpo elector de segundo grado de los titulares de los Poderes Públicos, todo en violación de la Constitución, la Asamblea Nacional, adoptó un *"Acuerdo para la restitución del orden constitucional en Venezuela,"* declarando:

> "la ruptura del orden constitucional y la existencia de un golpe de estado continuado cometido por el régimen de Nicolás Maduro en contra de la Constitución de la República Bolivariana de Venezuela y el pueblo de Venezuela." [3]

Dicho Acuerdo lo adoptó la Asamblea basándose en el artículo 333 de la Constitución que consagra el derecho y el deber de todos los ciudadanos "de restablecer la efectiva vigencia de la Constitución," teniendo como motivación directa el

---

2   http://historico.tsj.gob.ve/decisiones/scon/enero/194892-03-11117-2017-17-0002.HTML.

3   http://www.asambleanacional.gob.ve/uploads/documentos/doc_942a0ad957-b62f70d7429dca1375d09-969c89d5f.pdf.

hecho de que se había producido cercenamiento del derecho ciudadano a la participación política mediante el ejercicio del derecho a revocar mediante referendo el mandato del Presidente de la República, a consecuencia de la decisión adoptada por el Consejo Nacional Electoral del 20 de octubre de 2016, "sin fundamentos sólidos e inconstitucionalmente" para "arrebatarle el derecho a revocar al pueblo venezolano, comprometiendo la paz y la estabilidad de la nación." En Acuerdo, además, tuvo como motivaciones específicas, el hecho de:

1. Que tres de los integrantes de dicho Consejo, habían sido nombrados por el Tribunal Supremo provisionalmente en diciembre de 2014; y que el desempeño que habían tenido la mayoría de los miembros de dicho cuerpo "conspira contra la democracia y revela una evidente parcialidad política."

2. Que en diciembre de 2015 la anterior Asamblea había designado "de manera irregular y fraudulenta a los Magistrados del Tribunal Supremo de Justicia, violando la Constitución y el derecho de participación ciudadana," quienes en su desempeño habían "terminado de desmantelar el Estado de derecho, subordinándose a las órdenes del Poder Ejecutivo."

3. Que aparte de estar en curso una investigación sobre la probable doble nacionalidad del Presidente de la República, la cual debía concluir a la brevedad; el mismo había "participado activamente en la ruptura del orden constitucional antes señalada," existiendo por tanto, fundadas razones para sostener que el mismo había "abandonado las funciones constitucionales de la Presidencia de la República."

En virtud de la alteración del orden constitucional, la Asamblea en el ámbito internacional decidió en dicho Acuerdo,

"solicitar a la comunidad internacional la activación de todos los mecanismos que sean necesarios para garantizar los derechos del pueblo de Venezuela, en especial su derecho a la de-

mocracia," en particular de los previstos en la Carta Democrática Interamericana.[4]

Y en el ámbito nacional, resolvió proceder manera inmediata y de acuerdo con los mecanismos constitucionales"

Primero, a la designación de los rectores del Consejo Nacional Electoral en sustitución de los que "fueron nombrados
provisionalmente en diciembre de 2014," para "garantizar el
respeto del derecho de los venezolanos a elegir, y la independencia de poderes y el respeto al estado derecho."

Segundo, a la "designación de los Magistrados del Tribunal
Supremo de Justicia, para garantizar el respeto del derecho de
los venezolanos a elegir, así como la independencia de poderes
y el respeto al estado derecho;"

Tercero, a "iniciar el proceso para determinar la situación
constitucional de la Presidencia de la República y convocar a
una sesión especial de la Asamblea Nacional para el próximo
martes 25 de octubre, para evaluar y decidir sobre la materia."

Cuarto, "exigir a la Fuerza Armada Nacional no obedecer ni
ejecutar ningún acto o decisión que sean contrario a los principios constitucionales o menoscaben derechos fundamentales
del pueblo de Venezuela, emanados del Poder Ejecutivo, Judicial, Ciudadano y Electoral."

Quinto, "convocar al pueblo de Venezuela, en virtud de los
preceptos constitucionales, en especial lo establecido en el art

---

4   Debe recordarse que en el mismo sentido, ya el 23 de junio de 2016 el Secretario General de la Organización de Estados Americanos había procedido
a solicitar la convocatoria inmediata del Consejo Permanente de la OEA para realizar una apreciación colectiva de la situación y adoptar las decisiones
que estime conveniente, presentándoles el *Informe sobre la situación en
Venezuela en relación con el cumplimiento de la Carta Democrática Interamericana* de 30 de mayo de 2016. Véase el texto en: oas.org/docu-
ments/spa/press/OSG-243.es.pdf. Igualmente en el libro: *La crisis de la democracia en Venezuela, La OEA y la Carta Democrática Interamericana.
Documentos de Luis Almagro (2015-2016)*, IDEA, Editorial Jurídica Venezolana, Caracas 2016.

333 de nuestra Constitución, a la defensa activa, constante y va-
liente de nuestra Carta Magna, de la democracia y el Estado de
Derecho, hasta lograr la restitución del Orden Constitucional."

II. EL ACUERDO DE LA ASAMBLEA NACIONAL DE 25 DE OC-
TUBRE DE 2016, DECIDIENDO INICIAR EL PROCEDIMIEN-
TO DE DECLARATORIA DE RESPONSABILIDAD POLÍTICA
DEL PRESIDENTE DE LA REPÚBLICA

De acuerdo con la convocatoria formulada en el Acuerdo de
23 de octubre, en su sesión del 25 de octubre de 2017, la
Asamblea Nacional considerando que se había producido en el
país una "ruptura constitucional impulsada por el Presidente
de la República," adoptó el *"Acuerdo para iniciar el Procedimiento de Declaratoria de Responsabilidad Política del Presidente de la República ante la Grave Ruptura del Orden Constitucional y Democrático y la Devastación de las Bases
Económicas y Sociales de la Nación,"*[5] resolviendo citar al
Presidente de la República:

> "para que comparezca al Hemiciclo de Sesiones el día 1 de
> noviembre de 2016, a las 3:00 pm., a fin de que exponga sobre
> su posible responsabilidad por las graves violaciones a la Cons-
> titución, los Derechos Humanos y la Democracia ya señaladas,
> y por haber consolidado un modelo político-económico y social
> que por su estatismo, rentismo, burocratismo y corrupción ha
> ocasionado la devastación de la economía del país y, en particu-
> lar, una enorme inflación y el estrangulamiento de la producción
> nacional, así como el desabastecimiento en el rubro de los alimen-
> tos y medicamentos e insumos médicos."

Entre las motivaciones de dicho Acuerdo, además de explicar la base constitucional para adoptarlo,[6] estuvieron las siguientes razones:

---

5   Véase en http://www.asambleanacional.gob.ve/uploads/documentos/doc_d3f-
     219591da2f3670fbe83c1c23dc3aeb9257587.pdf.

6   En el Acuerdo se hizo mencionó, primero, a que la Constitución le "confie-
     re a la Asamblea Nacional funciones de control sobre el Gobierno y la Ad-

Primero, que "el Presidente de la República, Nicolás Madu-ro Moros, ha gobernado, desde el 14 de enero de 2016, merced a un estado de excepción declarado y prorrogado al margen de la Constitución, sin la aprobación de la Asamblea Nacional, el cual ha ido cercenando progresivamente atribuciones parlamen-tarias inderogables y ha vulnerado derechos fundamentales;"

Segundo, que "dicho estado de excepción se ha prolongado mucho más allá de lo permitido por la Constitución (art. 338) y no ha podido estar sometido a controles parlamentarios efec-tivos, a causa de sentencias arbitrarias del Tribunal Supremo de Justicia que han menoscabado las facultades de la Asam-blea Nacional en la materia, ni a los controles internacionales previstos en tratados de Derechos Humanos ratificados por Venezuela, tal como lo ha denunciado el Alto Comisionado de las Naciones Unidas para los Derechos Humanos;"

Tercero que "el Presidente de la República ha respaldado el desconocimiento por los Ministros y otros funcionarios públi-cos de las solicitudes de comparecencia emanadas de esta Asamblea Nacional o sus comisiones, y ha ignorado abierta-

---

ministración Pública Nacional (art. 187, numeral 3), las cuales son manifes-tación de la institucionalidad democrática que debe en todo momento ser preservada, de acuerdo con los artículos 2 y 333 de la Constitución y los artículos 3 y 4 de la Carta Democrática Interamericana, adoptada con el vo-to favorable del Estado venezolano;" segundo, a "que dicho control puede conducir, entre otras consecuencias, a la aprobación de un voto de censura contra el Vicepresidente Ejecutivo o contra los ministros, a la autorización, cuando corresponda, del enjuiciamiento del Presidente de la República o a la declaración de su responsabilidad política (arts. 187, numeral 10, 240, 222, 246, y 266, numeral 2, de la Constitución);" tercero, a "que la declara-ción de responsabilidad política del Presidente de la República puede dar lugar a que se solicite al Poder Ciudadano el ejercicio de las acciones res-pectivas, sin perjuicio de que se requiera al Ministerio Público el inicio de las investigaciones referidas a los delitos que puedan haberse cometido;" cuarto a "que el Presidente de la República, a tenor de la Constitución, "Está obligado a procurar la garantía de los derechos y libertades de los ve-nezolanos, así como la independencia, integridad, soberanía del territorio y defensa de la República", y que "La declaración de los estados de excepción no modifica el principio de su responsabilidad..." (art. 232)."

mente la competencia parlamentaria de remover ministros mediante la aprobación de un voto de censura por la mayoría calificada de los Diputados de la Asamblea Nacional constitucionalmente establecida;"

Cuarto, que "el Presidente de la República se ha facultado a sí mismo para aprobar contratos de interés público con Estados o entidades oficiales extranjeras o con sociedades no domiciliadas en Venezuela, quebrantando flagrantemente el artículo 150 de la Constitución;"

Quinto, que "el estado de excepción ilícitamente en vigor ha conducido a una exacerbada concentración de poderes y a un gobierno por decreto que lesiona severamente la Democracia y favorece la corrupción;"

Sexto, que "en el marco del estado de excepción de facto que nos rige, el Presidente de la República ha omitido la presentación del proyecto de Ley de Presupuesto ante la Asamblea Nacional y ha acudido a la Sala Constitucional, que está a su servicio, para obtener la facultad de dictar mediante decreto las normas correspondientes en materia presupuestaria y de crédito público;"

Séptimo, que "no ha cesado e incluso se ha acrecentado la persecución política, de la cual el Presidente de la República es corresponsable;"

Octavo, que "el Presidente de la República ha consumado la supresión de la separación de poderes, lo cual ha permitido que, mediante una confabulación Ejecutivo Judicial constitutiva de un golpe de Estado, se haya suspendido la recolección de las manifestaciones de voluntad necesarias para la iniciativa constitucional del referendo revocatorio presidencial;"

Noveno, que "el Presidente de la República, valiéndose de los poderes ilimitados que ha conquistado a costa de la Constitución, ha acudido sistemáticamente a la Sala Constitucional del Tribunal Supremo de Justicia para impedir, con criterios políticos, la entrada en vigencia de leyes sancionadas por la

Asamblea Nacional que hubieran contribuido a solucionar los problemas del país, gracias a la generación de transparencia en el manejo de las finanzas públicas, la facilitación de la cooperación internacional para la superación de la crisis humanitaria, la ampliación de los derechos sociales de los venezolanos y venezolanas y otras medidas benéficas para la población y la institucionalidad;"

Décimo, que "en medio de estas graves violaciones a los principios democráticos y a los derechos humanos, propugnadas por el Presidente de la República, se ha agudizado la crisis económica y humanitaria que aqueja al país en todos los órdenes;"

Décimo primero, que "en materia cambiaria la depreciación de la moneda, desde enero 2016 al 19 de julio de 2016, es de un 212.8%, es decir, que la tasa de cambio para el mes de enero se ubicaba en Bs. 199.5 por dólar, y para el mes de julio se ubicó en Bs. 642.2 por dólar, según el SIMADI (DICOM), siendo mayor esta devaluación en el dólar paralelo;"

Décimo segundo, que "el índice de inflación durante el Gobierno del Presidente Nicolás Maduro Moros, según cifras del Banco Central de Venezuela, entre los años 2013 y el 2015, en el rubro de los alimentos, se incrementó en un 1.259%, y en materia de salud, en 253%, para una inflación acumulada de 585%, y que en el año 2016 se proyecta una inflación superior al 700%;" y

Décimo tercero, que "en materia social, la canasta alimentaria familiar para el mes de enero de este año se ubicaba en Bs. 106.752,72, y para el mes de septiembre se encontraba en Bs. 405.452,00, observándose un incremento anualizado de al menos 680%, lo cual se traduce en que se necesitan más de 18 salarios mínimos para cubrir la canasta por cada familia venezolana."

Con base en las motivaciones del acuerdo, la Asamblea nacional procedió a encomendar a la Comisión Especial de Alto Nivel Parlamentario que había sido designada el 23 de octubre de 2016, para "evaluar la posibilidad de que esta Asamblea Nacional declare el abandono del cargo por el Presidente de la República, así como su posible responsabilidad penal.

La Asamblea nacional, finalmente en el Acuerdo ratificó

"su compromiso con la restitución del orden constitucional, de acuerdo con lo establecido en el artículo 333 de la Constitución, pues la inobservancia de esta se produce no solo por medio de un hecho de fuerza contra la institucionalidad en sentido clásico, sino también cuando el Presidente de la República hace uso de su autoridad civil y militar para socavar la Constitución."

III. **LA SENTENCIA N° 984 DE LA SALA CONSTITUCIONAL DEL TRIBUNAL SUPREMO DE JUSTICIA DE 15 DE NOVIEMBRE DE 2016, PROHIBIENDO A LA ASAMBLEA NACIONAL EJERCER SUS FUNCIONES DE CONTROL POLÍTICO CONFORME A LO DECIDIDO EN EL ACUERDO DE 25 DE OCTUBRE DE 2016**

Luego de la adopción del Acuerdo mencionado, el 9 de noviembre de 2016, Procurador General de la República acudió ante la Sala Constitucional del Tribunal Supremo de Justicia, para interponer una "acción de amparo constitucional […] contra las actuaciones de hecho y amenazas proferidas por el parlamento en contra de los Poderes Públicos, la democracia y el sistema republicano, amenazas contra la estabilidad y paz de la República, así como las actuaciones y amenazas contenidas en el Acto Parlamentario de fecha 25 de octubre de 2016," y en particular, pero sin indicar quién era el supuesto agraviado, ni cuáles eran los derechos o garantías constitucionales que se denunciaban como supuestamente violados, contra:

el "*Acuerdo para Iniciar el Procedimiento de Declaratoria de Responsabilidad Política del Presidente de la República ante la Grave Ruptura del Orden Constitucional y Democrático y la Devastación de las Bases Económicas y Sociales de la Nación* y en contra de las amenazas graves proferidas desde el Órgano Legislativo que tienen una clara intención de provocar hechos de violencia que pondrían en peligro la integridad del

Patrimonio de la República e incluso de sus habitantes; siendo urgente y necesaria, ante la situación planteada, con el fin de dar correcta dimensión y sentido a nuestra Carta Magna, obtener un mandato de amparo constitucional por parte de ese Máximo Tribunal".

Más adelante en su escrito, el Procurador General de la República, pareció cambiar la naturaleza de su acción, pasando de una acción de amparo a una acción de nulidad, al indicar que solicitaba que la "Sala Constitucional revise la validez del acuerdo objeto de la presente acción de nulidad y emita un pronunciamiento expreso que permita la efectiva concretización de la administración de justicia," denunciando un conjunto de supuestos "vicios de inconstitucionalidad," del acto cuestionado, entre ellos, *primero*, el de "falso supuesto de derecho" al considerar que supuestamente el Presidente de la República no podía ser sujeto de control político parlamentario (art. 222 de la Constitución), pues el mismo supuestamente

> "no es funcionario público de carrera, ni de libre nombramiento y remoción, ni es funcionario de alto nivel. El Presidente de la República ejerce un cargo de elección popular y le corresponde dirigir la Administración Pública en su condición de Jefe de Estado y Jefe de Gobierno."

El Procurador acusó ante la Sala Constitucional, al Parlamento, de supuestamente tratar de propugnar la creación de

> "una matriz" de opinión sobre "inicio de un supuesto "juicio político" al Presidente de la República, tesis que, mediáticamente, sería fácil de inocular en los ciudadanos habida cuenta de los recientes acontecimientos en la vecina República del Brasil, cuya constitución sí establece la posibilidad de abrir a la máxima autoridad del Ejecutivo Nacional un *impeachment* o juicio político."

Concluyendo el Procurador con la afirmación de que

> "la Asamblea Nacional, temerariamente, incurre en un falso supuesto de derecho, cuando intenta aplicar una figura de juicio político al Presidente de la República que no existe en la Cons-

titución ni en el resto del ordenamiento jurídico venezolano, pretendiendo utilizar como fundamento normas referidas a otras instituciones jurídicas sólo aplicables a distintos funcionarios, en distintas circunstancias, como hemos demostrado en este punto.

El segundo vicio del Acuerdo parlamentario denunciado por el Procurador fue el de "usurpación de funciones" por incompetencia manifiesta de la Asamblea para adoptar el Acuerdo impugnado.

El tercer vicio denunciado, como "el más grave y evidente" fue el de "desviación de poder" en el cual habría incurrido la Asamblea al adoptar el Acuerdo impugnado, evidenciado según el Procurador en "la actuación de la Asamblea Nacional a partir del 5 de enero de 2016" la cual

> "Incluso antes del indicado inicio del primer período de sesiones ordinarias de la Asamblea Nacional, ya en noviembre y diciembre de 2015, y a manera de oferta electoral, los diputados de los partidos políticos opuestos al partido de Gobierno prometieron a sus electores la "salida" del actual Presidente de la República, Nicolás Maduro Moros, de su cargo constitucionalmente otorgado por el pueblo venezolano. Varias fueron las fórmulas ofrecidas, desde la "renuncia forzada", hasta el referéndum revocatorio, pasando por la inhabilitación en razón del incumplimiento del requisito de nacionalidad venezolana exclusiva o por abandono del cargo por incumplimiento de sus funciones."

Luego se refirió el Procurador, a las múltiples decisiones adoptadas por la Sala Constitucional durante todo el año en contra de la Asamblea Nacional, muchas "incluso con fines didácticos, a fin de evitar el quebrantamiento de normas y principios constitucionales," y todas, según el Procurador:

> "emitidas por el órgano habilitado constitucionalmente de manera exclusiva y excluyente para ello, por lo que las actuaciones contrapuestas a ellas son, definitivamente, antijurídicas y carentes de validez alguna para el campo del Derecho, así como

su interpretación, fuera del ámbito del órgano constitucionalmente habilitado para ello, resultan en meras opiniones o disidencias mediáticas."

Por último el Procurador General se refirió a:

"Las recurrentes oposiciones del Legislativo Nacional a las actuaciones del resto del Poder Público, y en especial a las del Ejecutivo Nacional, y el reciente Acuerdo, de fecha 25 de octubre de 2016, evidencian un grave exceso en el ejercicio de las funciones de control que la Constitución Nacional ha otorgado a la Asamblea, órgano que no ha atinado en comprender el funcionamiento del control de poder dibujado en la Constitución como un mecanismo de pesos y contrapesos que alcanza la "circularidad" entre los cinco Poderes, impidiendo a cada uno de ellos que, por sí solo, pueda suprimir o anular a otro, u otros.

La máxima expresión de este desatino ha sido la oferta de juicio político y destitución del Presidente de la República (…) en un sólo acto desprovisto de los más elementales visos de juridicidad, racionalidad o lógica."

Siguió luego en su escrito el Procurador refiriéndose a las actuaciones de la Asamblea Nacional, antes y después del Acuerdo que impugnaba, como elementos que a su juicio evidenciaban una desviación de poder de parte del Parlamento, realizadas, señalando que:

"Casi en términos de negociación secuestrador-rehén, a partir del Acuerdo impugnado, rápidamente la Asamblea Nacional organizó sus vocerías, en coordinación con líderes políticos que no ostentan cargos públicos, e incluso gobernadores y alcaldes opuestos al partido de Gobierno, y elaboró un pliego de "exigencias", entre las cuales se encuentran: 1) Retomar el Referéndum Revocatorio o pactar un adelanto de las elecciones presidenciales; 2) Celebración en el corto plazo de las elecciones en los Estados cuyos Diputados están siendo investigados por el Poder Judicial; 3) Cambio de los Rectores del CNE que tienen el período vencido y 4) la inmediata liberación de los presos políticos."

En cuanto al Acuerdo del 23 de octubre de 2016, el Procurador lo consideró como "uno de sus más irracionales, antijurídicos y desproporcionados actos" de la Asamblea, y como "el mejor ejemplo de las intenciones veladas tras un actuar presuntamente formal y legal," al declarar "la ruptura del orden constitucional y la existencia de un golpe de estado cometido por el régimen de Nicolás Maduro."

Todo ello, a juicio del Procurador se configuró el vicio de desviación de poder, solicitándole a la Sala que:

"dicte aquellas medidas que considere necesarias para proteger, tanto a la ciudadanía en general como al sistema democrático de la República Bolivariana de Venezuela, de las amenazas inminentes proferidas desde la Asamblea Nacional".

Agregando finalmente que la acción intentada que volvió entonces a calificar como de "amparo constitucional," "se fundamenta principalmente en el hecho de que los actos emanados de la Asamblea Nacional mientras ésta se encuentre en desacato de las decisiones del Poder Judicial, son absolutamente nulos y así lo ha señalado expresamente esa Sala Constitucional en sentencia N° 808 del 2 de septiembre de 2016," solicitando que las "medidas de amparo constitucional" tuvieran como objeto:

1. "Evitar que la Asamblea Nacional reincida en actuaciones como la impugnada, así como en otras actuaciones con apariencia de actos con efectos jurídicos dirigidos a obtener por la vía de los hechos el control de los Poderes Públicos o la imposición de conductas con fines particulares de miembros de la Directiva y demás diputados de dicho órgano legislativo nacional, afectos a la situación de confrontación con todos los Poderes Públicos.

2. Evitar que voceros de la Asamblea Nacional y otros actores o voceros políticos, emitan opiniones y convoquen a actividades que pretendan atentar contra la paz de la República, generar violencia y pérdidas humanas y materiales para la Nación. Entre ellas, movilizaciones hacia zonas declaradas de

seguridad conforme a la Ley, y en las cuales funcionan los Poderes Públicos.

3. Evitar que voceros de la Asamblea Nacional y otros actores o voceros políticos, convoquen a movilizaciones o actos de masas dirigidos a realizar llamados al desconocimiento o agresión de los Poderes Públicos o sus actuaciones.

4. Prohibir a los medios de comunicación social la retransmisión o transmisión en diferido de las informaciones relacionadas con los hechos contemplados en los puntos anteriores.

5. Ordenar al Ejecutivo Nacional tomar las previsiones necesarias para el resguardo de la integridad física de los ciudadanos que laboran en las distintas oficinas del sector público a cuyas sedes recurrentemente incitan a movilizarse voceros políticos, así como de las instalaciones y bienes que se encuentran en dichas sedes."

La Sala Constitucional, ante la acción interpuesta, luego de analizar las previsiones constitucionales y el desarrollo jurisprudencial sobre la acción de amparo y, en consecuencia, el tema de la ausencia de legitimación activa procesal alguna del Procurador para intentar dicha acción, procedió a dictar la sentencia N° 984 de 15 de noviembre de 2016,[7] para lo cual tuvo con toda imprecisión que cambiar la naturaleza de la misma, por una acción de nulidad, argumentando que:

"en atención a los postulados *pro actione* y tutela del orden público constitucional, se observa que la presente acción se compagina, ante todo, con una pretensión de nulidad de actos emanados de la Asamblea Nacional, conjuntamente con una solicitud de tutela constitucional dirigida a evitar que ese órgano legislativo reincida en actuaciones contrarias al orden constitucional."

---

7   Véase en http://historico.tsj.gob.ve/decisiones/scon/noviembre/192486-948-151116-2016-16-1085.HTML.

Sin embargo, agregó la Sala que:

"Ciertamente, en principio, los legitimados activos para ejercer la acción de amparo son las personas físicas naturales y las personas jurídicas o morales particulares no estatales. Pero el Estado y sus personas jurídicas, a través de los órganos que las representan, pueden ejercer la acción con base en sus potestades y atribuciones cuando estén en grave riesgo derechos y principios de eminente orden público constitucional, que puedan afectar a la colectividad que están obligados a defender y proteger."[8]

Terminando, de todo ello, declarando su competencia para conocer, no de la acción de amparo intentada, ni de la acción de nulidad deducida, sino de "la presente *demanda de protección constitucional*, en los términos planteados," admitiéndola pura y simplemente, calificándola luego como "demanda de tutela constitucional," en la cual señaló que: "están involucrados valores constitucionales fundamentales, derechos y garantías constitucionales, bienes e intereses, incluso patrimoniales, de la República, la estabilidad de la Nación y, por ende, el orden público constitucional."

La Sala para conocer de la acción, después de reconocer, conforme a las normas que rigen la actuación de la Procuraduría General de la República, su competencia para "demandar la nulidad de cualquier acto de los órganos y entes del Poder Público Nacional, Estadal y Municipal, por razones de incons-

---

8   Para ello, la Sala Constitucional citó su sentencia n° 1395 del 21 de noviembre de 2000, precisando que: *"Por tanto, el objeto del amparo es la tutela judicial reforzada de los derechos y garantías constitucionales, lo cual comprende los derechos enunciados por la Constitución, algunos de los cuales se encuentran fuera de su Título III (vid., por ejemplo, los artículos 143, 260 y 317 de la Constitución), así como los consagrados en tratados internacionales sobre derechos humanos ratificados por la República, y cualquier otro que sea inherente a la persona humana. Lo dicho no implica restringir la noción de derechos o garantías constitucionales a los derechos de las personas naturales, pues también las personas jurídicas son titulares de derechos fundamentales. Incluso las personas jurídicas de Derecho Público pueden ostentar algunos de esos derechos."*

titucionalidad o de ilegalidad, e, inclusive, puede intentar acciones de amparo constitucional contra personas naturales o jurídicas que quebranten los bienes, derechos e intereses de la República," pasó a referirse a su anterior sentencia N° 808, el 02 de septiembre de 2016, mediante la cual, la Asamblea Nacional declaró, "entre otros pronunciamientos, que: "...resultan manifiestamente inconstitucionales y, por ende, absolutamente nulos y carentes de toda vigencia y eficacia jurídica, los actos emanados de la Asamblea Nacional, incluyendo las leyes que sean sancionadas, mientras se mantenga el desacato a la Sala Electoral del Tribunal Supremo de Justicia." Ello, en virtud del desacato por parte de la Asamblea Nacional, derivado:

> "de la nueva juramentación e incorporación de los ciudadanos Nirma Guarulla, Julio Haron Ygarza y Romel Guzamana como Diputados de dicha Asamblea Nacional (28.07.2016); en una clara y manifiesta rebeldía al mandato judicial contenido en el acto de juzgamiento n° 260, del 30 de diciembre de 2015, que dictó la Sala Electoral de este Supremo Tribunal; desobediencia ésta que fue declarada por esa Sala, en una primera oportunidad, el 11 de enero de 2016 (s SE n° 1), siendo admitida y corregida, el 13 de ese mismo mes y año, por ese órgano encargado de la función legislativa mediante la desincorporación de los referidos ciudadanos (ver sentencia n° 3 del 14 de enero de 2016).

La Sala mencionó también en su sentencia, la nueva sentencia de la Sala Electoral que había declarado "un nuevo desacato a sus fallos precedentes sobre esta materia, en sentencia N° 108 del 01 de agosto de 2016," concluyendo en que a pesar de su sentencia N° 808 de 2 de septiembre de 2016, la Asamblea Nacional "en una acción sin precedentes en la historia republicana," había emitido:

> "varios acuerdos, en una manifestación de continua rebeldía ante dicho acto de juzgamiento y en desdeño del ejercicio de las funciones propias de cada uno de los órganos que ejercen el Poder Público y del principio de colaboración entre ellos para el logro o realización de los fines de la República, manteniendo la

incorporación de los ciudadanos Nirma Guarulla, Julio Haron Ygarza y Romel Guzamana como integrantes de dicho cuerpo, sin que se hubiere resuelto el fondo de la controversia o se hubiere revocado la medida impuesta para asegurar la resultas del proceso."

En particular, refiriéndose al Acuerdo impugnado, la Sala constató que "fue dictado en evidente desacato a los actos de juzgamiento dictados tanto por esta Sala Constitucional como por la Sala Electoral de este Supremo Tribunal, por ende, en flagrante violación a la garantía del derecho constitucional a la tutela judicial eficaz, derivada de la falta de acatamiento de órdenes contenidas en varias decisiones judiciales," pasando a revisarlo, analizarlo y decidir sobre el mismo y sobre los otros actos dictados en ejecución del mismo, como actos "parlamentarios" sin forma de ley, declarando que "fue dictado en franco desacato de decisiones judiciales emanadas de este Máximo Tribunal de la República," reiterando la declaración que hizo en la sentencia n° 808, del 02 de septiembre de 2016, de que:

> "los actos que están ocurriendo en la Asamblea Nacional, mientras se mantenga como hasta ahora en desacato de las decisiones de este Alto Tribunal y en especial de esta Sala Constitucional, máxima garante de la Constitución como norma suprema, son absolutamente nulos y carentes de efectos jurídicos, como antes se ha declarado."

Como el Procurador denunció en su acción, la amenaza por parte de las actuaciones de la Asamblea Nacional contra *el mantenimiento del orden público, la seguridad personal de los ciudadanos (en especial de los funcionarios públicos) y de la preservación de las edificaciones e instalaciones públicas…",* pasó a considerar el alegato de acuerdo con lo previsto en el artículo 2 de la Ley Orgánica de Amparo sobre Derechos y Garantías Constitucionales (que la amenaza sea inminente), considerando que por hecho notorio comunicacional se podía

100 ALLAN R. BREWER-CARÍAS

considerar que "la amenaza denunciada es real e inminente,"[9] particularmente en cuanto a lo que habían anunciado algunos diputados sobre *"despojar al actual Gobierno Constitucional del Poder…"*, razón por la cual procedió "como garante de los principios, derechos y garantías constitucionales, así como en ejercicio de la atribución de protección a la Constitución," a dictar un *mandamiento de amparo cautelar* para garantizar la paz del pueblo y la estabilidad democrática de las instituciones, frente a los presuntos hechos y amenazas denunciados por el accionante," en los siguientes términos:

> "4.1. *Ordena a las diputadas y diputados de la asamblea nacional abstenerse de continuar con el pretendido juicio político* y, en definitiva, de dictar cualquier tipo de acto, sea en forma de acuerdo o de cualquier otro tipo, que se encuentre al margen de sus atribuciones constitucionales y que, en fin, contraríe el Texto Fundamental, de conformidad con la jurisprudencia de esta Sala Constitucional.
>
> 4.2. *Prohíbe* convocar y realizar actos que alteren el orden público; instigaciones contra autoridades y Poderes Públicos, así como otras actuaciones al margen de los derechos constitucionales y del orden jurídico."

La anterior decisión, se adoptó, entonces, por la Sala Constitucional,[10] al conocer de una "acción de protección constitucional," que como tal no existe en el ordenamiento jurídico, siendo ello solo una denominación genérica que podría aplicarse a muchas acciones (amparo, nulidad por inconstitucionalidad, omisión inconstitucional, contencioso administrativo de anulación por inconstitucionalidad), en un proceso contra la

---

9   A tal efecto, la Sala hizo referencia a sus sentencias respecto del hecho notorio comunicacional, y los efectos jurídicos que el mismo genera, N° 98 del 15 de marzo de 2000, caso: *"Oscar Silva Hernández"*, ratificada en el fallo N° 280 del 28 de febrero de 2008, caso: *"Laritza Marcano Gómez."*

10 Véase sobre la sentencia, la Nota de prensa de la Sala Constitucional de 15 de diciembre de 2016, en http://www.lapatilla.com/site/2016/12/15/tsj-declara-nulo-e-ineficaz-juicio-politico-de-la-an-contra-maduro/.

Asamblea Nacional, llevado a cabo en violación al debido proceso, por no haberse citado a los representantes de la institución y sin que se hubiese garantizado su derecho a la defensa. En dicho proceso, la sala, por otra parte, dictó medidas de amparo cautelar, pero sin que se indicase cuál era el derecho o garantía constitucional que se hubiese denunciado como violado, quién era la persona agraviada y cómo habría quedado acreditada la "legitimación" activa del Procurador General de la república para intentar la acción.

IV. EL ACUERDO DE LA ASAMBLEA NACIONAL DEL MISMO DÍA 15 DE NOVIEMBRE DE 2016, EN DEFENSA DE LOS PRINCIPIOS DEMOCRÁTICOS Y REPUBLICANOS, ADOPTADO CON MOTIVO DE LA SENTENCIA Nº 948 DE LA SALA CONSTITUCIONAL DE LA MISMA FECHA

El mismo día 15 de noviembre de 2016, la Asamblea Nacional adoptó un *"Acuerdo en defensa de los principios democráticos y republicanos, con motivo de la sentencia n° 948 de la Sala Constitucional del Tribunal Supremo de Justicia,"*[11] en el cual para refutar las órdenes adoptadas en la sentencia, rechazó dicha sentencia "por ser contraria a los derechos y garantías establecidos en la Constitución Nacional," con base, entre otros, en los siguientes motivos:

Primero, que la actuación de esta Asamblea Nacional al dictar el Acuerdo cuestionado "se ajusta plenamente a lo dispuesto en el artículo 222 de la Constitución," en cuanto a que en ejercicio del control parlamentario, la misma puede declarar la responsabilidad política de los funcionarios públicos, incluida la del Presidente de la República por sus actos y por el cumplimiento de las obligaciones inherentes a su cargo (art. 223), siendo totalmente infundado el alegato del Procurador General de la República de que el Presidente de la República no es un funcionario público. Al contrario, indicó la Asamblea, el Pre-

---

11   Véase   en   http://www.asambleanacional.gob.ve/uploads/documentos/doc_2927f376d002f85132bf39b7d129fb36416d886c.pdf.

sidente de la República es incuestionablemente un funcionario público, encargado de dirigir la acción de Gobierno, conforme a lo establecido en los artículos 225 y 226 de la Constitución, que como todo funcionario público es responsable y que esta Asamblea Nacional sí tiene atribuida expresamente la función de control sobre el Gobierno (artículo 187, numeral 3 de la Constitución), en ejercicio de la cual puede declarar la responsabilidad política del mismo.

Segundo, que la Sala Constitucional, en su sentencia, "insiste en desconocer la legitimidad de la Asamblea Nacional y de los representantes del electorado del estado Amazonas, invocando la sentencia cautelar dictada por la Sala Electoral el 30 de diciembre de 2015, sin siquiera mencionar el retardo procesal, la violación al debido proceso, denegación de justicia y violación del derecho a la participación política del electorado del estado Amazonas, en que ha incurrido esa Sala Electoral, al omitir la tramitación y decisión definitiva oportuna, en el juicio seguido con motivo de la impugnación de las elecciones parlamentarias en el estado Amazonas."

Tercero, que la Sala Constitucional con la nueva decisión adoptada "pretende una vez más hacer nugatorio el ejercicio de las funciones del Poder Legislativo Nacional e impedir un mecanismo de control expresamente atribuido a la Asamblea Nacional, desconociendo lo dispuesto en la Constitución, por cuya supremacía, vigencia y aplicación efectiva debe velar," contraviniendo "las previsiones constitucionales sobre las atribuciones de la Asamblea Nacional," atentando "contra el derecho de los ciudadanos a la participación política, al ser los diputados sus representantes, elegidos democráticamente y a través de quienes ejercen su soberanía," y apartándose de "su función de garante de las normas y principios constitucionales," lo que ha hecho es "tergiversar la Constitución y adecuar su interpretación a las pretensiones del Ejecutivo Nacional;"

Cuarto, que "el Presidente de la República Nicolás Maduro Moros en declaraciones públicas se refirió ayer cínicamente a la sentencia de la Sala Constitucional, calificándola de expresión de un sano sistema constitucional, cuando lo cierto es que la misma es una clara evidencia del activismo político de sus magistrados, circunstancia que compromete la autoridad de la sentencia, por falta de objetividad e independencia del órgano jurisdiccional, condición intrínseca de la función judicial;"

Quinto, que por la ilegitimidad de la designación de los magistrados, la "sentencia, como todas las sentencias dictadas por el Tribunal Supremo de Justicia con posterioridad a la decisión adoptada por la Asamblea Nacional el 14 de julio de 2016," (mediante la cual se produjo la "declaratoria de nulidad de los nombramientos de tres de los magistrados que actualmente la componen"), están incursas en la causal de invalidación prevista en el numeral 6 del artículo 328 del Código de Procedimiento Civil," por haber sido dictadas por "Juez que no haya tenido nombramiento de tal, o por juez que haya sabido estar depuesto o suspenso por decreto legal;"

Sexto, que "la Sala Constitucional del Tribunal Supremo de Justicia, en absoluta contravención a su razón de ser y a los principios más elementales del Estado de derecho y de la democracia, ha declinado su función de garante de la constitucionalidad y de los derechos fundamentales para servir a los intereses del Poder Ejecutivo;"

Séptimo, que con la sentencia que motivó el Acuerdo, "se pretende prohibir el ejercicio del derecho fundamental a la manifestación, expresamente consagrado en el artículo 68 de la Constitución y que sistemáticamente el Tribunal Supremo de Justicia a través de la Sala Constitucional y de la Sala Político Administrativa en sentencia N° 840 de fecha 27 de julio de 2016, han pretendido criminalizar e impedir, en lugar de garantizarlo y velar por su efectiva vigencia, como corresponde a las instancias jurisdiccionales;"

Octavo, que el artículo 333 de la Constitución, "coloca por encima del Ejecutivo Nacional y de los magistrados del Tribunal Supremo de Justicia a los ciudadanos, investidos o no de autoridad, imponiéndoles el deber constitucional de colaborar en el restablecimiento de la efectiva vigencia de la Constitución, cuando la misma dejare de observarse por cualquier medio que fuere."

Con base en estos motivos, la Asamblea Nacional, resolvió entonces ratificar su compromiso, "como representante de los electores que eligieron a los diputados que actualmente la integran, en la defensa de los principios republicanos y democráticos establecidos en la Constitución," manteniéndose "firme en el ejercicio de sus atribuciones, en beneficio de los intereses del pueblo" (artículos 187, 199, 201, 222 y 223 Constitución), rechazando "la criminalización de la protesta y a la negación del derecho a la manifestación pacífica y a la participación política de los ciudadanos, por parte del Poder Ejecutivo y del Poder Judicial."

La Asamblea, además, acordó "condenar el activismo político y la "falta de independencia de los magistrados" de la Sala Constitucional del Tribunal Supremo de Justicia y la injerencia del Presidente de la República Nicolás Maduro Moros en el ejercicio de la función jurisdiccional y exhortarlos a garantizar la paz y la estabilidad democrática en el país, adoptando decisiones que se ajusten al verdadero sentido de las normas y principios constitucionales."

V. EL ACUERDO DE LA ASAMBLEA NACIONAL DEL 15 DE DICIEMBRE DE 2016, SOBRE LA VIOLACIÓN DE LOS DERECHOS POLÍTICOS Y CRISIS DEL SISTEMA ELECTORAL

Con fecha 15 de diciembre de 2016, y como consecuencia de la sentencia de la Sala Constitucional del Tribunal Supremo Nº 1086 del 13 de diciembre de 2016, mediante la cual designó inconstitucionalmente a los Rectores del Consejo Nacional Electoral, la Asamblea Nacional adoptó un *Acuerdo sobre la violación de los derechos políticos y crisis del sistema elec-*

toral,[12] considerando que con ello, había violado abiertamente la Constitución, negándole a los ciudadanos su derecho a participar en los asuntos públicos, en particular en el Comité de Postulaciones Electorales para designación de dichos rectores principal.

En particular, la Asamblea Nacional consideró que a los fines de la designación de las rectoras del Consejo Nacional Electoral, a quienes efectivamente corresponde sustituir, la propia Asamblea había procedido oportunamente a convocar y constituir el Comité de Postulaciones Electorales, y a tal efecto, había recibido la lista de los ciudadanos seleccionados como elegibles por ese Comité de Postulaciones Electorales, habiendo cumplido los trámites para decidir las nuevas designaciones, a partir de la lista de postulados por las Universidades Nacionales, sin que pudiera argumentarse omisión de ningún tipo," concluyendo en consecuencia que:

> "la Sala Constitucional, al proceder arbitrariamente y sin fundamento jurídico a reelegir a las rectoras principales del Consejo Nacional Electoral, que tienen el período vencido, viola la Constitución, pretende desconocer la autoridad de este cuerpo parlamentario y atenta contra los principios y valores constitucionales de la democracia participativa y protagónica."

Como consecuencia, en el Acuerdo mencionado, la Asamblea Nacional al reivindicar "la potestad exclusiva y excluyente de la Asamblea Nacional para designar rectores del Consejo Nacional Electoral, de conformidad con el artículo 296 de la Constitución," rechazó:

> "por usurpación de funciones y de conformidad con el artículo 333 de la Constitución, la írrita sentencia 1086 de la Sala Constitucional del Tribunal Supremo de Justicia, de fecha 13 de diciembre, en virtud de la cual se designan, de manera inconstitucional, los rectores del Consejo Nacional Electoral correspon-

---

12   Véase   en   http://www.asambleanacional.gob.ve/uploads/documentos/doc_5006dd9fd88327ee986c9907cef8bf805d7eab41.pdf.

dientes a los que deberían ser postulados por la Universidades Nacionales y por el Poder Ciudadano, y en este sentido desconocer dicha decisión por contrariar los principios constitucionales y violar los derechos fundamentales consagrados en la Constitución."

Como consecuencia, la Asamblea decidió proceder a concluir el procedimiento para la designación de los mencionados funcionarios para el período 2016-2023 a partir de lo establecido en el Informe Final que le había presentado en fecha 5 de diciembre de 2016 el Comité de Postulaciones Electorales.

VI. EL ACUERDO DE LA ASAMBLEA NACIONAL DEL DÍA 9 DE ENERO DE 2017, QUE DECLARÓ LA FALTA ABSOLUTA DEL PRESIDENTE DE LA REPÚBLICA POR ABANDONO DE LAS FUNCIONES CONSTITUCIONALES

El día 5 de enero de 2017 se instaló la Asamblea nacional, conforme lo dispone la Constitución, para iniciar sus sesiones ordinarias, eligiendo su nueva Junta Directiva.

Con posterioridad se desincorporaron de la Asamblea, los dos diputados electos en el Estado Amazonas, cuya elección había sido cuestionada; y la Asamblea, como consecuencia de lo que había resuelto mediante el Acuerdo de 13 de diciembre de 2016, en el cual se declaró "la responsabilidad política del Presidente de la República, y se reservó la posibilidad de evaluar si la ruptura del orden constitucional y democrático cometida por Nicolás Maduro Moros es de tal magnitud que implica un abandono de sus funciones constitucionales;" a pesar de que el Tribunal Supremo de Justicia, mediante "Nota de prensa," instara "a la Asamblea Nacional a no realizar acciones al margen de sus funciones, previo al inicio de la sesión de ese órgano en la que se pretende declarar el supuesto "abandono del cargo" del presidente Nicolás Maduro,"[13] el 9 de enero de 2017 adoptó un *"Acuerdo sobre el abandono de las funciones*

---

13   https://mundo.sputniknews.com/americalatina/201701101066110322-Tribunal-Supremo-Asamblea-Nacional/.

constitucionales de la Presidencia de la República en que ha incurrido el ciudadano Nicolás Maduro Moros,"[14] fundamentado entre otros en los siguientes motivos:

Primero, que la Constitución "confiere a la Asamblea Nacional funciones de control sobre el Gobierno y la Administración Pública Nacional (art. 187, Numeral. 3), las cuales son manifestación de la institucionalidad democrática que debe en todo momento ser preservada, de acuerdo con los artículos 2 y 333 de la Constitución y los artículos 3 y 4 de la Carta Democrática Interamericana, adoptada con el voto favorable del Estado venezolano;"

Segundo, que el Presidente de la República, está constitucionalmente obligado a procurar la garantía de los derechos y libertades de los venezolanos, así como la independencia, la integridad, soberanía del territorio y defensa de la República," sin que la declaración de los estados de excepción pueda modificar el principio de su responsabilidad (art. 232);

Tercero, que en contraste, la actuación del Presidente de la República "ha supuesto una violación generalizada de los derechos humanos, incluyendo una grave vulneración de los derechos políticos, acompañada del desmantelamiento de la institucionalidad democrática necesaria para garantizar tales derechos, así como de un atentado continuo contra la integridad de la República y de su territorio;" todo lo cual quedó evidenciado ante la Asamblea en su sesión del 27 de octubre de 2016, en la cual se constató "la devastación del orden social y económico de la República y de las violaciones a derechos humanos cometidas en el contexto de la represión policial y de la discriminación por razones políticas, a lo cual se suman los recientes informes emanados de organizaciones especializadas que demuestran el enorme aumento en las cifras de criminalidad y violencia que se ha producido en el país en los últimos años, en medio de la más extendida impunidad;"

---

14 Véase   en   http://www.asambleanacional.gob.ve/uploads/documentos/doc_9bdb6ba6ef2d206b06358a39c79a340013d9db87.pdf.

Cuarto, que "Nicolás Maduro Moros ha gobernado, desde el 14 de enero de 2016, merced a un estado de excepción declarado y prorrogado al margen de la Constitución, sin la aprobación de la Asamblea Nacional, el cual ha ido cercenando progresivamente atribuciones parlamentarias inderogables y ha vulnerado derechos fundamentales," el cual "no ha quedado sometido a controles parlamentarios efectivos, a causa de sentencias arbitrarias del Tribunal Supremo de Justicia que han menoscabado las facultades de la Asamblea Nacional en la materia, ni a los controles internacionales previstos en tratados de derechos humanos ratificados por Venezuela, en virtud de la omisión de notificación en que incurrió el Presidente de la República, tal como lo ha denunciado el Alto Comisionado de las Naciones Unidas para los Derechos Humanos;"

Quinto, que "Nicolás Maduro Moros ha ordenado el desconocimiento por los Ministros y otros funcionarios públicos de las solicitudes de comparecencia emanadas de la Asamblea Nacional o sus comisiones, y ha ignorado abiertamente la competencia parlamentaria de remover Ministros mediante la aprobación de un voto de censura por la mayoría calificada de los Diputados de la Asamblea Nacional, en los términos constitucionalmente establecidos;"

Sexto, que "Nicolás Maduro Moros se ha facultado a sí mismo para aprobar contratos de interés público con Estados o entidades oficiales extranjeras o con sociedades no domiciliadas en Venezuela, quebrantando flagrantemente el artículo 150 de la Constitución;"

Séptimo, que "el estado de excepción ilícitamente en vigor ha conducido a una exacerbada concentración de poderes y a un gobierno por decreto que lesiona severamente la Democracia y favorece la corrupción;" habiendo en el mismo, Nicolás Maduro Moros, omitido "la presentación ante la Asamblea Nacional del Proyecto de Ley de Presupuesto para el ejercicio Económico Financiero 2017," habiendo acudido "a la Sala Constitucional del Tribunal Supremo de Justicia, que está a su servicio, para que lo autorizara, en contra de la Constitución y de las garantías democráticas, a dictar mediante decreto las normas correspondientes en materia presupuestaria y de crédito público;"

Octavo, que "no ha cesado e incluso se ha acrecentado la persecución política, de la cual Nicolás Maduro Moros es corresponsable;" habiendo "propugnado y consumado la supresión de la separación de poderes que padecemos, mediante su respaldo a la ocupación partidista del Tribunal Supremo de Justicia y del Consejo Nacional Electoral," todo lo cual "explica la confabulación ejecutivo-judicial, constitutiva de un Golpe de Estado, que condujo a la suspensión de la recolección de las manifestaciones de voluntad necesarias para la iniciativa constitucional del referendo revocatorio presidencial;"

Noveno, que "Nicolás Maduro Moros ha pretendido justificar el diferimiento de procesos comiciales constitucionalmente obligatorios e impostergables, como la elección de Gobernadores que debía celebrarse en el 2016, invocando argumentos inaceptables en una Democracia y que de facto colocan en vilo cualquier otro proceso electoral que deba realizarse en el país;"

Décimo, que "Nicolás Maduro Moros, valiéndose de los poderes ilimitados que ha secuestrado a costa de la Constitución, ha acudido sistemáticamente a la Sala Constitucional del Tribunal Supremo de Justicia para impedir, con criterios políticos, la entrada en vigencia de leyes sancionadas por la Asamblea Nacional que hubieran contribuido a solucionar los problemas del país, al generar transparencia en el manejo de las finanzas públicas, facilitar la cooperación internacional para la superación de las crisis humanitaria, ampliar los derechos sociales de los venezolanos y adoptar otras medidas beneficiosas para la población y la institucionalidad;"

Décimo primero, que "en medio de estas graves violaciones a los principios democráticos y a los derechos humanos, promovidas por Nicolás Maduro Moros, se ha agudizado la crisis económica y humanitaria que aqueja al país en todos los órdenes;"

Décimo segundo, que "la situación económica y financiera de la República se encuentra severamente comprometida por una gestión fiscal irresponsable que ha llevado el déficit fiscal hasta niveles que no se pueden financiar por vías ordinarias, teniendo el gobierno que recurrir al peligroso mecanismo de la impresión de dinero por parte del Banco Central de Venezuela, de lo cual se ha derivado una pronunciada depreciación del bolívar y elevadas tasas de inflación que castigan el ingreso de quienes devengan un salario, pensión o jubilación y en general de aquellos que viven de su trabajo, todo lo cual ha estado aunado al definitivo socavamiento de la autonomía del Banco Central de Venezuela que ha llevado a cabo Nicolás Maduro Moros;"

Décimo Tercero, que "Nicolás Maduro Moros incumplió lo establecido en el artículo 311 de la Constitución, según el cual la gestión fiscal debe regirse por los principios de eficiencia, solvencia, transparencia, responsabilidad y equilibrio fiscal, ya que la información publicada indica que durante los años 2014, 2015 y 2016 en lugar de equilibrio fiscal ha habido una situación de déficit crónico en las cuentas fiscales de la Nación que ha generado la desvalorización de la moneda, el alza de los precios de los bienes y servicios y un creciente endeudamiento, tanto en moneda nacional como en moneda extranjera;"

Décimo Cuarto, que "la Unidad del Tesoro es un principio constitucional que contribuye a darle estabilidad a la gestión económica de la Nación, y que su incumplimiento sistemático por el administrador de la Hacienda Pública Nacional ha llevado a la proliferación de un conjunto de fondos parafiscales que realizan gastos sin ningún tipo de control, lo cual ha contribuido a agravar el déficit fiscal, al crear un gran desorden y corrupción en la Administración Pública Nacional;"

Décimo Quinto, que "a causa del incumplimiento de sus funciones constitucionales como administrador de la Hacienda Pública Nacional, Nicolás Maduro Moros ha provocado una crisis económica sin precedentes en Venezuela, traducida en una inflación galopante que en 2016 excedió el 500%, una depresión de la economía reflejada en una caída del producto interno bruto superior al 12,0% y un grave desabastecimiento de alimentos y medicinas, conjuntamente con un aumento de la pobreza hasta cifras no conocidas en el país, todo lo cual implica que, al cierre del 2016 y en comparación con el 2012, el tamaño de la economía venezolana es 20,0% menor, el poder adquisitivo del salario es 40,0% inferior y los niveles de pobreza se duplicaron;"

Décimo Sexto, que "Nicolás Maduro Moros, de manera errática, anunció el 11 de diciembre de 2016 la sustitución en un plazo de setenta y dos horas de todos los billetes de Bs. 100 y la implantación de un nuevo cono monetario, lo cual provocó una situación de caos en el país, consistente en disturbios y saqueos de establecimientos comerciales y un saldo lamentable de pérdida de vidas humanas, de heridos y de detenidos, que le obligó a posponer dicho reemplazo de los billetes de Bs. 100, primero hasta el 2 de enero de 2017 y luego, confirmando la absoluta improvisación e irresponsabilidad del gobierno, hasta el 20 de enero de 2017;"

Décimo Séptimo, que "Nicolás Maduro Moros ha sido negligente respecto a la reclamación territorial de Venezuela sobre el territorio Esequibo, la cual hasta años recientes formaba parte de una política del Estado venezolano atenida a lo previsto en el Acuerdo de Ginebra de 1966, para la búsqueda de una solución pacífica y práctica de la controversia, mientras que el gobierno nacional ha actuado con improvisación o pasividad, inacción e indolencia en la defensa de los intereses de la Nación tanto en el territorio Esequibo como en la Fachada Atlántica del Delta del Orinoco;"

Décimo Octavo, que "Nicolás Maduro Moros se comprometió a cumplir con su obligación constitucional de resguardar la seguridad ciudadana de los venezolanos y hoy Venezuela se ha convertido en el país más violento del mundo con un índice de 92 homicidios por cada 100.000 habitantes;"

Décimo Noveno, que "Venezuela según la Constitución es un estado de derecho y de justicia donde deben respetarse los derechos humanos de manera preeminente y hoy en Venezuela existen 126 presos políticos así como un sin número de perseguidos y exiliados políticos;" y

Duodécimo, que "en Venezuela se viola permanentemente la libertad de expresión al manipular el otorgamiento de papel periódico a la prensa libre;"

Con base en todos esos motivos, la Asamblea Nacional acordó entonces:

En primer lugar, "Declarar que Nicolás Maduro Moros, invocando el cargo de Presidente de la República, ha incurrido en acciones y omisiones que *sitúan su desempeño completamente al margen del diseño y funciones constitucionales de la Presidencia de la República*, en virtud de la grave ruptura del orden constitucional y democrático, la violación de derechos humanos, la devastación de las bases económicas y sociales de la Nación y los atentados a la integridad de la República que ha llevado a cabo."

En segundo lugar, "Declarar, en consecuencia, y de conformidad con los artículos 232 y 233 de la Constitución, que Nicolás Maduro Moros *ha abandonado su cargo*, abandonando el principio de la supremacía constitucional establecido en el artículo 7 del texto fundamental, el principio del Estado Democrático de Derecho y de Justicia establecido en el artículo 2 de la Constitución, así como las funciones constitucionales inherentes al cargo de Presidente de la República, especialmente la referida a la obligación de cumplir y hacer cumplir el ordenamiento constitucional y las leyes, establecida en el numeral 1 del artículo 236 de la Constitución."

En tercer lugar, "Manifestar que la única forma de resolver los graves problemas que aquejan al país y de contener el desmantelamiento de las instituciones republicanas es devolver el poder al pueblo de Venezuela y, por lo tanto, *convocar a la celebración de elecciones libres y plurales*."

En cuarto lugar, "Ratificar su compromiso con la restitución del orden constitucional, de acuerdo con lo establecido en el artículo 333 de la Constitución pues la inobservancia de esta se produce no solo por medio de un hecho de fuerza contra la inconstitucionalidad en el sentido clásico, sino también cuando desde la Presidencia de la República se hace uso de la autoridad civil y militar para socavar la Constitución."

En quinto lugar "Reiterar su decisión de acudir a las instancias internacionales competentes para denunciar las violaciones a derechos humanos y a los elementos esenciales de la Democracia que sufren los venezolanos y las venezolanas, en cuya comisión Nicolás Maduro Moros ha tenido un papel protagónico."

Con base en estas decisiones, en consecuencia, la Asamblea Nacional conforme al artículo 233 de la Constitución, decidió la *falta absoluta* del Presidente de la República. [15]

---

15 *Artículo 233.* Serán faltas absolutas del Presidente o Presidenta de la República: su muerte, su renuncia, o su destitución decretada por sentencia del Tribunal Supremo de Justicia; su incapacidad física o mental permanente certificada por una junta médica designada por el Tribunal Supremo de Justicia y con aprobación de la Asamblea Nacional; el abandono del cargo, declarado como tal por la Asamblea Nacional, así como la revocación popular de su mandato. // Cuando se produzca la falta absoluta del Presidente electo o Presidenta electa antes de tomar posesión, se procederá a una nueva elección universal, directa y secreta dentro de los treinta días consecutivos siguientes. Mientras se elige y toma posesión el nuevo Presidente o la nueva Presidenta, se encargará de la Presidencia de la República el Presidente o Presidenta de la Asamblea Nacional. // Si la falta absoluta del Presidente o la Presidenta de la República se produce durante los primeros cuatro años del período constitucional, se procederá a una nueva elección universal, directa y secreta dentro de los treinta días consecutivos siguientes. Mientras se elige y toma posesión el nuevo Presidente o la nueva Presidenta, se encargará de la Presidencia de la República el Vicepresidente Ejecutivo o la Vicepresidenta Ejecutiva. // En los casos anteriores, el nuevo Presidente o Presidenta completará el período constitucional correspondiente. // Si la falta absoluta se produce durante los últimos dos años del período constitucional, el Vicepresidente Ejecutivo o la Vicepresidenta Ejecutiva asumirá la Presidencia de la República hasta completar dicho período.

En efecto, la Constitución regula expresamente tres formas generales de terminación del mandato del Presidente de la República que son: en *primer lugar,* el vencimiento del período constitucional presidencial; en *segundo lugar,* cuando se produzca la *falta absoluta* del Presidente de la República en los casos de sometimiento a enjuiciamiento penal, *abandono del cargo,* revocación popular del mandato, destitución, incapacidad física o mental, renuncia o muerte; y en *tercer lugar,* la cesación del mandato decidida por una Asamblea Nacional Constituyente.

Precisamente entre los casos en los cuales se produce la falta absoluta del Presidente de la República destaca la del *"abandono del cargo declarado por la Asamblea Nacional"* (art. 233), siendo éste el único supuesto de falta absoluta en el cual la decisión para decretarla corresponde única y exclusivamente a la Asamblea Nacional, en su carácter de órgano constitucional que ostenta la representación popular.

La Constitución, en esta materia de abandono del cargo, no precisó los diversos casos en los cuales la Asamblea Nacional puede declarar el abandono del cargo del presidente, y solo previó un supuesto, que se produce cuando el Presidente de la República se separa temporalmente de su cargo por un lapso de más de 90 días (arts. 234), al término del cual la Asamblea Nacional tiene el poder de decidir prorrogarlo por 90 días más, o decidir por mayoría de sus integrantes si debe considerarse que hay falta absoluta (art. 234). En este caso se da un supuesto de abandono del cargo por transformación de falta temporal en falta absoluta declarado por la Asamblea Nacional (art. 233), que si bien es el único caso de abandono del cargo desarrollado expresamente en la Constitución, [16] no agota los supuestos en los cuales el abandono del cargo podría producirse.

---

16   Véase sobre ello Allan R. Brewer-Carías, *La Constitución de 1999. Derecho Constitucional Venezolano,* Editorial Jurídica Venezolana, Caracas 2005, Tomo I. Véase igualmente: "Formas constitucionales de terminación

Es decir, el abandono del cargo por parte del Presidente de la República, como supuesto de falta absoluta del Presidente de la Republica, no se agota en el supuesto meramente fáctico de transformación de una falta temporal en falta absoluta, sino que lo podría declarar la Asamblea Nacional, conforme a sus competencias constitucionales, en otros casos en los cuales se considere que como consecuencia de la declaración de la responsabilidad política del Presidente de la República se estime que el mismo ha incurrido en dejación de sus funciones (art. 222), es decir, en incumplimiento de sus obligaciones constitucionales.

El Presidente de la República, en efecto, está obligado constitucionalmente a "cumplir y hacer cumplir la Constitución y la ley" (art. 236.1), y a "procurar la garantía de los derechos y libertades de los venezolanos, así como la independencia, integridad, soberanía del territorio y defensa de la República;" por lo que el incumplimiento de esos deberes básicos en caso de que así se decida al declararse su responsabilidad política implica la dejación absoluta de sus funciones, con la precisión de que dichas obligaciones y responsabilidad política del Presidente "no se modifica" en forma alguna por la "declaración de los estados de excepción" (art. 232).

En consecuencia, en todo caso de declaración por parte de la Asamblea Nacional de la responsabilidad política del Presidente, la misma puede declarar que con ello se ha producido el abandonado de su cargo, por dejación de sus funciones y deberes, lo que en tal caso significa declarar la falta absoluta del Presidente de la República.

Y ello fue precisamente lo que ocurrió con el Acuerdo de la Asamblea Nacional de fecha 9 de enero de 2016, lo que constitucionalmente, debido a que la falta absoluta se produjo "durante los primeros cuatro años del período constitucional," im-

---

del mandato del Presidente de la República," encartado en *Revista Primicia*, N° 199. Caracas, 23 de octubre 2001.

plicaba que debía procederse "a una nueva elección universal, directa y secreta dentro de los treinta días consecutivos siguientes," y "mientras se elegía y tomaba posesión el nuevo Presidente," debía encargarse de la Presidencia de la República el Vicepresidente Ejecutivo (art. 233).

VII. LA SENTENCIA DE LA SALA CONSTITUCIONAL Nº 2 DE 11 DE ENERO DE 2017, DECLARANDO LA NULIDAD DE LA INSTALACIÓN DE LA ASAMBLEA NACIONAL DEL DÍA 5 DE ENERO DE 2017, Y EL ACUERDO DE LA MISMA DEL 9 DE ENERO DE 2016, QUE DECLARÓ LA FALTA ABSOLUTA DEL PRESIDENTE DE LA REPÚBLICA POR ABANDONO DE LAS FUNCIONES CONSTITUCIONALES

Al día siguiente de la adopción del Acuerdo antes mencionado, el 10 de enero de 2017, según se anunció oficialmente por la Agencia Venezolana de Noticias,[17] un diputado de la Asamblea Nacional, introdujo ante la Sala Constitucional "un recurso contra la directiva de la Asamblea Nacional y los diputados que apoyaron la solicitud de declarar el abandono del cargo del presidente Nicolás Maduro, considerando que la decisión adoptada era "ilegal e inconstitucional," recurso que fue decidido por la Sala Constitucional, al día siguiente mediante sentencia Nº 2 de 11 de enero de 2017.[18]

En la sentencia, sin embargo, se precisó que en realidad el recurso se había intentado por el diputado el día 6 de enero de 2017, como una "demanda de nulidad por inconstitucionalidad contra "el acto parlamentario aprobado por la Asamblea Nacional en fecha 05 de enero de 2017, mediante el cual se eligió y juramentó la Junta Directiva y los cargos de Secretario y Subsecretario de dicho órgano del Poder Público Nacional" dándose cuenta además, de una certificación consignada el 10 de enero de 2016 por los representantes de la Asamblea Na-

---

17   Véase Noticiero Venevisión 11 de enero de 2017.

18   Véase en http://historico.tsj.gob.ve/decisiones/scon/enero/194891-02-11117-2017-17-0001.HTML.

cional, sobre la desincorporación el día 9 de enero de 2016 de dos diputados por el Estado Amazonas, cuya elección había sido cuestionada desde diciembre de 2015.

Conforme a la sentencia, el recurso intentado fue un recurso de nulidad, y en el mismo se informó a la Sala que era un "hecho público, notorio y comunicacional" que la Asamblea Nacional hasta el día 04 de enero de 2017 había continuado "en contumacia y evidente desacato" de las decisiones dictadas por la Sala Electoral y la Sala Constitucional, atinentes a desincorporar a los dos diputados por el Estado Amazonas que habían sido juramentados el día 28 de julio de 2016; haciendo caso omiso a la sentencia N° 808 de la Sala Constitucional de 2 de septiembre de 2016, mediante la cual decidió que *resultan manifiestamente inconstitucionales y, por ende, absolutamente nulos y carentes de toda vigencia y eficacia jurídica, los actos emanados de la Asamblea Nacional, incluyendo las leyes que sean sancionadas, mientras se mantenga el desacato a la Sala Electoral del Tribunal Supremo de Justicia*".

El diputado recurrente en su recurso, también mencionó que la mayoría de la Asamblea insistía en "activar un mecanismo manifiestamente inconstitucional y subversivo del orden político y social de la Nación, mediante el cual se pretende entablar un juicio político al Presidente de la República, Nicolás Maduro Moros, en franca violación de la sentencia número 948, del 15 de noviembre de 2016, dictada por esta Sala Constitucional mediante la cual, expresamente señaló: *"…ABSTENERSE de continuar con el pretendido juicio político* y, en *definitiva, de dictar cualquier tipo de acto, sea en forma de acuerdo o de cualquier otro tipo, que se encuentre al margen de sus atribuciones constitucionales y que, en fin, contraríe el Texto Fundamental, de conformidad con la jurisprudencia de esta Sala Constitucional.."* (Negrillas del fallo)."

El recurrente denunció que obviando dichas decisiones, el día 5 de enero decidieron convocar a una plenaria para elegir la nueva directiva de la Asamblea, que quedó conformada así:

Presidente, el diputado Julio Andrés Borges; Primer Vice-presidente, diputado Freddy Guevara Cortez; segunda Vice-presidenta, diputada Dennis Fernández; Secretario, José Ignacio Guédez y Sub-secretario, José Luis Cartaya; y que dicha elección al haberse hecho sin que se hubiesen sido desincorporados previamente los tres diputados del Estado Amazonas (Julio Ygarza, Nirma Guarulla y Romel Guzamana), carecía de toda validez pues había continuado el desacato de la sentencia N° 260, dictada por la Sala Electoral el 30 de diciembre de 2015 (caso: *"Nicia Maldonado"*).

El solicitante entonces denunció como consecuencia, que la nueva Junta Directiva "está incurriendo en el vicio de usurpación de funciones en franca violación de lo previsto en el artículo 138 de la Constitución de la República Bolivariana de Venezuela, por lo que resulta a su decir, írrita, carente de toda legitimidad, validez y legalidad," razón por la cual acudió ante la Sala Constitucional solicitando que se declarase "la nulidad por razones de inconstitucionalidad e ilegalidad del acto parlamentario mediante el cual se produjo la elección y juramentación de la nueva Junta Directiva de la Asamblea Nacional."

La Sala Constitucional se declaró competente para conocer de la demanda de nulidad del acto Parlamentario dictado por la Asamblea Nacional el 5 de enero de 2017, "así como las decisiones que se tomaron en el referido acto," pasando a declarar el asunto como de mero derecho, considerando innecesaria "evacuación de prueba alguna, al estar centrado en la obtención de un pronunciamiento interpretativo de varios artículos previstos en la Constitución de la República Bolivariana de Venezuela, así como de otra normativa del ordenamiento jurídico vigente, y por la otra, en atención a la gravedad y urgencia de los señalamientos que subyacen en la solicitud de nulidad presentada, los cuales se vinculan a la actual situación existente en la República Bolivariana de Venezuela, con incidencia directa en todo el Pueblo venezolano," entrando a "decidir sin más trámites," en violación por supuesto a la garantía del debido proceso, al desarrollarse un proceso de nulidad sin siquiera notificarse y oírse a la institución autora del acto impugnado.

La Sala precisó que el objeto de la demanda fue establecer si el nombramiento de la nueva Junta Directiva de la Asamblea Nacional en la sesión del 5 de enero de 2017, que de entrada calificó de "irrita" había sido "producto de una actividad parlamentaria que viene en franco desacato de decisiones de éste Máximo Tribunal," y por tanto, determinar "si la misma resulta nula por contravención y/o inobservancia de la doctrina constitucional," para lo cual consideró como hechos ciertos, *primero*, que tanto "la Asamblea Nacional como la Junta Directiva con lapso vencido de la misma, se mantienen en franco desacato de las decisiones de este Máximo Tribunal, que en su Sala Constitucional dictó con los números 269 del 21 de abril de 2016, 808 del 2 de septiembre de 2016, 810 del 21 de septiembre de 2016, 952 del 21 de noviembre de 2016, 1012, 1013 y 1014 del 25 de noviembre de 2016, y recientemente la 01 del 09 de enero de 2017; y de su Sala Electoral las decisiones números 260 del 30 de diciembre de 2015, 1 del 11 de enero de 2016 y 108 del 1 de agosto de 2016;" y *segundo*, que lo anterior impedía "por ser contrario a derecho, elegir de su seno la nueva Junta Directiva correspondiente al período de sesiones del año 2017."

Como consecuencia de ello, la Sala Constitucional, entonces, constató "que la Asamblea Nacional y su Junta Directiva de lapso vencido, no cumplieron con el deber de subsanar su situación de desacato a las decisiones de este Máximo Tribunal de la República," y poder "perfeccionar la preparación de las condiciones constitucionales objetivas" para "la instalación del segundo período anual de las sesiones ordinarias, y la elección de una nueva Junta Directiva," procediendo en consecuencia a:

> "declarar no solo la nulidad absoluta de los pretendidos actos parlamentarios originados en las írritas sesiones de los días 05 de enero de 2017 y 09 de enero de 2017 y todas las que se gene-

ren posteriormente, por contrariar las órdenes de acatamiento a las decisiones ya referidas, sino **DECLARAR** la inconstitucionalidad por omisión del Poder Legislativo Nacional por no haber dictado las medidas indispensables para garantizar el cumplimiento de la Constitución y órdenes emitidas por este Máximo Tribunal. Así se decide."

Es decir, con la sentencia no solo se decidió la nulidad del acto impugnado que había sido la sesión de instalación y la elección de la Junta directiva de la Asamblea Nacional del día 5 de enero de 2017, sino en evidente vicio de extra y ultra petita, adicionalmente, las decisiones adoptadas en la sesión del 9 de enero de 2017, que ni siquiera fueron nombradas por el recurrente, pues la demanda que originó el "juicio" fue intentada el 6 de enero de 2017, ni en el curso de "juicio" por ninguno de los que intervinieron en el mismo.

De paso, la Sala Constitucional omitió considerar lo informado en escrito consignado por los representantes de la Asamblea Nacional en el expediente, recordando que como lo había resuelto en la sentencia N° 473 del 14 de junio de 2016 ("Caso: *Juan Carlos Caldera, Eduardo Gómez Sigala y otros*"), "la representación de la Asamblea Nacional le corresponde de forma exclusiva al Procurador General de la República y cualquier órgano que pretende ejercerla deberá contar con previa y expresa sustitución del Procurador o Procuradora General de la República, lo cual no ocurrió en el presente caso." Pero sin embargo, dicho escrito sí fue considerado válido para deducir del mismo:

> "una certeza del desacato, contumacia y actitud temeraria, que de manera reiterada, continua, incivil y abierta ha mantenido la Asamblea Nacional, respecto del no acatamiento de todas las decisiones dictadas por este Máximo Tribunal de la República."

La Sala Constitucional, ante lo que consideró una "evidente situación de desacato en la que ha incurrido el Poder Legislativo Nacional y su Junta Directiva de lapso vencido," con "la

consecuente nulidad de las actuaciones por ella ejercidas durante el año 2016 y lo que va del año 2017, incluyendo la írrita
instalación del segundo período anual de sesiones, la designación de una Junta Directiva, Secretaría así como de la Subsecretaría y las sesiones ordinarias por ella convocadas," desconociendo la elección de la nueva Junta Directiva de la
Asamblea, ordenó a los "Diputados que conformaron la Junta
Directiva del lapso vencido [que había terminado el 5 de enero
de 2017] acatar los fallos emitidos por este Máximo Tribunal,"
lo que debían hacer "antes de proceder a la Instalación del período de sesiones correspondiente al año 2017," a los efectos
de que "la nueva Junta Directiva así como la Asamblea Nacional" pudieran sustentar "la legitimidad de sus actos" y poder
continuar en un "segundo período anual de sesiones en situaciones normales y así restablecer el orden constitucional flagrantemente lesionado."

De todo ello, la Sala Constitucional terminó su sentencia
anulando:

"el parlamentario celebrado el 05 de enero de 2017, así como
el acto celebrado el 09 de enero de 2017, por la Asamblea Nacional con ocasión del nombramiento de la nueva Junta Directiva de la Asamblea Nacional y todos los actos parlamentarios
subsecuentes que se generen por contrariar las órdenes de acatamiento a las decisiones dictadas por este Máximo Tribunal y
hasta tanto no cese la *omisión legislativa* en la que ha incurrido
la Asamblea Nacional y la Junta Directiva de lapso vencido, no
puede instalarse formalmente el segundo período anual de sesiones del Parlamento Nacional del año 2017, ni designar o elegir de su seno Junta Directiva alguna. Así se decide."

En consecuencia, resolvió la Sala declarar "*la omisión del
poder legislativo nacional*," ordenando que:

"los Diputados que conforman la Junta Directiva del lapso
vencido, deberán asumir sus funciones directivas y secretariales, para que de forma única y exclusiva den cumplimiento a las
decisiones de este Máximo Tribunal, en aras de otorgarle las

condiciones coherentes, objetivas y constitucionales, necesarias para el nombramiento de la nueva Junta Directiva de la Asamblea Nacional e inicio del segundo período anual de sesiones del año 2017 y así restablecer el orden constitucional."

Finalmente, por si algo faltaba, la Sala Constitucional *dejó sin efectos* "el nombramiento írrito de la Junta Directiva de la Asamblea nacional efectuada en sesión del 5 de enero de 2017, y *prohibió*:

"la Asamblea Nacional realizar cualquier acto que implique la instalación del Segundo Período de Sesiones correspondiente al año 2017, así como la elección de una nueva Junta Directiva y de Secretaría, hasta tanto acate las decisiones emanadas de este Máximo Tribunal y perfeccione las condiciones coherentes, objetivas y constitucionales necesarias para el nombramiento de la nueva Junta Directiva de la misma e inicio del período de sesiones del año 2017.

Precisando, para terminar para que no hubiera dudas sobre la eliminación definitiva del órgano de representación popular en Venezuela, por el sablazo final dado por la Justicia sin banda en los ojos, que:

"Cualquier actuación de la Asamblea Nacional y de cualquier órgano o individuo en contra de lo aquí decidido será nula y carente de toda validez y eficacia jurídica, sin menoscabo de la responsabilidad a que hubiere lugar."

VIII. LA SENTENCIA DE LA SALA CONSTITUCIONAL Nº 3 DE 11 DE ENERO DE 2017, DECLARANDO LA OMISIÓN DE LA ASAMBLEA NACIONAL, DISPONIENDO QUE EL MENSAJE ANUAL DEL PRESIDENTE DE LA REPÚBLICA NO PODÍA PRESENTARSE ANTE LA ASAMBLEA NACIONAL

El mismo día 6 de enero de 2017, al día siguiente de la instalación de la Asamblea Nacional para su segundo período de sesiones, el Presidente de la República, asistido del Consultor Jurídico del "Ministerio del Poder Popular del Despacho de la Presidencia y Seguimiento de la Gestión de Gobierno," presentó ante la Sala Constitucional, una "demanda de interpretación del artículo 237 del Texto Fundamental, en relación al desacato que mantiene la Asamblea Nacional frente al Poder Judicial y al orden constitucional."

Según se informa en la sentencia, la Sala Constitucional se reconstituyó el día 11 de enero y ese mismo día dictó la sentencia N° 3 de 11 de enero de 2017,[19] mediante la cual declaró "la omisión inconstitucional del Poder Legislativo Nacional," en dar cumplimiento a sus múltiples sentencias de desacato, disponiendo que:

> 4.1. Que en esta oportunidad el Presidente Constitucional y en pleno ejercicio de sus funciones, ciudadano Nicolás Maduro Moros, debe rendir su mensaje anual al que refiere el artículo 237 Constitucional, en el que dará cuenta de los aspectos políticos, económicos, sociales y administrativos de su gestión durante el año inmediatamente anterior, ante el Tribunal Supremo de Justicia, en transmisión conjunta de radio y televisión, para llegar a la mayor cantidad de venezolanas y venezolanos.

El Presidente recurrente, en efecto, basó su demanda de interpretación sobre la presentación de su memoria anual ante la Asamblea Nacional conforme a lo establecido en el artículo 237 de la Constitución, en el hecho de que la Sala Constitucional había declarado inconstitucionales y nulos todos los actos emanados de la Asamblea Nacional, "incluyendo las leyes que sean sancionadas, mientras se mantenga el desacato a la Sala Electoral del Tribunal Supremo de Justicia", así como también en desacato a decisiones emanadas de esa Sala (vid. sentencias Nros. 808 y 810, de fechas 2 de septiembre de 2016 y 21 de septiembre de 2016, y recientemente en las Nros. 952 del 21 de noviembre de 2016, Nros. 1012, 1013 y 1014 del 25 de noviembre de 2016 y N° 1086 del 13 de diciembre de 2016, en las que ha ratificado el desacato por parte de la Asamblea Nacional a las decisiones Nros. 260 del 30 de diciembre de

---

19   http://historico.tsj.gob.ve/decisiones/scon/enero/194892-03-11117-2017-17-0002.HTML.

2015, 1 del 11 de enero de 2016 y 108 del 1 de agosto de 2016, emanadas de la Sala Electoral del Tribunal Supremo de Justicia."

Y considerando en consecuencia que constituía "un hecho público, notorio y comunicacional" que la Asamblea Nacional aún se encontraba en desacato, lo que resultaba de los actos adoptados en su sesión de instalación del 5 de enero de 2017, con lo cual se había "auto-incapacitado para ejercer las actuaciones constitucionales que le corresponden e impedir que los órganos respectivos puedan acudir a ella, como en situaciones de normalidad constitucional lo prescribe el Texto Fundamental," el Presidente planteó su:

"duda hermenéutica respecto a si, ante tales circunstancias y a pesar de tal situación de desacato, debo presentar el mensaje ante la Asamblea Nacional que alude el artículo 237 Constitucional, o si, por el contrario, dada la omisión inconstitucional por parte del órgano Legislativo Nacional frente al Poder Judicial y a la Constitución, debo abstenerme de hacerlo ante la misma, sino, en esencia, presentar mi mensaje anual ante el Pueblo Venezolano, transmitido por los medios de comunicacional social, para informarlos debidamente de los logros alcanzados por el Gobierno Nacional durante el año 2016."

Admitida la demanda de interpretación constitucional, y considerado el asunto como de mero derecho, la Sala hizo referencia a lo decidido por la Sala Electoral mediante sentencias N° 260 del 30 de diciembre de 2015, N° 1 del 11 de enero de 2016, y N° 108 del 1° de agosto de 2016, en las cuales de "manera enfática, categórica y expresa," consideró que "con la juramentación como diputados del órgano legislativo nacional, los ciudadanos Nirma Guarulla, Julio Haron Ygarza y Romel Guzamana, habían incurrido

"en el supuesto establecido en el artículo 138 de la Constitución de la República Bolivariana de Venezuela, al usurpar el ejercicio del referido cargo legislativo en desacato de la sentencia número 260 citada, norma constitucional que preceptúa que toda autoridad usurpada es ineficaz y sus actos son nulos, se encuentran viciados de nulidad absoluta y por tanto resultan inexistentes aquellas decisiones dictadas por la Asamblea Nacional a partir de la incorporación de los mencionados ciudadanos".

La Sala Constitucional, además recordó:

"entre otras tantas, las sentencias de esta Sala nros. 808 y 810, de fechas 2 y 21 de septiembre de 2016, respectivamente; 952 del 21 de noviembre de 2016, así como también las decisiones 1012, 1013, 1014 del 25 de noviembre de 2016 y 1 del 6 de enero de 2017, en las que se ha ratificado el desacato por parte de la Asamblea Nacional a las decisiones nros. 260 del 30 de diciembre de 2015, 1 del 11 de enero de 2016 y 108 del 01 de agosto de 2016, emanadas de la Sala Electoral del Tribunal Supremo de Justicia, estableciendo entre otros pronunciamientos "que resultan manifiestamente inconstitucionales y, por ende, absolutamente nulos y carentes de toda vigencia y eficacia jurídica, los actos emanados de la Asamblea Nacional, incluyendo las leyes que sean sancionadas, mientras se mantenga el desacato a la Sala Electoral del Tribunal Supremo de Justicia".

Igualmente la Sala Constitucional hizo referencia a sus sentencias declaratorias de inconstitucionalidad de decisiones de la Asamblea, por la misma razón de desacato de la Asamblea Nacional, Nº 614 del 19 de julio de 2016, Nº 478 del 14 de junio de 2016, Nº 460 del 9 de junio de 2016, Nº 797 del 19 de agosto de 2016, Nº 259 del 31 de marzo de 2016, Nº 9 del 1° de marzo de 2016, de cuyo contenido que transcribió parcialmente en la sentencia dedujo que lo que ha hecho:

"un sector que dirige la Asamblea Nacional, desde la teoría jurídica de las nulidades, es generar la nulidad absoluta y carencia de cualquier tipo de validez y eficacia jurídica de las actuaciones que ha venido realizando. Así se declara."

La Sala Constitucional, pasó luego a referirse al derecho a la tutela judicial efectiva y al rol de la Justicia, haciendo referencia a sus decisiones Nº 708 del 10 de mayo de 2001, Nº 576 del 27 de abril de 2001, Nº 290 de fecha 23 de abril de 2010, concluyendo que la actuación de la Asamblea Nacional de desacato a las decisiones tanto de la Sala Electoral como de la Sala Constitucional "determina la nulidad de cualquier acto emanado de dicho órgano parlamentario, en contumacia y rebeldía" a lo dispuesto por las mismas, "es decir, sin haber desincorporado formalmente a los ciudadanos Nirma Guarulla, Julio Haron Ygarza y Romel Guzamana como Diputados de dicha Asamblea Nacional, se traduce en la nulidad absoluta de dichos actos así emanados, junto a los derivados de los mismos (ver sentencia N° 2/2017) […] resultando, por ende, dichos actos absolutamente nulos y sin ningún tipo de validez y eficacia jurídica. Así se declara.

Esa situación, a juicio de la Sala Constitucional, "*incapacita al Poder Legislativo para ejercer sus atribuciones constitucionales de control político de gestión*", tal como lo declaró la Sala en sentencias N° 3 de 14 de enero 2016, y N° 9 del 1 de marzo de 2016, por lo que al constituir

> "un hecho público, notorio y comunicacional que el 5 de enero de 2017, la Asamblea Nacional inició su Segundo periodo de sesiones en un acto iniciado e impulsado por la Junta Directiva saliente, que la dirigió durante el año 2016, y se realizó en el seno de ese órgano legislativo en desacato frente al Poder Judicial (vid. supra), la elección y juramentación de su Junta Directiva para el periodo en curso, circunstancia que, por ende, implica un vicio de nulidad absoluta que afecta la validez constitucional de ese y de los actos subsiguientes, así como también la legitimidad y eficacia jurídica de la juramentación y demás actos de la referida junta directiva –incluyendo la presidencia de la Asamblea Nacional– (sin mencionar las probables vulneraciones al Reglamento Interior y de Debates de la propia Asamblea Nacional)."

Debe precisarse que la Sala Constitucional, al dictar su sentencia, constató el hecho de que los dos diputados por el Estado Amazonas cuya desincorporación había sido ordenada judicialmente, efectivamente se desincorporaron luego de la sesión de instalación de la Asamblea, lo que a juicio de la Sala solo significó que la "Asamblea Nacional reconoció nuevamente su situación de desacato y de grave violación al orden constitucional," y además que como ello ocurrió en "una sesión deliberadamente inválida por estar dirigida por una junta directiva electa y juramentada en desacato," con ello, a juicio de la Sala "nuevamente reconocen de forma voluntaria la nulidad de todas sus actuaciones desplegadas en desacato." En consecuencia, en virtud de que "la situación de desacato por parte de la Asamblea Nacional se ha mantenido y se mantiene de forma ininterrumpida," la sala resolvió que ello:

> "determina la actual omisión parlamentaria inconstitucional, entre otros, respecto de los actos de designación y juramentación de la actual Junta Directiva, así como de los actos subsiguientes desplegados por la misma, incluyendo las convocatorias a las sesiones posteriores y a las actuaciones desplegadas en las mismas y a los actos parlamentarios generados en ellas, además de la sesión del 9 de enero de 2016, en la que, además, al declarar el pretendido abandono del cargo por parte del Presidente Constitucional y en funciones de la República Bolivariana de Venezuela, Nicolás Maduro Moros, también desacataron deliberadamente la sentencia de esta Sala nº 948 del 15 de noviembre de 2016."

De todo lo anterior, concluyó la Sala considerando que era "evidente la duda legítima" planteada por el Presidente de la República respecto a en funciones de la República Bolivariana de Venezuela, Nicolás Maduro Moros, respecto a la presentación de su Memoria anual conforme al artículo 237 de la Constitución, particularmente por el hecho de que respecto del control político que corresponde ejercer a la Asamblea Nacional sobre el gobierno y la Administración,

> "la Asamblea Nacional ha venido generando, en los últimos meses, situaciones de desacato y vulneraciones al orden constitucional que han determinado su propia incapacidad para poderlo ejercer y, en fin, su deliberada abstención de desplegar válidamente el resto de atribuciones constitucionales, al punto de determinar omisiones como las que se evidencian en el presente

caso, entre las que se encuentra presenciar el mensaje presidencial anual previsto en la norma *sub examine*, a pesar del mandato popular al parlamento y de su juramento para cumplir y hacer
cumplir la Constitución (lo que implica canalizar sus pretensiones políticas dentro del orden más elemental que previamente
se ha dado el Pueblo: La Constitución).

En virtud de la anterior, conforme a la atribución que tiene
la Sala Constitucional de "declarar la inconstitucionalidad de
las omisiones del poder legislativo" (art. 336.7), "ante la necesidad de restablecer la situación de anormalidad constitucional
generada por la mayoría de diputados que integran la Asamblea Nacional en la actualidad," la Sala en su sentencia dispuso, como se dijo:

> Que en esta oportunidad el Presidente Constitucional y en
> pleno ejercicio de sus funciones, ciudadano Nicolás Maduro
> Moros, debe rendir su mensaje anual al que refiere el artículo
> 237 Constitucional, en el que dará cuenta de los aspectos políti-
> cos, económicos, sociales y administrativos de su gestión du-
> rante el año inmediatamente anterior, ante el Tribunal Supremo
> de Justicia, en transmisión conjunta de radio y televisión, para
> llegar a la mayor cantidad de venezolanas y venezolanos.

La Sala aclaró sin embargo, en esta sentencia, que lo decidido "no significa que se esté anulando, haciendo nugatorio o
impidiendo el ejercicio de las competencias y atribuciones inherentes a la Asamblea Nacional, sino precisamente garantizando que las mismas sean desplegadas dentro del marco del
ordenamiento constitucional, cuya garantía corresponde a este
Máximo Tribunal, conforme a lo previsto en los artículos 266
y 336 Constitucionales;" agregando sin embargo que:

> "mientras la Asamblea Nacional continúe en desacato a las
> decisiones emanadas de este Alto Tribunal, todos sus actos re-
> sultan manifiestamente inconstitucionales y, por ende, absoluta-
> mente nulos y carentes de toda vigencia y eficacia jurídica,
> incluyendo las leyes que sean sancionadas (ver sentencia de es-
> ta Sala n° 2/2017); sin menoscabo de la responsabilidad indivi-
> dual de los miembros respectivos de la Asamblea Nacional y de

la naturaleza propia de la figura de la inmunidad parlamentaria prevista en el artículo 200 del Texto Fundamental y ampliamente sustentada en las fuentes del derecho (ver, entre otras, la sentencia de esta Sala n° 612 del 15 de julio de 2016). Así se ratifica."

En definitiva, que a juicio de la Sala Constitucional, la Asamblea Nacional no ha cesado de existir –obviamente pues está prevista en la Constitución y sus diputados fueron electos por el pueblo– pero que por decisión de la misma todas sus actuaciones son nulas e ineficaces. [20] Es decir, como si no existiese.

Madrid, 14 de enero de 2017

---

20   Como lo observó José Ignacio Hernández, "Si alguien podía tener alguna duda, estas nuevas sentencias evidencian que la Asamblea Nacional no puede ejercer sus funciones jurídicamente ni tiene poder para hacer cumplir las decisiones que adopte. […].Para decirlo en lenguaje claro: los antecedentes de la Sala Constitucional demuestran que, más allá de lo que haga la Asamblea Nacional, sus funciones serán desconocidas y sus actos anulados y suspendidos. Seguir insistiendo en ejercicio jurídico de esas funciones solo producirá el mismo resultado. Una y otra vez." En José Ignacio Hernández, "TSJ reitera desacato de la AN y anula la declaración de abandono del cargo presidencial," en *Prodavinci*, 12 de enero de 2017, en http://prodavinci.com/blogs/tsj-reitera-desacato-de-la-an-y-anula-la-declaracion-de-abandono-del-cargo-presidencial-por-jose-ignacio-hernandez/.

CUARTA PARTE:

LA ESTOCADA FINAL A LA ASAMBLEA NACIONAL Y LA DECISIÓN DE LA SALA CONSTITUCIONAL DE PROCEDER A ENJUICIAR A LOS DIPUTADOS, REVOCARLES EL MANDATO Y ENCARCELARLOS

El día 10 de enero de 2017, al día siguiente de haberse aprobado el Acuerdo de la misma Asamblea *"sobre el abandono de las funciones constitucionales de la Presidencia de la República en que ha incurrido el ciudadano Nicolás Maduro Moros,* un diputado de la Asamblea Nacional interpuso ante esta Sala Constitucional un recurso de nulidad por inconstitucionalidad de dicho acto parlamentario de 9 de enero de 2017, en el cual, en particular se decidió:

> "Declarar, en consecuencia, y de conformidad con los artículos 232 y 233 de la Constitución, que Nicolás Maduro Moros ha abandonado su cargo, abandonado el principio de la supremacía constitucional establecido en el artículo 7 del texto fundamental, el principio del Estado Democrático de Derecho y de Justicia establecido en el artículo 2 de la Constitución, así como las funciones constitucionales inherentes al cargo del Presidente de la República, especialmente la referida obligación de cumplir y hacer cumplir el ordenamiento constitucional y las leyes, establecidas en el numeral 1 del artículo 236 de la Constitución."

La Sala, sin proceso alguno pues no se citó a representante alguno de la Asamblea en violación abierta de la garantía constitucional del debido proceso, y sin mayor trámite, salvo que el mismo día se dio cuenta en la misma y se designó ponente para dictar sentencia, el día N° 7 de 26 de enero de 2017, mediante la cual si bien se declaró inadmisible la acción intentada, de oficio, en un supuesto *Obiter Dictum* la Sala procedió a declarar nulas de nulidad absoluta e inconstitucionales todas las actuaciones de la Asamblea Nacional, dando inicio al procedimiento para proceder a enjuiciar a los diputados de la Asamblea por desacato, revocarle su mandato popular y encarcelarlos. [1]

I.   LA ACCIÓN DE NULIDAD CONTRA EL ACUERDO DE LA ASAMBLEA DECLARANDO EL ABANDONO DEL CARGO DEL PRESIDENTE DE LA REPÚBLICA

Para decidir la Sala hizo un recuento de las actuaciones de la Asamblea Nacional que sirvieron de antecedentes al Acuerdo parlamentario, conforme se lo narró el recurrente, constatando que el 25 de octubre de 2016, el diputado Julio Borges, entonces jefe de la fracción parlamentaria del partido MUD, había declarado "que la Asamblea Nacional se declaraba en rebelión, ante la supuesta ruptura del orden constitucional," lo cual consideró la Sala que "fue un hecho público, notorio y comunicacional;" y que en esa misma fecha la Asamblea había aprobado sendos acuerdos *"para la restitución del orden constitucional en Venezuela"* y *"para iniciar el procedimiento de declaratoria de responsabilidad política del Presidente de la República ante la grave ruptura del orden constitucional y democrático y la devastación de las bases económicas y sociales de la nación".* [2]

Ante dichos Acuerdos, dos días después, el 27 de octubre de 2016, el mismo diputado en representación del Bloque Parlamentario de la Patria, solicitó ante la Sala Constitucional la nulidad por inconstitucionalidad de los referidos acuerdos par-

---

1   Véase   en   historico.tsj.gob.ve/decisiones/scon/enero/195578-07-26117-2017-17-0010.HTML.

2   Véase   en   http://www.asambleanacional.gob.ve/uploads/documentos/doc_d3f219591da2f3670fbe83c1c23dc3aeb9257587.pdf.

lamentarios. Posteriormente el 9 de noviembre de 2016, el Procurador General de la República introdujo ante la misma Sala Constitucional una acción de amparo constitucional contra las actuaciones de la Asamblea materializadas en los referidos acto parlamentarios de fecha 25 de octubre de 2016; todo lo cual fue decidido por la Sala mediante sentencia N° 948 de 15 de noviembre de 2016,[3] en la cual, luego de convertir la disparatada "acción de amparo" intentada en una "acción de protección constitucional," luego de reiterar la declaración hecha en la sentencia N° 808, de 2 de septiembre de 2016[4] (en el sentido de que:*"...resultan manifiestamente inconstitucionales y, por ende, absolutamente nulos y carentes de toda vigencia y eficacia jurídica, los actos emanados de la Asamblea Nacional, incluyendo las leyes que sean sancionadas, mientras se mantenga el desacato a la Sala Electoral del Tribunal Supremo de Justicia"*) procedió mediante amparo cautelar, a *ordenar* "a los diputados *abstenerse de continuar con el pretendido juicio político,"* y dictar cualquier acto que "contraríe el Texto Fundamental, de conformidad con la jurisprudencia de esta Sala Constitucional."

Así mismo, la Sala constató, conforme se lo indicó el recurrente, que era "un hecho público, notorio y comunicacional" que la Asamblea Nacional en enero de 2017, decidieron:

> "desacatar con inequívoca contumacia, las sentencias dictadas por las Salas Electoral y Constitucional de este Máximo Tribunal, en las cuales se ordenó al Poder Legislativo Nacional, desincorporar de su seno a los ciudadanos Julio Ygarza, Nirma Guarulla y Romel Guzamana, juramentados como diputados del Estado Amazonas en la sesión del día 28 de julio de 2016, pese al amparo cautelar acordado por la Sala Electoral que suspendió los efectos de los actos de totalización, adjudicación y procla-

---

3   Véase   en   http://www.asambleanacional.gob.ve/uploads/documentos/doc_2927f376d002f85132bf39b7d129fb36416d886c.pdf.

4   Véase   en   http://historico.tsj.gob.ve/decisiones/scon/septiembre/190395-808-2916-2016-16-0831.HTML.

mación de los mencionados ciudadanos como diputados electos por dicho Estado."

Pese a lo decidido por la Sala en todas esas sentencias, la misma constató que el 5 de enero de 2017, se eligió la nueva Junta directiva de la Asamblea, sin haber acatado previamente los mandamientos de las Salas Electoral y Constitucional de este Máximo Tribunal," y que el 9 de enero de 2017, la Asamblea Nacional igualmente "en desacato" aprobó el Acuerdo impugnado que declaró el abandono del cargo del Presidente de la República. [5]

El recurrente consideró que la intención de la mayoría de la Asamblea Nacional, al aprobar el acuerdo era

"subvertir el orden constitucional establecido, a través de una interpretación fraudulenta e insurreccional de la Constitución y ajustada a sus intereses desestabilizadores, llevadas a cabo con la única intención de cambiar el gobierno legítimamente constituido a través de un procedimiento inconstitucional, no previsto en el ordenamiento jurídico."

El recurrente alegó que no solo el Presidente "en todo momento se ha encontrado en el ejercicio pleno de sus funciones de acuerdo a la Constitución" sino que la interpretación del artículo 336 de la Constitución realizada por la Asamblea Nacional es inconstitucional, "porque el supuesto incumplimiento del Presidente de sus funciones no genera falta temporal y mucho menos una falta absoluta, ni constituye el abandono del cargo en los términos como lo establecen los artículos 233 y 234 del texto fundamental." Alegó además, que los diputados al adoptar el Acuerdo, "conspiran y actúan para subvertir y destruir el orden constitucional y la forma democrática y republicana que se ha dado la nación, delito tipificado en el artículo 132 del Código Penal," indicando que "se trata de un "Golpe

---

5.   Véase   en   http://www.asambleanacional.gob.ve/uploads/documentos/doc_9bdb6ba6ef2d206b06358a39c79a340013d9db87.pdf.

de Estado", pues se pretende destituir al Presidente de la República."

Con base en todo lo anterior, el recurrente solicitó de la Sala que se declarase la nulidad por inconstitucionalidad del referido acuerdo," y además se ordenase el inicio de una investigación para determinar la responsabilidad penal individual de los diputados que votaron el Acuerdo, "por la comisión del delito de conspiración para destruir la forma republicana que se ha dado la nación, tipificado en el artículo 132 del Código Penal."

II. LA SENTENCIA DECLARANDO LA INADMISIBILIDAD DE LA ACCIÓN INTENTADA

La Sala, en su sentencia, declaró la inadmisibilidad de la acción intentada por haber operado cosa juzgada al haberse dictado la sentencia N° 2 de 11 de enero de 2017 (caso: *Héctor Rodríguez Castro),*[6] en la cual la Sala Constitucional había materialmente dispuesto la cesación definitiva de la Asamblea Nacional como órgano de representación popular, al declarar:

"la inconstitucionalidad por omisión del Poder Legislativo Nacional al no haber dictado las medidas indispensables para garantizar el cumplimiento de la Constitución referidas al acatamiento de las decisiones dictadas por este Máximo Tribunal de la República y, en consecuencia, anuló el acto parlamentario celebrado el 05 de enero de 2017, así como el acto celebrado el 09 de enero de 2017, por la Asamblea Nacional con ocasión del nombramiento de la nueva Junta Directiva de la Asamblea Nacional y todos los actos parlamentarios subsecuentes que se generen por contrariar las órdenes de acatamiento a las decisiones dictadas por este Máximo Tribunal y hasta tanto no cese la omisión legislativa en la que ha incurrido la Asamblea Nacional y la Junta Directiva de lapso vencido, no puede instalarse formalmente el segundo período anual de sesiones del Parlamento Nacional del año 2017, ni designar o elegir de su seno Junta Directiva alguna."

---

6   Véase en http://historico.tsj.gob.ve/decisiones/scon/enero/194891-02-11117-2017-17-0001.HTML.

De ello concluyó la Sala que respecto del Acuerdo parlamentario impugnado de 9 de enero de 2017, sobre abandono de las funciones constitucionales de la Presidencia de la República de parte de Nicolás Maduro Moros, ya había habido pronunciamiento de la Sala que había producido cosa juzgada (citando sobre ello su anterior sentencia N° 1344 (caso *Virginia Yvonne Rojas Nuñez*), razón por la cual simplemente declaró

> "inadmisible la presente acción de nulidad de conformidad con lo previsto en el numeral 4 del artículo 133 de la Ley Orgánica del Tribunal Supremo de Justicia al haber operado la 'cosa juzgada' de conformidad con la norma citada y el criterio asentado en la jurisprudencia reiterada de esta Sala. Así se declara."

III. EL *"OBITER DICTUM"* DICTADO AL MARGEN DE LA SENTENCIA, PERO COMO SI HUBIERA SIDO UNA SENTENCIA

Sin embargo, a pesar de haber declarado inadmisible la acción intentada, antes de archivar el expediente, la Sala aprovechó la ocasión para darle la estocada final a la Asamblea Nacional, mediante *"obiter dictum"*, que es, técnicamente, la expresión incidental de una opinión que supuestamente no es esencial para la decisión adoptada, y que en los sistemas anglosajones se considera que establece precedente.

En Venezuela, en cambio, es todo lo contrario, y después de declarar la inadmisibilidad de la acción de nulidad, sin embargo, la Sala, con la excusa de "trascendencia nacional que tienen los hechos denunciados" pero que decidió no conocer por no ser admisible la acción, pasó sin embargo a conocerlos, sin conocerlos.

Para ello, la Sala, al constatar que en sentencias anteriores ya había declarado nulo de nulidad absoluta el acto parlamentario impugnado, consideró sin embargo de relevancia "para la garantía y resguardo del Estado de Derecho, la soberanía, la independencia, la estabilidad democrática y el orden constitucional del país así como en resguardo de la voluntad del Poder

Popular, efectuar unas consideraciones respecto a la figura del abandono del cargo prevista en el artículo 233 de la Constitución de la República Bolivariana de Venezuela," dando por sentada –dijo– sin actividad probatoria alguna:

> "la grave intención de la mayoría parlamentaria opositora al Gobierno Nacional, de violar la voluntad democrática del pueblo soberano, a través de un procedimiento no previsto en la Constitución, con la única finalidad de cambiar a través de una vía de hecho inconstitucional, en forma abrupta el gobierno legítimamente constituido."

O sea la Sala, de paso, en un proceso que no fue proceso, dio por probado lo que en derecho es lo más difícil probar, que es la intención de un actor, y en este caso, sin actividad probatoria y sin contradictorio alguno, de una colectividad de personas como son los diputados que conforman la mayoría en la Asamblea Nacional de cambiar de hecho el gobierno de la República.

Luego de referirse al lenguaje florido de lo que se establece en diversas normas constitucionales introducidas en la Constitución de 1999, que lamentablemente no se cumplen, sobre el "Estado venezolano al servicio de la sociedad," sobre la separación horizontal de poderes y a competencia de los órganos del Estado, todos sometidos a la legalidad, en el marco de un sistema de gobierno presidencial que como lo escribí en alguna oportunidad para distinguirlo del sistema parlamentario, y lo cita la Sala en su sentencia, se:

> "atribuye la acción de gobierno al Presidente de la República, quien es electo popularmente y para cuyo ejercicio no depende del voto de confianza de la Asamblea Nacional, cuyos miembros también son electos popularmente". (El Sistema Presidencial de Gobierno en la Constitución de Venezuela de 1999. Allan R. Brewer-Carías) [Resaltado de esta Sala].

Luego de diferenciar el sistema parlamentario del sistema presidencial, y citar un autor (Ramón Elejalde Arbeláez, *Curso de Derecho Constitucional General,* 10ª Edición 2010) quien cita entre otros al profesor español Javier Pérez Royo, distinguiendo las diversas funciones de los órganos del Estado, llegó a afirmar que supuestamente, conforme a la Constitución de 1999,

> "no le está atribuida a la Asamblea Nacional como Poder Legislativo Nacional la interpretación de la normativa constitucional, pues ello corresponde en forma exclusiva y excluyente a esta Sala Constitucional conforme lo dispuesto en el artículo 335 del Texto Fundamental, y según se desprende del análisis sobre cada uno de los órganos del Poder Público Nacional, contenido en la sentencia número 9 del 01 de marzo de 2016, (caso: *Gabriela Flores Ynserny y otros*)."

Esta afirmación es absurda y contraria a los principios que derivan de la Constitución de 1999, y que son los propios del constitucionalismo moderno. Si el órgano legislativo no puede interpretar la Constitución, ¿cómo puede ejercer su función de legislar y su función política? " La Asamblea Nacional en el orden jurídico solo tiene a la Constitución como norma que le es aplicable, para legislar y para controlar políticamente al Gobierno y a la Administración, y al hacerlo no hace otra cosa sino interpretar y aplicar la Constitución. Es falso por tanto que la interpretación de la normativa constitucional sólo corresponda en forma exclusiva y excluyente a la Sala Constitucional.

A Sala Constitucional le corresponde, al igual que a todos los órganos de todos los Poderes Públicos y a los ciudadanos interpretar la Constitución, y lo único que corresponde en forma exclusiva y excluyente a la Sala es hacerlo como Jurisdicción Constitucional, en juicio con las debidas garantías del debido proceso, y poder darle carácter vinculante a dicha interpretación que haga. Eso es todo, no significando que ello excluya la potestad de los demás órganos del Estado y en particular de la Asamblea Nacional de interpretar la Constitución para legislar y controlar conforme a sus competencias constitucionales.

IV. SOBRE EL ABANDONO DEL CARGO POR EL PRESIDENTE DE LA REPÚBLICA, CONSIDERADO EN UN *"OBITER DICTUM"* QUE MÁS BIEN FUE UNA SENTENCIA DE INCONSTITUCIONALIDAD DICTADA DE OFICIO

La Sala Constitucional, en todo caso, se insiste, sin desarrollar proceso alguno, pasó a dictar una sentencia de inconstitucionalidad, por supuesto de oficio, pues el supuesto juicio había concluido con su inadmisibilidad, considerando lo que calificó como un mecanismo "manifiestamente inconstitucional y subversivo" que fue el de la declaratoria de responsabilidad política y de abandono del cargo del Presidente, "desacatando decisiones" del Tribunal Supremo, procediendo entonces a "dilucidar" en su opinión –que supuestamente no era sentencia– lo que debía entenderse por "abandono" recurriendo para ello, a lo expresado en la página web de *Wikipedia*, en internet ("https://es.wikipedia.org/wiki/Abandono, consultado el 11 de enero de 2017"), asimilando abandono a "renuncia," recurriendo para ello a lo afirmado por Emilio Calvo Baca que cita, (*Terminología Jurídica Venezolana*, Caracas. Ediciones Libra C.A. 2011; pág. 5), en el sentido de que abandono del cargo consiste "en la dejación voluntaria, injustificada y definitiva del cargo cuya titularidad se posee," interpretando que ello es solo cuando se produce "separación física," y no como también es posible, como dejación de las funciones inherentes al cargo, todo a los efectos "de la debida interpretación y eventual implementación o aplicación del artículo 233 de la Constitución" y considerando que ese es el sentido que le ha "asignado tanto el legislador patrio como el derecho comparado a esta figura."

En apoyo, la Sala procedió a revisar las disposiciones de la Ley Orgánica del Trabajo, los Trabajadores y las Trabajadoras relativas al "abandono del trabajo" como causa justificada de despido; de la Ley del Estatuto de la Función Pública relativas al "abandono injustificado al trabajo" como causal de destitución de los funcionarios; así como diversos autores y leyes extranjeras sobre la materia, concluyendo que:

"siempre el abandono del cargo (del trabajo o de funciones), implica una separación física, voluntaria y arbitraria del trabajador (o funcionario público) y no una "presunta" ineficiencia en el desempeño de sus funciones, de lo cual se derivan tres elementos distintivos del mismo, cuales son la voluntad de dejar el cargo, que no haya motivo o justificación, y que esa ausencia sea permanente y definitiva."

Sin embargo, la Sala se abstuvo de considerar que la figura del abandono del cargo declarado por la Asamblea Nacional, distinta por supuesto a la renuncia, como formas de falta absoluta del Presidente, se regulo en la Constitución sin que se precisase los diversos casos en los cuales se puede producir, regulándose sin embargo un supuesto de abandono del cargo del Presidente, consistente en la transformación de la falta temporal en falta absoluta,[7] el cual sin embargo no agota los diversos supuestos en los cuales el abandono del cargo podría producirse. Estimamos que la Asamblea Nacional, conforme a sus competencias constitucionales, en otros casos en los cuales declare la responsabilidad política del Presidente de la República, puede estimar que el mismo ha incurrido en dejación de sus funciones (art. 222), es decir, en incumplimiento de sus obligaciones constitucionales, lo que es también un supuesto de abandono del cargo.

El Presidente de la República, en efecto, está obligado constitucionalmente a "cumplir y hacer cumplir la Constitución y la ley" (art. 236.1), por lo que el incumplimiento de esos deberes básicos en caso de que así se decida al declararse su responsabilidad política implica la dejación absoluta de sus funciones, por lo que en esos casos la Asamblea Nacional puede declarar que con ello se ha producido el abandono de su cargo, por de-

---

7   Véase sobre ello Allan R. Brewer-Carías, *La Constitución de 1999. Derecho Constitucional Venezolano*, Editorial Jurídica Venezolana, Caracas 2005, Tomo I. Véase igualmente: "Formas constitucionales de terminación del mandato del Presidente de la República," encartado en *Revista Primicia*, N° 199. Caracas, 23 de octubre 2001.

jación de sus funciones y deberes, lo que en tal caso significa declarar la falta absoluta del Presidente de la República.

Nada de ello fue analizado por la Sala en su *Obiter Dictum*, pasando en cambio a referirse, absolutamente fuera de contexto, a la sentencia de la Sala Constitucional sentencia N° 2 de 9 de enero de 2013, (caso: *Marelys Darpino)* –grandemente criticada– dictada con motivo de la falta absoluta del Presidente de la República en 2013 que le impedía por tanto tomar posesión del cargo para el cual fue reelecto, haciendo mención a lo previsto en los artículos 233 y 234 de la Constitución sobre las faltas temporales y absolutas del Presidente de la República; y a la sentencia N° 141 de 8 de marzo de 2013 –también grandemente criticada–, en la cual fijó una interpretación vinculante del mencionado artículo 233 de la Constitución. Y a continuación, después de hacer un recuento de diversas actuaciones del Sr, Nicolás Maduro como Presidente de la República, entre ellas, la presentación de su Memoria anual el 15 de enero de 2017, en lugar de ante la Asamblea Nacional en la sede del Tribunal Supremo, pasó a afirmar junto con otros, que "constituyen hechos notorios comunicacionales que evidencian la permanencia en el cargo del Presidente de la República, en forma absoluta y plena en el ejercicio de sus funciones constitucionales, relevados de demostración."

Y después de volver a constatar la Sala Constitucional que la Asamblea Nacional había procedido "por medio de actos parlamentarios írritos" a "iniciar un supuesto juicio político y ahora bajo el velo de un supuesto abandono del cargo del Jefe de Estado, con el fin último de deslegitimar y por último 'destituir' al Presidente de la República pese a las órdenes de cese dictaminadas por éste Máximo Tribunal," terminó declarando en un *"obiter dictum"* que no es una sentencia que el *abandono del cargo declarado como tal por la Asamblea Nacional* como uno de los supuestos de faltas absolutas del Presidente de la República previsto en los artículos 233 y 234 de la Constitución:

"supone que en forma voluntaria, injustificada, absoluta y permanente, la persona se separe de forma física del cargo que ostenta y por tanto no realice las funciones inherentes al mismo, siendo esto un hecho objetivo, por lo que el pretendido abandono que aprobó el Poder Legislativo Nacional bajo el argumento de encontrarse "al margen del diseño y funciones constitucionales de la presidencia" resulta evidentemente inconstitucional,"

Y declarando además, que la decisión de la Asamblea Nacional constituye:

"un desconocimiento expreso y grave del mandato democrático emanado de la soberanía popular. *Así se decide.*" (Destacado nuestro).

"Se decide" así, ¿dónde? Si de lo que se trataba era de un *Obiter dictum* y no de una sentencia que además había sido de inadmisibilidad de la acción propuesta. Nada dijo la Sala, a la cual se le olvidó que no estaba decidiendo y solo dando una opinión incidental.

V.   LA DECLARATORIA DE INCONSTITUCIONALIDAD DE LAS ACTUACIONES DE LOS DIPUTADOS A LA ASAMBLEA NACIONAL Y LA AMENAZA DE LA REVOCACIÓN JUDICIAL DE SU MANDATO Y SU ENCARCELAMIENTO

Pero no quedaron allí las "decisiones," de la Sala Constitucional adoptadas con el velo de ser "opiniones, pasando la Sala Constitucional a declarar

"la clara, manifiesta y abiertamente objetiva rebeldía al mandato de amparo dictado por esta Sala por la actividad parlamentaria contumaz destinada a alterar la estabilidad de la Nación y, por ende, el orden público constitucional, al perpetuar instigaciones contra autoridades y Poderes Públicos, en concreto al pretender declarar un supuesto abandono de cargo del Jefe de Estado, así como otras actuaciones al margen de los derechos constitucionales y del orden jurídico constitucional.

Y de ello, declarado que "la mayoría opositora al Gobierno Nacional en la Asamblea Nacional […] se encuentra en "anomia" constitucional que degenera el caos que se ha procurado para sí misma, en su afán de inquirir la inestabilidad para el Estado, su gobierno y su pueblo soberano," en violación de la Constitución, volviendo a declarar en el *Obitur Dictum*, la Asamblea Nacional

> "eligió una ilegítima nueva Junta Directiva de la Asamblea Nacional, cuyos actos son nulos de nulidad absoluta, al haberse instaurado al margen de la Constitución y del ordenamiento jurídico, derivada del permanente desacato en que se encuentra la Junta Directiva designada el 5 de enero de 2016, como se declaró en sentencia número 02 del 11 de enero de 2017. Así se decide.

De nuevo cabe la pregunta, ¿"así se decide" donde?, si de lo que se trataba era de una opinión y no de una sentencia. Otro olvido de la Sala, al cual siguieron varios otros "Así se decide", entre ellos el del nuevo desacato a la sentencia Nº 948, de 15 de noviembre de 2016, que ordenó a los diputados abstenerse de

> "continuar con el pretendido juicio político y, en definitiva, de dictar cualquier tipo de acto, sea en forma de acuerdo o de cualquier otro tipo, que se encuentre al margen de sus atribuciones constitucionales y que, en fin, contraríe el Texto Fundamental, de conformidad con la jurisprudencia de esta Sala Constitucional."

Concluyendo la sentencia con la decisión de remitir los autos a los órganos que integran el Consejo Moral Republicano, para que inicien la investigación que determine la responsabilidad penal individual de los diputados que integran el denominado Bloque de la Unidad, "por la presunta comisión del delito de conspiración para destruir la forma republicana que se ha dado la nación, tipificado en el artículo 132 del Código Penal, así como, por la presunta usurpación de funciones, desviación de poder y por violación de la Constitución," para que como consecuencia "se conozca y decida" sobre el desacato de la medida de amparo cautelar dictada por las Salas del Tribunal Supremo, "a la luz de lo dispuesto en el artículo 31 de la Ley Orgánica de Amparo sobre Derechos y Garantías Constitucionales. Así se decide." Si, de nuevo "así lo decidió" la Sala en una supuesta simple opinión incidental.

Esto por supuesto, no es otra cosa que el llamado directo de la Sala Constitucional a que se entable una querella penal, que sin duda será ante la propia Sala Constitucional, para que conforme a la doctrina sentada por la misma respecto del desacato a una medida de amparo cautelar, se proceda a aplicar lo decidido en el caso de los Alcaldes Vicencio Scarano Spisso y Daniel Ceballo, iniciada con la sentencia N° 138 de 17 de marzo de 2014,[8] y completada con la sentencia N° 263 de 11 de abril de 2014,[9] en la cual la Sala, usurpando las competencias de la Jurisdicción Penal, se arrogó la potestad sancionatoria penal en materia de desacato a decisiones de amparo, violando todas las garantías más elementales del debido proceso, ordenando su detención y "cesando" definitivamente a los Alcaldes "en el ejercicio de sus funciones," que no fue otra cosa que una inconstitucional revocatoria judicial de un mandato popular; y proceder a revocarle el mandato a los diputados y a encarcelarlos acabando definitivamente con la representación popular en el país.

Ciudad de México, 31 de enero de 2017

---

8   Véase en http://www.tsj.gov.ve/decisiones/scon/marzo/162025-138-17314-2014-14-0205.HTML.

9   Véase en http://www.tsj.gov.ve/decisiones/scon/abril/162992-263-10414-2014-14-0194.HTML. Véase sobre estas sentencias: Allan R. Brewer-Carías, "La ilegítima e inconstitucional revocación del mandato popular de Alcaldes por la Sala Constitucional del Tribunal Supremo, usurpando competencias de la Jurisdicción penal, mediante un procedimiento "sumario de condena y encarcelamiento. (El caso de los Alcaldes Vicencio Scarno Spisso y Daniel Ceballo)," en *Revista de Derecho Público*, N° 138 (Segundo Trimestre 2014, Editorial Jurídica Venezolana, Caracas 2014, pp. 176-213.

QUINTA PARTE:

LA SALA CONSTITUCIONAL USURPANDO TODOS LOS PODERES DEL ESTADO EN UN JUICIO SIN PROCESO, DONDE DECRETÓ INCONSTITUCIONALMENTE UN ESTADO DE EXCEPCIÓN Y ELIMINÓ LA INMUNIDAD PARLAMENTARIA

(Sentencia N° 155 de la Sala Constitucional)

Con la sentencia N° 155 de 27 de marzo de 2017, dictada por la Sala Constitucional, anulando el *Acuerdo de la Asamblea Nacional sobre la Reactivación del Proceso de Aplicación de la Carta Interamericana de la OEA, como mecanismo de resolución pacífica de conflictos para restituir el orden constitucional en Venezuela* [1] que había sido dictado seis días antes, es decir, el 21 de marzo de 2017, puede decirse que en Venezuela se ha consolidado definitivamente una dictadura judicial conducida por el Tribunal Supremo de Justicia, actuando y dictando sentencias arbitrarias, es decir, literalmente, como le da la gana, sin importarle lo que pueda decir la Constitución o la ley, sin respetar las formas procesales constitucionales ni legales, y violando todos los principios más elementales del derecho y del proceso.

En efecto, la Sala Constitucional desarrolló un "juicio" de nulidad de un acto parlamentario, sin proceso alguno, y por tanto, sin contradictorio, violando las reglas más elementales del debido proceso, dictando medidas cautelares de oficio des-

---

1   Sentencia N° 155 de 27 de marzo de 2017, en http://historico.tsj.gob.ve/decisiones/scon/marzo/197285-155-28317-2017-17-0323.HTML.

pués de que el juicio había terminado, es decir, sin que hubiera juicio porque el que realizó de anulación, que tuvo una duración de solo tres (3) días, ya había concluido con la anulación del acto impugnado. En dichas "medidas cautelares," entre otras decisiones, procedió a ordenarle, ni siquiera a permitirle aun inconstitucionalmente, sino a ordenarle al Presidente de la República a comenzar a gobernar "formal" y abiertamente violando la Constitución, para lo cual "decretando" inconstitucionalmente un Estado de Excepción, le otorgó una especie de "patente de corso" para que ignorara lo que podía quedar del ordenamiento jurídico y decidiera también como le venga en gana.

Finalmente, en la sentencia dictada, como se dijo, en un juicio sin proceso, la Sala Constitucional, violando el principio dispositivo que consagra la propia Ley que la rige, decidió iniciar un juicio para el "control innominado de la constitucionalidad" de no se sabe qué actos, pero serán los que le dé la gana; y de paso, eliminó la inmunidad parlamentaria de la mayoría de los diputados electos en diciembre de 2015.

I. SOBRE EL JUICIO "EXPRÉS," DESARROLLADO SIN PROCESO, CONSIDERADO COMO DE "MERO DERECHO," EN VIOLACIÓN DEL DEBIDO PROCESO

1. El acto parlamentario impugnado

La Asamblea, como se dijo, dictó el Acuerdo *sobre la Reactivación del Proceso de Aplicación de la Carta Interamericana de la OEA, como mecanismo de resolución pacífica de conflictos para restituir el orden constitucional en Venezuela,* el día viernes 21 de maro de 2017, y no habiendo sido días hábiles los días sábado y domingo 22 y 23, dictó sentencia el día jueves 27, es decir, en un juicio sin proceso que duró sólo tres (3) días. [2]

---

2   O si se quiere, una anulación "sin juicio." Véase José Ignacio Hernández, ¿Qué dijo la Sala Constitucional sobre la AN y la Carta Democrática?, en *Prodavinci*, 28 de marzo de 2017, en http://prodavinci.com/blogs/que-dijo-

En el acto impugnado, cuyo contenido ni siquiera fue copiado en el texto de la sentencia, la Asamblea Nacional, se limitó a expresar una opinión o criterio de que luego que desde mayo de 2016 la Asamblea Nacional hubiera instado la actuación de la OEA en relación con la crisis social e institucional del país mediante informe enviado al Secretario General de esta organización, la evolución de la situación del mismo revelaba lo que era obvio, es decir, "una agudización del desmantelamiento de la institucionalidad democrática y de la persecución política, aunada a la creciente crisis humanitaria," lo que hacía "aún más grave y palmaria la alteración del orden constitucional y democrático que sufre Venezuela, limitándose entonces el Acuerdo a "apoyar la convocatoria inmediata" del Consejo Permanente de la OEA, instándolo a que luego de hacer una "apreciación colectiva de la situación del país y en especial de la alteración del orden constitucional y democrático," acudiera "con urgencia a los mecanismos previstos en el artículo 20 de la Carta Democrática Interamericana, para restituir el derecho al voto y garantizar la celebración de elecciones oportunas y en igualdad de condiciones."

La Asamblea además, requirió, que en adición a la realización de las elecciones que han sido postergadas como lo expresó en uno de los Considerandos del Acuerdo, esos mecanismos asegurasen también:

"1. La liberación inmediata de todos los presos políticos. 2. El establecimiento de un canal humanitario que permita el acceso inmediato de alimentos y medicinas a la población. 3. El respeto de las facultades constitucionales de la Asamblea Nacional. 4. La separación de poderes y, en particular, la autonomía e independencia constitucional en la composición y funcionamiento del Tribunal Supremo de Justicia y del Consejo Nacional Electoral. Y 5. El respeto, protección y garantía de los derechos humanos."

---

la-sala-constitucional-sobre-la-an-y-la-carta-democratica-por-jose-ignacio-hernandez/.

Adicionalmente la Asamblea exhortó "a los Gobiernos de los Estados partes de la OEA, a que respalden, por medio de los respectivos representantes diplomáticos, la discusión en el Consejo Permanente de la severa crisis humanitaria e institucional que padece Venezuela, y la adopción de medidas efectivas que favorezcan una pronta canalización electoral del conflicto político y social."

2. *Un juicio "exprés" contra una manifestación de opinión política*

Es decir, se trató pura y simplemente de una manifestación pública de expresión u opinión política efectuada por la Asamblea Nacional por el voto de la mayoría de sus miembros, en la cual lo que hizo fue limitarse a apoyar, instar o exhortar a que se adoptasen las medidas previstas en los compromisos internacionales de la República como los derivados de la Carta Democrática Interamericana, y nada más.

El juicio de nulidad, por tanto, se desarrolló contra la manifestación o expresión de la opinión política de la Asamblea, iniciándose el mismo mediante un recurso de nulidad por inconstitucionalidad intentado por un diputado a la Asamblea Nacional, contra dicha opinión política contenida en el Acuerdo, que fue presentado ante la Secretaría de Sala el día sábado 22 de marzo de 2017, fecha en la cual, dice la sentencia "se dio cuenta en Sala" del expediente, es decir, todos los magistrados que integran la Sala estaban allí presentes muy diligentemente el día sábado, que no es día judicialmente hábil, procediendo a designar ese mismo día como Ponente al propio Presidente de la Sala, aun cuando posteriormente, el propio día en el cual se dictó la sentencia, los magistrados acordaron decidir la "causa" bajo "ponencia conjunta" de todos, pasando de inmediato a dictar su sentencia.

3. *La denuncia de desacato y la petición de enjuiciamiento por traición a la patria*

El recurso de nulidad intentado, después de hacer el recuento de todas las sentencias adoptadas por la Sala durante el año 2016, en las cuales fue cercenando progresivamente las funciones, atribuciones y competencias legislativas de la Asamblea Nacional,[3] y referirse a la situación de "desacato" que el recurrente le atribuyó a la Asamblea Nacional de la cual formaba parte, solicitó a la Sala Constitucional que declarase "la nulidad por inconstitucionalidad" tanto de la sesión de la Asamblea celebrada el 21 de marzo de 2017 como del Acuerdo parlamentario impugnado:

> "por haberse realizado en franco desacato y desconocimiento de lo ordenado en la sentencia de la Sala Electoral N° 260 de fecha 30 de diciembre de 2015, criterio confirmado por la sentencia de la Sala Constitucional N° 808 del 2 de septiembre de 2016, así como el desacato al mandamiento de amparo constitucional dictado en sentencia N° 948 del 15 de noviembre de 201 (sic); y porque dicho acuerdo contradice principios fundamentales de nuestro orden Republicano, que tienen expresión en los artículos 1,2,3,5,7 y 326 de la Constitución de la República Bolivariana de Venezuela."

El recurrente además de insistir en su demanda que se "declare nula e inexistente esta nueva incursión antidemocrática que está asumiendo el Parlamento en contra del Estado de Derecho y que por lo tanto, anule de manera absoluta e inequívoca," le solicitó que estimase la posibilidad de exhortar:

> "a los órganos que integran el Consejo Moral Republicano y demás órganos e instituciones del Poder Público Nacional que estime pertinentes, a fin de que se inicie la investigación que determine la responsabilidad penal individual de los diputados y

---

3   Véase sobre esas sentencias Allan R. Brewer-Carías, *Dictadura Judicial y perversión del Estado de derecho*, Segunda Edición, (Presentaciones de Asdrúbal Aguiar, José Ignacio Hernández y Jesús María Alvarado), N° 13, Editorial Jurídica Venezolana, 2016.

diputadas de la Asamblea Nacional que integran el denominado Bloque de la Unidad, ya que sus actuaciones constituyen un franco desacato a las sentencias y mandamientos de amparo constitucional de este máximo tribunal, además de la comisión del delito de **Traición a la Patria**, previsto y sancionado en el Código Penal venezolano" (*destacado en el original*)

4. *El juicio expreso de mero derecho y la violación del debido proceso*

Ante la petición formulada a la Sala Constitucional, lo primero que la misma hizo fue exonerarse a sí misma de la obligación constitucional de desarrollar un proceso que conforme al artículo 257 de la Constitución constituye "el instrumento fundamental para la realización de la justicia," procediendo a declarar el asunto como de "mero derecho," es decir, en términos de la jurisprudencia que citó la Sala, y que se remonta al año 2000, cuando exista una "*controversia*" (y la controversia solo puede existir si hay proceso y partes contradictorias en el mismo), que "esté circunscrita a cuestiones de mera doctrina, a la interpretación de un texto legal o de una cláusula contractual o de otro instrumento público o privado;" en la cual no hay "discusión sobre hechos," (y *discusión* que solo se puede producir entre partes, que discuten), razón por la cual "no se requiere apertura de lapso probatorio, sino que basta el estudio del acto y su comparación con las normas que se dicen vulneradas."

Sin embargo, siguiendo igualmente la doctrina jurisprudencial que cita, por ser el asunto de mero derecho consideró "innecesario el llamado a los interesados para que hagan valer sus pretensiones –sea en defensa o ataque del acto impugnado- por no haber posibilidad de discusión más que en aspectos de derecho y no de hecho."

Es decir, reconoció la Sala que si bien sí hay posibilidad de discusión, ello solo se referiría a aspectos "de derecho," pero ello, por lo visto, no tenía ni tiene importancia alguna para la Sala, es decir, la discusión entre partes con posiciones contradictorias sobre temas jurídicos no tiene importancia alguna, procediendo entonces a entrar a decidir "sin más trámites el presente asunto. Así se decide."[4]

En el caso debatido, por supuesto donde debió haberse dado inicio a un proceso constitucional, a los efectos de debatirse la cuestión "de mero derecho" entre las partes involucradas, que eran, nada más ni nada menos, por una parte, el recurrente, que fue un solo diputado, electo por el Estado Bolívar; y por la otra, los 90 diputados que aprobaron el Acuerdo impugnado, electos en todos los Estados del país, y que sin duda tenían sus razones y motivos de derecho que debían ventilar ante el juez, o si se quiere, como lo identificó la Sala, el pueblo como "agraviado directo" lo que exigía oír a sus representantes electos que eran dichos diputados.

La garantía del debido proceso, en los términos sentados por el mismo Tribunal Supremo, "es un *principio absoluto* de nuestro sistema en cualquier procedimiento o proceso y en cualquier estado y grado de la causa,"[5] el cual ni siquiera puede ser desconocido ni siquiera por el legislador,[6] habiendo precisado con claridad, la misma Sala Constitucional que:

---

4   Las sentencia citadas para apoyar la decisión de declarar de mero derecho el juicio, y desarrollarlo sin partes, en violación de la garantía del debido proceso, fueron las siguientes: sentencia de 20 de junio de 2000 (Caso: *Mario Pesci Feltri Martínez vs. la norma contenida en el artículo 19 del Decreto emanado de la Asamblea Nacional Constituyente, que creó el Régimen de Transición del Poder Público*); sentencia n° 1077 del 22 de septiembre de 2000 (caso: *Servio Tulio León*). La Sala citó además, como precedentes las sentencias números 445/2000, 226/2001, 1.684/2008, 1.547/2011 y 09/2016.

5   Véase sentencia de la Sala de Casación Civil en sentencia N° 39 de 26 de abril de 1995 (Caso: *A.C. Expresos Nas vs. Otros), en* en *Jurisprudencia Pierre Tapia*, N° 4, Caracas, abril 1995, pp. 9-12.

6   Por ello, ha sido por la prevalencia del derecho a la defensa que la Sala Constitucional, siguiendo la doctrina constitucional establecida por la antigua Corte Suprema de Justicia, ha desaplicado por ejemplo normas que consagran el principio *solve et repete* como condición para acceder a la justicia contencioso-administrativa, por considerarlas inconstitucionales. Véase

"las limitaciones al derecho de defensa en cuanto derecho fundamental derivan por sí mismas del texto constitucional, y si el Legislador amplía el espectro de tales limitaciones, las mismas devienen en ilegítimas; esto es, la sola previsión legal de restricciones al ejercicio del derecho de defensa no justifica las mismas, sino en la medida que obedezcan al aludido mandato constitucional."[7]

El derecho a la defensa, por tanto, es un derecho constitucional absoluto, "inviolable" en todo estado y grado de la causa dice la Constitución, el cual corresponde a toda persona, sin distingo alguno si se trata de una persona natural o jurídica, por lo que no admite excepciones ni limitaciones;[8] siendo "un derecho fundamental que nuestra Constitución protege y que es de tal naturaleza, que no puede ser suspendido en el ámbito de un estado de derecho, por cuanto configura una de las bases sobre las cuales tal concepto se erige."[9]

Pero por lo visto, nada de ello tiene valor ni importancia para la Sala Constitucional cuando se trata de cercenarle sus potestades y funciones a los representantes del pueblo. El pueblo, a quien como se dijo la sala identificó en la sentencia como

---

Sentencia N° 321 de 22 de febrero de 2002 (Caso: *Papeles Nacionales Flamingo, C.A. vs. Dirección de Hacienda del Municipio Guacara del Estado Carabobo* Véase en *Revista de Derecho Público*, N° 89-92, Editorial Jurídica Venezolana, Caracas 2002.

7   *Idem.*

8   Por ello, por ejemplo, la Corte Primera de lo Contencioso Administrativo, en sentencia 15-8-97 (Caso: *Telecomunicaciones Movilnet, C.A. vs. Comisión Nacional de Telecomunicaciones (CONATEL)* señaló que. "resulta inconcebible en un Estado de Derecho, la imposición de sanciones, medidas prohibitivas o en el general, cualquier tipo de limitación o restricción a la esfera subjetiva de los administrados, sin que se de oportunidad alguna de ejercicio de la debida defensa". Véase en *Revista de Derecho Público*, N° 71-72, Caracas 1997, pp. 154-163.

9   Así lo estableció la Sala Político Administrativa de la antigua Corte Suprema de Justicia, en sentencia N° 572 de 18-8-97. (Caso: *Aerolíneas Venezolanas, S.A. (AVENSA) vs. República (Ministerio de Transporte y Comunicaciones)*.

"agravado directo," en definitiva no merece ser oído a través de sus representantes, pues la Sala es la que gobierna, sin derecho. Y así, en solo tres días, la Sala Constitucional procedió a anular el Acuerdo parlamentario impugnado sin haberse enterado siquiera de los motivos y argumentos que los diputados que lo aprobaron esgrimieron para ello.

II. UNA SENTENCIA DE NULIDAD DE UN ACUERDO PARLAMENTARIO DICTADA SIN MOTIVACIÓN ALGUNA EN VIOLACIÓN AL DEBIDO PROCESO

Para dictar su sentencia de nulidad del Acuerdo impugnado, la Sala solo tomó en cuenta lo que le advirtió el diputado recurrente, en el sentido de que dicho Acuerdo sobre la "Reactivación del Proceso de Aplicación de la Carta Interamericana de la OEA, como mecanismo de resolución pacífica de conflictos para restituir el orden constitucional en Venezuela," supuestamente constituía:

> "una nueva expresión de su voluntad abierta de no acatar la Constitución de la República Bolivariana de Venezuela y, específicamente, las sentencias números 260 del 30 de diciembre de 2015, 1 del 11 de enero de 2016 y 108 del 1 de agosto de 2016   de la Sala Electoral y las números 269 del 21 de abril de 2016, 808 del 2 de septiembre de 2016, 810 del 21 de septiembre de 2016, 952 del 21 de noviembre de 2016, 1012, 1013, 1014 del 25 de noviembre de 2016 y 2 del 11 de enero de 2017, de esta Sala Constitucional."

La Sala Constitucional, con base en este solo alegato, consideró que "los mandamientos contenidos en esos fallos no son de ejercicio potestativo para el órgano del Poder Público al cual fueron dirigidos" sino "que son de obligatorio cumplimiento, so pena de las consecuencias jurídicas que el ordenamiento venezolano ha dispuesto para el respeto y mantenimiento del orden público constitucional y más aún para el respeto y preservación del sistema democrático," constatando que la Asamblea Nacional había "abiertamente incumplido" con sus sentencias "(entre otras, las sentencias N° 3 del 14 de enero de 2016; N° 615 del 19 de julio de 2016 y N° 810 del 21 de septiembre de 2016)," de lo cual, a juicio de la Sala:

> "se evidencia que efectivamente existe una clara intención de mantenerse en franco choque con la Constitución, sus principios y valores superiores, así como en desacato permanente de las sentencias dictadas por la Sala Electoral y por esta Sala Constitucional, al punto de que su incumplimiento ya no sólo responde a una actitud omisiva sino que en acto de manifiesta agresión al pueblo como representante directo de la soberanía nacional, existe una conducta que desconoce gravemente los valores superiores de nuestro ordenamiento jurídico, como son la paz, la independencia, la soberanía y la integridad territorial, los cuales constituyen actos de **"Traición a la Patria"**, como lo ha referido el recurrente. "

Aparte de lo absurdo de sugerir que sea "traición a la patria" considerar que Venezuela se debe regir por lo que establece la Carta Democrática Interamericana,[10] basta leer esta afirmación para constatar que contrariamente a lo que afirmó arbitrariamente la Sala, el asunto decidido *no era de mero derecho*: la Sala hizo referencia a "la *clara intención*" de los diputados de violar la Constitución. La intención del autor de un acto es una cuestión de hecho, que requiere prueba; no es una cuestión de mero derecho.

Agregó además la Sala que el supuesto desacato a sus sentencias denunciado para fundamentar el recurso de nulidad "ya no sólo responde a una actitud omisiva sino que en acto de

---

10   Como lo expresó José Ignacio Hernández: "la aplicación de la CDI no puede constituir el delito de traición a la patria, pues esa Carta es un Acuerdo Internacional asumido soberanamente por el Estado venezolano, que es además de directa y preferente aplicación en Venezuela. Aplicar la CDI equivale a aplicar la Constitución. Y nadie que invoque la Constitución puede incurrir en traición a la patria." Véase José Ignacio Hernández, ¿Qué dijo la Sala Constitucional sobre la AN y la Carta Democrática?, en *Prodavinci*, 28 de marzo de 2017, en http://proda-vinci.com/blogs/que-dijo-la-sala-constitucional-sobre-la-an-y-la-carta-democratica-por-jose-ignacio-hernandez/.

manifiesta agresión al pueblo." De nuevo, la intencionalidad que resulta de la supuesta "manifiesta agresión " que se atribuye a los diputados que aprobaron el Acuerdo no es una cuestión de mero derecho, es una cuestión de hecho que requería prueba, para poder concluir que los diputados realizaron con intención una "manifiesta agresión" al pueblo que ellos mismos representan en la Asamblea.

Y basta para constatar que el asunto no era de mero derecho, sino que se trataba de una cuestión de prueba que requería de un contradictorio, el hecho de que para decidir, la Sala solo se basó en la *información sobre los hechos* que acaecieron en sesión de la Asamblea Nacional según fueron se reseñados en la página web oficial de la Asamblea Nacional (http://www.asambleanacional.gob.ve/noticia/show/id/17508) que se transcribió en la sentencia.

Del análisis de los hechos, que la Sala negó posibilidad alguna de discutir, concluyendo *motu proprio* que en la controversia planteada, en un juicio sin proceso ni partes, la Sala Constitucional debía "hacer frente a una situación de inconstitucionalidad, que afecta no sólo la esfera individual de los legisladores que no se encuentran en esa situación omisiva, sino que por la función que les ha sido encomendada, afectan al colectivo, en este caso, al pueblo que es en quien reside –como antes se apuntó- la soberanía nacional;" considerando entonces en definitiva, que en el juicio:

> "el agraviado directo en esta acción es el pueblo de la República Bolivariana de Venezuela, quien tiene la expectativa plausible y la confianza legítima en sus autoridades elegidas mediante la democracia como sistema de gobierno, de que los valores superiores consagrados en la Carta Magna y los principios constitucionales sean efectivamente garantizados, impidiendo toda actuación que busque una injerencia de autoridad extranjera sea cual fuese su naturaleza; ello porque constituye una ofensa grave a la norma suprema del Estado Venezolano, la cual debe ser cumplida a cabalidad por todos los órganos del

Poder Público, y esta Sala en ejercicio de la jurisdicción constitucional, está llamada a evitar se produzcan ilícitos constitucionales que atenten contra la independencia y soberanía nacional y conlleven a la ruptura del orden y del hilo constitucional base del Estado Democrático y Social de Derecho y de Justicia, que el pueblo de Venezuela se ha dado mediante votación universal."

Y eso es todo lo que la Sala Constitucional argumentó sobre posibles "vicios de inconstitucionalidad" del acto impugnado, negándole a los representantes del pueblo que declaró como "el agraviado directo" en el juicio, la posibilidad precisamente de poder argumentar en representación del pueblo, pasando, sin motivación real alguna, a concluir su sentencia, sin más, afirmando que:

"debe anular el acto impugnado que adolece *del vicio de inconstitucionalidad antes examinado* (sic) y, asimismo, ordenar se tomen medidas de alcance normativo *erga omnes*, a fin de propender a la estabilidad de la institucionalidad republicana. Así se decide."

Y así, por tanto, sin siquiera identificar el vicio de inconstitucionalidad supuestamente examinado, la Sala concluyó anulando el Acuerdo parlamentario, y con sentencia definitiva, el mismo juicio "express."

Con la sentencia anulatoria del Acuerdo de la Asamblea Nacional, que fue el acto impugnado en el juicio, por tanto, el juicio desarrollado, aun cuando sin proceso ni partes, terminó, y ninguna otra decisión podía adoptarse en el expediente, y menos, medida cautelar alguna que como es bien sabido y la Sala lo expresó en la sentencia solo se puede dictar antes de que se dicte la sentencia definitiva, y su duración es mientras se dicta la misma.

Pero en la bizarra "Justicia Constitucional" venezolana ninguno de estos principios tiene valor, y después de concluido el juicio mediante sentencia definitiva anulatoria, la Sala Constitucional, por una parte, *inició de oficio un nuevo juicio*, es decir, sin que nadie se lo pidiera lo que está prohibido en el ordenamiento jurídico venezolano donde priva el principio dispositivo, dispuso que se iniciase un juicio de "control innominado de la constitucionalidad," y por la otra, procedió a *dictar una serie de medidas cautelares*, sin juicio, pues al que se refieren las mismas ya había concluido, y el nuevo que había ordenado iniciar, no se había comenzado.

III. EL ILEGAL INICIO, DE OFICIO, DE UN NUEVO PROCESO CONSTITUCIONAL DE "CONTROL INNOMINADO DE LA CONSTITUCIONALIDAD" DE NO SE SABE QUÉ.

En efecto, como es sabido, la Sala Constitucional en Venezuela, como sucede en general en el mundo con los Jueces Constitucionales, no puede iniciar de oficio proceso constitucional alguno, razón por la cual incluso el artículo 32 de la Ley Orgánica del Tribunal Supremo dispone que el ejercicio de la Jurisdicción Constitucional "sólo corresponderá a la Sala Constitucional en los términos previstos en esta Ley, mediante demanda popular de inconstitucionalidad," es decir, conforme al principio dispositivo, no siendo aplicable dicho principio única y exclusivamente cuando se trata de "suplir, de oficio, las deficiencias o técnicas del demandante por tratarse de un asunto de orden público."[11] Ello lo ratificó el artículo 89 de la misma Ley Orgánica garantizando el principio dispositivo al establecer que el Tribunal Supremo de Justicia "conocerá de los asuntos que le competen *a instancia de parte interesada*," siendo la única excepción solo la actuación "de oficio en los casos que disponga la ley."[12]

---

11   Véase sobre ello, Allan R. Brewer-Carías, y Víctor Hernández Mendible, *Ley Orgánica del Tribunal Supremo de Justicia*, Editorial Jurídica Venezolana, Caracas 2010, pp. 57 y 75 ss.

12   Sobre esta materia véase Allan R. Brewer-Carías, "Régimen y alcance de la actuación judicial de oficio en materia de justicia constitucional en Venezuela", en *Revista IURIDICA*, N° 4, Centro de Investigaciones Jurídicas Dr. Aníbal Rueda, Universidad Arturo Michelena, Valencia, julio-diciembre 2006, pp. 13-40.

No hay forma, por tanto, de que en Venezuela el Tribunal Supremo proceda a iniciar un juicio de inconstitucionalidad, ni siquiera inventándole el carácter de "control innominado de inconstitucionalidad" de oficio, sin instancia de parte, pues dicho "proceso" no existe en el ordenamiento constitucional venezolano.[13]

Pero ello, por lo visto no importó, pues la Sala Constitucional, como "máxima y última intérprete de la Constitución," y como garante de "la supremacía y efectividad de las normas y principios constitucionales," a juicio de la misma por lo visto puede simplemente hacer lo que le venga en gana, pudiendo proceder ante "cualquier acción u omisión de los órganos y particulares que conlleve el desconocimiento del vértice normativo del ordenamiento jurídico de la República" a "declarar la nulidad de todas las actuaciones que la contraríen," así no haya un juicio iniciado por una parte.

La Sala pasó entonces a citar en apoyo de su declaración diversas sentencias en las cuales se analizó el principio de la supremacía constitucional y la naturaleza de la Justicia Constitucional y de la Jurisdicción Constitucional que corresponde a la Sala,[14] declarando que la jurisprudencia allí sentada "es absolutamente conforme con lo dispuesto en la Carta de la Organización de los Estados Americanos," copiando a tal efecto diversas normas de la misma (arts. 1, 2, 3, 19 y 20); para luego, "teniendo en cuenta lo antes expuesto," pasar a afirmar que:

---

13   Con razón José Ignacio Hernández indica que "en el Derecho venezolano no existe tal cosa como un "proceso de control innominado de la constitucionalidad." Véase José Ignacio Hernández, ¿Qué dijo la Sala Constitucional sobre la AN y la Carta Democrática?, en *Prodavinci*, 28 de marzo de 2017, en http://prodavinci.com/blogs/que-dijo-la-sala-constitucional-sobre-la-an-y-la-carta-democratica-por-jose-ignacio-hernandez/.

14   Citando las sentencias N° 1415 del 22 de noviembre de 2000; N° 33 del 25 de enero de 2001 y N° 1309 del 19 de julio de 2001.

"es notoriamente comunicacional que luego de dictado el acto declarado nulo en esta sentencia, han venido ocurriendo otras acciones e, incluso, omisiones, que también pudieran atentar de forma especialmente grave contra el sistema de valores, principios y normas previstas en la Constitución de la República Bolivariana de Venezuela, y, en fin, contra la estabilidad de la República, de la Región y de la más elemental noción de justicia universal, razón por la que, conforme a lo dispuesto en los artículo 7, 137, 253, 266, 322, 326, 333, 334, 335, 336 y 350 del Texto Fundamental, en armonía con sus artículos 337 y siguientes, en razón del Estado de Excepción vigente en la República (ver sentencia n. 113 del 20 de marzo de 2017); esta Sala Constitucional, en tanto máxima y última intérprete del Texto Fundamental, ordena **de oficio** la apertura de un proceso de control innominado de la constitucionalidad (cuyo expediente se iniciará con copia certificada de la presente decisión), para garantizar los derechos irrenunciables de la Nación y de las venezolanas y venezolanos, los fines del Estado y la tutela de la justicia, la independencia y soberanía nacional (ver, entre otros, los artículos, 1, 2, 3 y 5 *eiusdem*), el cual se seguirá conforme a lo previsto en los artículos 128 y siguientes de la Ley Orgánica del Tribunal Supremo de Justicia y en la jurisprudencia de esta Sala. Así se decide."

Por supuesto, para tomar esta decisión, de iniciar de oficio un nuevo juicio de "control innominado de inconstitucionalidad," "*respecto de los actos señalados en la presente decisión*, cuyo expediente iniciará con copia certificada de la misma," la verdad es que nadie sabe de qué, ni contra qué, ni contra quién, ni si se trata de un juicio basado en la idea de "justicia universal" y que por tanto, el poder anulatorio de la Sala pueda llegar a las decisiones que puedan adoptar los propios organismos internacionales.

En todo caso, con las cenizas del juicio que había fenecido con la sentencia definitiva de nulidad, al iniciar este nuevo juicio de oficio, la Sala ignoró y violó lo expresamente previsto en los citados artículos 32 y 89 de la misma Ley Orgánica del Tribunal Supremo de Justicia, que le prohíben iniciar procesos constitucionales de oficio.

Sin embargo, ello por lo visto nada importa, procediendo la Sala a ordenar que se notificara de la decisión a diversos funcionarios y en este caso, si, se procediera a "ordenar el emplazamiento de los interesados mediante cartel," y con base en el expediente del juicio fenecido, se "continúe el procedimiento. Así se decide."

IV. LAS INCONSTITUCIONALES MEDIDAS CAUTELARES DICTADAS FUERA DE ALGÚN PROCESO, DE OFICIO

Después de concluir el juicio de nulidad que originó la sentencia de anulación, que fue una sentencia definitiva, y después de ordenar que se iniciase de oficio un nuevo juicio, que debía comenzar con el expediente del juicio fenecido, la Sala Constitucional, antes de que se iniciara, procedió a dictar una serie de "medidas cautelares," las cuales por esencia solo pueden dictarse en el curso de un proceso, pero nunca en una situación de ausencia de juicio, como en este caso, luego de que el juicio de nulidad había terminado y el nuevo juicio que se ordenó iniciar de oficio, no había comenzado.

Pero de nuevo, para la Sala Constitucional ningún principio procesal importa, pues la misma puede hacer lo que le venga en gana.

Y así, la Sala procedió a analizar las previsiones sobre medidas cautelares contenidas precisamente en el Capítulo II de la Ley Orgánica del Tribunal Supremo sobre *"De los procesos ante la Sala Constitucional"*, relativas precisamente a "las potestades cautelares generales que ostenta la Sala Constitucional *con ocasión de los procesos jurisdiccionales* tramitados en su seno." Y de nuevo pasó a hacer referencia a jurisprudencia anterior donde trató el tema de las medidas cautelares como "instrumento cardinal para salvaguardar la situación jurídica de los justiciables," constituyendo "la garantía de la ejecución del fallo definitivo," [15] pero considerando que "no se encuen-

---

15   Citando las sentencias N° 269 del 25 de abril de 2000, (caso: *ICAP*); N° 1.025 del 26 de octubre de 2010 (caso: *"Constitución del Estado Táchira"*).

tran sujetas al principio dispositivo y, por tanto, operan incluso de oficio." pero por "su instrumentalidad" y, por ello, al "no constituir un fin por sí mismas," siempre "son provisionales y, en consecuencia, fenecen cuando se produce la sentencia que pone fin al proceso principal."

Y así, sin más, sin identificar en cuál "juicio principal" pretendía dictar medidas cautelares, si en el juicio sin proceso terminado mediante sentencia definitiva de anulación, lo que ya no era posible; o en el proceso que había ordenado iniciar, pero en el cual aún no había comenzado el juicio, procedió a dictar medidas cautelares, motivada la Sala por:

> "las inéditas acciones que afectan la paz y soberanía nacional y ante el reiterado comportamiento contrario al orden jurídico internacional que ha venido ejecutando el actual Secretario General de la Organización de Estados Americanos (OEA), lesivo a los principios generales del derecho internacional y a la propia Carta de la Organización de Estados Americanos"

Con base en esta sola motivación, la Sala entonces procedió a *ordenar* al Presidente de la República "en atención a lo dispuesto en el artículo 236.4, en armonía con lo previsto en los artículos 337 y siguientes" de la Constitución, "en ejercicio de la jurisdicción constitucional," una serie de medidas todas inconstitucionales, que se indican a continuación, usurpando las funciones del propio Poder Ejecutivo y del Poder Legislativo, desconociendo de paso la inmunidad parlamentaria.

1. *Órdenes al Presidente usurpando sus propias funciones como Jefe del Poder Ejecutivo en materia de dirección de las relaciones exteriores*

La primera medida cautelar que dictó la Sala fue ordenar inconstitucionalmente al Presidente de la República a que:

> "proceda a ejercer las medidas internacionales que estime pertinentes y necesarias para salvaguardar el orden constitucional."

Con este solo enunciado, la Sala Constitucional usurpó la competencia exclusiva del Presidente de la República de "dirigir las relaciones exteriores de la República" establecida en el artículo 236.4 de la Constitución, que debe ejercerse conforme al artículo 152 de la misma, lo que vicia la sentencia de nulidad conforme al artículo 138 de la Constitución, que dispone que "toda autoridad usurpada es ineficaz y sus actos son nulos."

En similar vicio incurrió la Sala al ordenar también inconstitucionalmente al Presidente de la República a que:

> "evalúe el comportamiento de las organizaciones internacionales a las cuales pertenece la República, que pudieran estar desplegando actuaciones similares a las que ha venido ejerciendo el actual Secretario Ejecutivo de la Organización de Estados Americanos (OEA), en detrimento de los principios democrático y de igualdad a lo interno de las mismas [...] Y así garantizar, conforme a nuestra tradición histórica, los derechos humanos sociales inherentes a toda la población, en especial, de los pueblos oprimidos. Así decide."

Con este enunciado, la Sala Constitucional no solo también usurpó la misma competencia exclusiva del Presidente de la República de "dirigir las relaciones exteriores de la República" lo que vicia la sentencia de nuevo de nulidad conforme al mismo artículo 138 de la Constitución, por ser producto de una autoridad usurpada, que la hace ineficaz y sus actos nulos, sino que pretende convertir en policía de los organismos internacionales al Presidente de la República, pero sin dar ninguna orientación de con cuál propósito es que va a realizar la "evaluación" ordenada.

2. *Órdenes al Presidente de la república de adoptar medidas propias de un estado de excepción, usurpando las funciones del propio Poder Ejecutivo y del Poder Legislativo en materia de decretos de estados de excepción*

La segunda medida cautelar que dictó la Sala fue una equivalente, materialmente, a la inconstitucional emisión de un decreto de estado de excepción regulado en los artículos 337 y siguientes de la Constitución, al ordenar al Presidente que:

"en ejercicio de sus atribuciones constitucionales y para garantizar la gobernabilidad del país, tome las medidas civiles, económicas, militares, penales, administrativas, políticas, jurídicas y sociales que estime pertinentes y necesarias para evitar un estado de conmoción."

El artículo 338 dispone que solo se puede decretar por el Presidente de la República, sometido a control político por parte de la Asamblea, "el estado de conmoción interior o exterior en caso de conflicto interno o externo, que ponga seriamente en peligro la seguridad de la Nación, de sus ciudadanos y ciudadanas o de sus instituciones," autorizándose al Presidente de la República a tomar determinadas medidas cuando "resultan insuficientes las facultades de las cuales se disponen para hacer frente a tales hechos."

Así, usurpando las potestades de otros poderes del Estado y violando la Constitución, ha sido la Sala Constitucional la que no solo ha "autorizado" al Presidente de la República, sino que le ha "ordenado" tomar "las medidas civiles, económicas, militares, penales, administrativas, políticas, jurídicas y sociales que estime pertinentes y necesarias para evitar un estado de conmoción," sin límite alguno, y por tanto, materialmente suspendiendo *sine die* las garantías constitucionales que han quedad a merced de lo que el Presidente considere "pertinente y necesario."

Se trató, ni más ni menos, de un verdadero decreto de estado de excepción, pero dictado por el Juez Constitucional, sin control político alguno por parte de la Asamblea, y sin lapso alguno de duración, lo que es inconstitucional bajo todo punto de vista.

Por tanto, de nuevo, la orden dictada está vicia de inconstitucionalidad por violar el artículo 236.7, y por tanto de nulidad conforme al artículo 138 de la Constitución, que dispone que "toda autoridad usurpada es ineficaz y sus actos son nulos," y además, al autorizar al Presidente para poder dictar medidas que puedan significar restricción de derechos y garantías constitucionales, conforme al artículo 25 de la Constitución, la sentencia también es nula y los magistrados que la suscribieron ordenando la adopción de las mismas "incurren en responsabilidad penal, civil y administrativa, según los casos, sin que les sirvan de excusa órdenes superiores."

3. *Órdenes al Presidente de la República usurpando las funciones de Poder Legislativo en materia legislación*

La tercera medida cautelar que dictó la Sala fue ordenar inconstitucionalmente al Presidente de la República a legislar y a modificar la legislación existente en el país, al ordenarle a que:

> "en el marco del Estado de Excepción y ante el desacato y omisión legislativa continuada por parte de la Asamblea Nacional, revisar excepcionalmente la legislación sustantiva y adjetiva (incluyendo la Ley Orgánica contra la Delincuencia Organizada y Financiamiento al Terrorismo, la Ley Contra la Corrupción, el Código Penal, el Código Orgánico Procesal Penal y el Código de Justicia Militar –pues pudieran estar cometiéndose delitos de naturaleza militar–), que permita conjurar los graves riesgos que amenazan la estabilidad democrática, la convivencia pacífica y los derechos de las venezolanas y los venezolanos; todo ello de conformidad con la letra y el espíritu de los artículos 15, 18 y 21 de la Ley Orgánica Sobre Estados de Excepción vigente."

Con esta orden, la Sala Constitucional violó abiertamente la Constitución al atribuir al Poder Ejecutivo una función que es privativa de la Asamblea Nacional que es la de legislar establecida en el artículo 187.1 de la Constitución; por lo que de nuevo, la sentencia está viciada de nulidad conforme al artículo 138 de la Constitución, que dispone que "toda autoridad usurpada es ineficaz y sus actos son nulos."

La Sala Constitucional, por otra parte, para dictar esta orden conminando al Poder Ejecutivo a legislar violando la Constitución, hizo referencia al "marco del Estado de Excepción," sin identificar cuál estado de excepción, por lo que no puede ser otro que el que ella misma "dictó" en forma constitucional en el mismo texto de la sentencia en la medida cautelar antes comentada, que como deriva de su texto es equivalente a decretar un estado de excepción, autorizando inconstitucionalmente al Presidente a reformar toda la legislación nacional sin control político alguno por parte de los representantes del pueblo.[16]

4. *El desconocimiento, de paso, de la inmunidad parlamentaria*

Finalmente la Sala, de paso, consideró que resultaba "oportuno" dejar sentado en relación con los diputados a la Asamblea nacional, que

> "la inmunidad parlamentaria sólo ampara, conforme a lo previsto en el artículo 200 del Texto Fundamental, los actos desplegados por los diputados en ejercicio de sus atribuciones constitucionales (lo que no resulta compatible con la situación actual de desacato en la que se encuentra la Asamblea Nacional) y, por ende, en ningún caso, frente a ilícitos constituciona-

---

16   Es decir, como lo indicó José Ignacio Hernández, "Esto lo que significa es que, según la Sala Constitucional, el Presidente de la República puede hacer lo que quiera, incluyendo reformar Leyes, en el marco del "estado de excepción. Tal habilitación ilimitada al Presidente viola la Constitución, pues la Sala Constitucional no puede darle más poderes al Presidente que los que la Constitución le atribuye. Y mucho menos puede la Sala Constitucional habilitar al Presidente para ejercer la función legislativa: solo la Asamblea, por medio de la Ley habilitante, puede atribuir esa función." Véase José Ignacio Hernández, ¿Qué dijo la Sala Constitucional sobre la AN y la Carta Democrática?, en *Prodavinci*, 28 de marzo de 2017, en http://prodavinci.com/blogs/que-dijo-la-sala-constitucional-sobre-la-an-y-la-carta-democratica-por-jose-ignacio-hernandez/ No es de extrañar, por tanto, que Antonio Sánchez García, haya comparado la sentencia con la "Ley para solucionar los peligros que acechan al Pueblo y al Estado, mejor conocida como la Ley Habilitante de 1933, aprobada por el Parlamento alemán el 23 de marzo de 1933," considerando que "fue el segundo instrumento jurídico, después del decreto del Incendio del Reichstag, mediante el cual los nacionalsocialistas obtuvieron poderes dictatoriales bajo una apariencia de legalidad. La Ley concedía al canciller Adolf Hitler y a su gabinete el derecho de aprobar leyes sin la participación del parlamento, lo que supuso de facto, el fin de la democracia, de la República de Weimar y de su Constitución." Véase Antonio Sánchez García, 28 de marzo de 2017, en http://www.el-nacional.com/autores/antonio-sanchez-garcia.

les y penales (flagrantes) (ver sentencia de esta Sala Constitucional n.° 612 del 15 de julio de 2016 y de la Sala Plena nros.
58 del 9 de noviembre de 2010 y 7 del 5 de abril de 2011, entre
otras)."

Para buen lector entendedor, pocas palabras: Es decir, al estimar la Sala Constitucional que en virtud del supuesto desacato en que han incurrido los diputados de la Asamblea Nacional, los actos que los mismos desplieguen entonces no se
podrían considerar que son en ejercicio de sus atribuciones
constitucionales, y por tanto, en ningún caso quedarían amparados por la inmunidad parlamentaria, y menos "frente a lo
que califica la Sala de antemano como "ilícitos constitucionales y penales (flagrantes)." [17]

Por tanto, con la sentencia, la Sala Constitucional borró de
un plumazo el contenido del artículo 200 de la Constitución
respecto de los diputados electos en diciembre de 2015, y con
ello, la inmunidad parlamentaria que ampara a dichos diputados,[18] estimando que si incurren en presuntos delitos, ya ni

---

17   Con razón José Ignacio Hernández se pregunta sobre esta declaración sobre
la inmunidad parlamentaria: "¿Esto qué quiere decir? Aun cuando la Sala
Constitucional no lo afirma categóricamente, la conclusión luce evidente: la
Sala Constitucional considera que los diputados que aprobaron el Acuerdo
sobre la CDI incurrieron en delitos que no están amparados por la inmunidad parlamentaria. Con lo cual, esos diputados podrían ser enjuiciados –y
privados de libertad– sin necesidad de pasar por el trámite del allanamiento
de la inmunidad parlamentaria." Véase José Ignacio Hernández, ¿Qué dijo
la Sala Constitucional sobre la AN y la Carta Democrática?, en *Prodavinci*,
28 de marzo de 2017, en http://prodavinci.com/blogs/que-dijo-la-sala-
constitucional-sobre-la-an-y-la-carta-democratica-por-jose-ignacio-
hernandez/.

18   "Artículo 200: Los diputados o diputadas a la Asamblea Nacional gozarán
de inmunidad en el ejercicio de sus funciones desde su proclamación hasta
la conclusión de su mandato o la renuncia del mismo. De los presuntos delitos que cometan los o las integrantes de la Asamblea Nacional conocerá en
forma privativa el Tribunal Supremo de Justicia, única autoridad que podrá
ordenar, previa autorización de la Asamblea Nacional, su detención y continuar su enjuiciamiento. En caso de delito flagrante cometido por un parlamentario o parlamentaria, la autoridad competente lo o la pondrá bajo custodia en su residencia y comunicará inmediatamente el hecho al Tribunal

siquiera el Tribunal Supremo debe conocer en forma privativa sobre su enjuiciamiento, sino que como la Sala ya ha calificado de flagrante los delitos que piensa habrían cometido, como por ejemplo el de "traición a la patria," "la autoridad competente" puede ponerlos bajo custodia en su residencia y entonces comunicarlo al Tribunal Supremo.

Y así puede decirse que llega a su fin la saga por la consolidación de la dictadura judicial a cuya concepción la Sala Constitucional le dedicó todos sus esfuerzos desde enero de 2016.

V. EL ATAQUE DEL TRIBUNAL SUPREMO CONTRA EL SECRETARIO GENERAL DE LA OEA, DR. LUIS ALMAGRO POR BUSCAR EL RESTABLECIMIENTO DEL DERECHO A LA DEMOCRACIA EN VENEZUELA

No contentos con la sentencia anterior, todos los miembros del Tribunal Supremo de Justicia, aprobaron un Acuerdo el mismo día 27 de marzo de 2017, en el cual rechazaron el Informe que presentó el Dr. Luis Almagro el 14 de marzo de 2017 ante el Presidente del Consejo Permanente de la OEA, considerando que el mismo contenía "señalamientos injerencistas, infamantes y lesivos al orden democrático y a la institucionalidad de la República venezolana;" condenando además "enérgicamente el atentado contra la paz ciudadana que pretende generar una matriz internacional que deslegitime al Poder Judicial de la República Bolivariana de Venezuela como Poder autónomo, independiente, garante de la soberanía popular y como máximo y último intérprete de la Constitución."

Los magistrados exigieron al Secretario General de la OEA "respeto al diálogo político permanente que se viene desarrollando en la República Bolivariana de Venezuela, al funcio-

---

Supremo de Justicia. / Los funcionarios públicos o funcionarias públicas que violen la inmunidad de los o las integrantes de la Asamblea Nacional, incurrirán en responsabilidad penal y serán castigados o castigadas de conformidad con la ley".

namiento democrático institucional y a la paz ciudadana", respaldaron "la política exterior del Estado venezolano, en la defensa irrestricta de la institucionalidad democrática," y exhortaron al Ejecutivo Nacional "para que se ejerzan todas las acciones nacionales e internacionales a los fines de garantizar el respeto del Texto Fundamental y la soberanía nacional."

En particular, acordaron

"solicitar al Ejecutivo Nacional que considere la posibilidad de proponer la remoción del actual Secretario General de la Organización de Estados Americanos, señor Luis Almagro, a la Asamblea General de ese organismo, según lo establecido en el artículo 116 de la Carta de la OEA, dada la reiterada agresión, contra la Carta Magna venezolana y sus instituciones."[19]

¿Y qué fue lo que hizo el Dr. Almagro para merecer todos los epítetos utilizados y para que los magistrados pidieran su destitución? Pues solamente cumplir con su deber como Secretario General de la OEA en relación con la Carta Democrática Interamericana que es un instrumento internacional obligatorio para Venezuela, casi un año después de haber rendido su *Informe sobre la situación en Venezuela en relación con el cumplimiento de la Carta Democrática Interamericana* de 30

---

19   Véase sobre el Acuerdo la información en http://www.tsj.gob.ve/-/tsj-rechaza-acciones-injerencistas-del-actual-secretario-general-de-la-oea-contra-venezuela. El texto del Acuerdo puede consultarse en: http://historico.tsj.gob.ve/gacetatsj/marzo/136-2017.pdf#page=1. El video de la lectura del Acuerdo puede verse en: https://www.youtube.com/watch?v=0ZsapQ8-o20 Por supuesto, el Acuerdo del Tribunal Supremo, como lo destacó Carlos José Sarmiento Sosa, "carece de fundamento jurídico porque, constitucionalmente, la única función del TSJ es administrar justicia conforme a la carta magna y a la Ley Orgánica del TSJ, lo que se manifiesta mediante sentencias dictadas en nombre de la República y por autoridad de la ley. Por tanto, el Acuerdo como tal es una mera opinión personal no vinculante de los magistrados que lo avalaron." Véase Carlos José Sarmiento Sosa, 29 de marzo de 2017, en https://pararescatarelporvenir.wordpress.com/2017/03/29/carlos-jose-sarmiento-sosa-2/.

de mayo de 2016, [20] al presentar con fecha 14 de marzo de 2017, el *Informe de Seguimiento* sobre la situación en Venezuela, en el cual expresó lo que es obvio "y comunicacional," que efectivamente:

"los miembros del Consejo Permanente, los ciudadanos de América y la comunidad internacional han sido testigos de la agudización de la crisis económica, social, política y humanitaria en Venezuela.

Las gestiones diplomáticas realizadas no han dado por resultado ningún progreso. Los reiterados intentos de diálogo han fracasado y los ciudadanos de Venezuela han perdido aún más la fe en su gobierno y en el proceso democrático. La ausencia de diálogo es la primera señal del fracaso de un sistema político, porque la democracia no puede existir cuando las voces no se escuchan o han sido silenciadas."[21]

Y efectivamente, todo lo que siguió ocurriendo en Venezuela durante 2016 y los meses que van de 2017, muestran –como lo indicó el Secretario General– "hechos que no dejan lugar a dudas," concluyendo con la lapidaria apreciación de que:

"Venezuela viola todos los artículos de la Carta Democrática Interamericana."

No uno de los artículos de la Carta, lamentablemente Venezuela ha violado todos los artículos de la misma, por lo que frente a ello, y teniendo como mira el principio de que "la democracia y los derechos humanos son valores que deben estar por encima de la política," y de que "la tarea que tenemos ante nosotros es apoyar a Venezuela y restaurar los derechos de su pueblo," lo que el Secretario General propuso a los Estados Miembros de la OEA, fue que:

---

20   Véase la comunicación del Secretario General de la OEA de 30 de mayo de 2016 con el *Informe sobre la situación en Venezuela en relación con el cumplimiento de la Carta Democrática Interamericana*, en oas.org/documents/spa/press/OSG-243.es.pdf.

21   Véase la comunicación del Secretario General de la OEA de 14 de marzo de 2017 con el *Informe de seguimiento sobre Venezuela* en http://www.oas.org/documents/spa/press/informe-VZ-spanish-signed-final.pdf.

"Nuestros esfuerzos deben concentrarse en restaurar el derecho a la democracia del pueblo venezolano conforme a lo que establece el artículo 1 de la Carta Democrática Interamericana: "Los pueblos de América tienen derecho a la democracia y sus gobiernos la obligación de promoverla y defenderla."

Y sí, efectivamente, en la situación actual de Venezuela, de lo que se trata es de restaurar el derecho a la democracia, razón por la cual los venezolanos lo que debemos es agradecerle al Secretario General de la OEA sus esfuerzos y celebrar que al fin, la preocupación continental por el tema de la destrucción de la democracia en el país se haya comenzado a manifestar institucionalmente, con el planteamiento que en dos ocasiones hizo el Dr. Almagro ante el Consejo Permanente de la Organización, y que haya sido él mismo quien lo haya hecho tan acertadamente; confirmándose así, lo que hemos denunciado y analizado desde hace años,[22] pues la democracia en Venezuela desde 1999 lamentablemente fue progresivamente desmantelada, [23] precisamente utilizando los instrumentos e instituciones de la democracia,[24] pero con el objeto final de establecer de un régimen autoritario de gobierno en el marco de un Estado totalitario en desprecio de la Constitución y de a la ley;[25]

---

22   Por ello, con razón, Antonio Sánchez García, ha expresado que "No nos alcanzará el tiempo a los venezolanos de bien, hoy acorralados, perseguidos y vituperados bajo el régimen más oprobioso que existiera en nuestra región desde las guerras de Independencia, para agradecer y honrar a Luis Almagro." Véase Antonio Sánchez García, "Almagro, el héroe solitario," 29 de marzo de 2017, en http://www.el-nacional.com/autores/antonio-sanchez-garcia.

23   Véase Allan R. Brewer-Carías, *La ruina de la democracia. Algunas consecuencias. Venezuela 2015,* (Prólogo de Asdrúbal Aguiar), Colección Estudios Políticos, N° 12, Editorial Jurídica Venezolana, Caracas 2015.

24   Véase Allan R. Brewer-Carías, *Dismantling Democracy. The Chávez Authoritarian Experiment*, Cambridge University Press, New York 2010.

25   Véase Allan R. Brewer-Carías, *Estado totalitario y desprecio a la ley. La desconstitucionalización, desjuridificación, desjudicialización y desdemocratización de Venezuela*, Fundación de Derecho Público, Editorial Jurídica Venezolana, segunda edición, (Con prólogo de José Ignacio Hernández), Caracas 2015; *Authoritarian Government v. The Rule Of Law. Lectures and Essays (1999-2014) on the Venezuelan Authoritarian Regime Established in*

que está caracterizado incluso por la ausencia del más fundamental de los elementos de la democracia que es la elección de representantes.

No olvidemos, en efecto, y eso no se puede borrar ni ignorar, que el régimen, durante 2016, no sólo impidió la realización del referendo revocatorio presidencial a que tenía derecho el pueblo, sino que simplemente eliminó las elecciones de Gobernadores, Alcaldes, diputados y concejales en los Estados y Municipios que debieron realizarse en 2016.

En paralelo, tampoco debe olvidarse, y eso tampoco lo pueden ignorar los magistrados del Tribunal Supremo, que entre los elementos medulares de esa ruptura del orden constitucional y democrático en violación de la Carta Democrática Interamericana que ha ocurrido en el país, está precisamente la obra ejecutada por el mismo Tribunal Supremo durante 2016, para impedir el funcionamiento de la Asamblea Nacional, al punto de lograr su aniquilación, lo que se hizo mediante sentencias a través de las cuales. Precisamente, se violó el orden constitucional y democrático.

En efecto, como es bien sabido, desde enero de 2016, particularmente la Sala Constitucional, reguló inconstitucionalmente el régimen interno de la Asamblea Nacional, reformando su *interna corporis*, que solo ella puede sancionar; se impidió el ejercicio autónomo de su potestad de legislar, sometiéndola al visto bueno previo del Poder Ejecutivo; se declararon nulas todas sus actuaciones legislativas pasadas y futuras de la Asamblea; se eliminó su potestad legislativa de realizar el control político en relación con el Gobierno y a la Administración Pública; se le impidió a la Asamblea su potestad de poder revisar sus propios actos y evocarlos; se declararon nulas absolutamente casi todas las leyes que fueron sancionadas durante 2016; se eliminó la potestad constitucional de la Asamblea de

---

Contempt of the Constitution, Fundación de Derecho Público, Editorial *Jurídica Venezolana,* Caracas 2014.

declarar votos de censura respecto de los Ministros y en general, de interpelarlos; se eliminó la potestad de la Asamblea de intervenir y controlar el proceso presupuestario, eliminándose la "ley de presupuesto"; y en fin, se eliminó hasta la potestad de la Asamblea de expresar sus propias opiniones políticas mediante Acuerdos,[26] siendo la sentencia comentada en las páginas anteriores, del 27 de marzo de 2017, la última de esta saga, la cual además, viola la Carta Democrática Interamericana.[27]

New York, 29 de marzo de 2017

---

26   Véase los comentarios a todas esas sentencias en Allan R. Brewer-Carías, *La dictadura judicial y la perversión del Estado de derecho*, Segunda Edición, (Presentaciones de Asdrúbal Aguiar, José Ignacio Hernández y Jesús María Alvarado), N° 13, Editorial Jurídica Venezolana, Caracas 2016.

27   Véase José Ignacio Hernández, ¿Qué dijo la Sala Constitucional sobre la AN y la Carta Democrática?, en *Prodavinci*, 28 de marzo de 2017, en http://prodavinci.com/blogs/que-dijo-la-sala-constitucional-sobre-la-an-y-la-carta-democratica-por-jose-ignacio-hernandez/.

SEXTA PARTE:

EL REPARTO DE DESPOJOS LA USURPACIÓN DEFINITIVA DE LAS FUNCIONES DE LA ASAMBLEA NACIONAL POR LA SALA CONSTITUCIONAL DEL TRIBUNAL SUPREMO DE JUSTICIA AL ASUMIR EL PODER ABSOLUTO DEL ESTADO

(Sentencia N° 156 de la Sala Constitucional)

La Sala Constitucional del Tribunal Supremo de Justicia, mediante sentencia N° 156 de fecha 29 de marzo de 2017[1] decidió *en un solo día* –en el tiempo más corto en la historia de la Justicia Constitucional en Venezuela– un recurso de interpretación que habían intentado el día anterior, el 28 de marzo de 2017, los apoderados de la Corporación Venezolana del Petróleo, SA (CVP), empresa filial de Petróleos de Venezuela, S.A. PDVSA, referido específicamente al artículo 33 de la Ley Orgánica de Hidrocarburos que regula la aprobación previa de la Asamblea Nacional para la constitución de empresas mixtas en el sector de la industria petrolera. La Sala, en definitiva, considerando que como la Asamblea Nacional no podía funcionar por estar la mayoría de los diputados que la componen en situación de desacato de sentencias anteriores, constituyendo ello una supuesta *omisión inconstitucional legislativa*, no podía entonces ejercer *de facto* las facultades previstas en dicha norma.

---

1   Véase en http://historico.tsj.gob.ve/decisiones/scon/marzo/197364-156-29317-2017-17-0325.HTML.

En consecuencia, la Sala Constitucional, en su sentencia, dando sin duda un golpe de Estado, resolvió que "mientras persista la situación de desacato y de invalidez de las actuaciones de la Asamblea Nacional," procedía a asumir de pleno derecho, inconstitucionalmente, la totalidad de las competencias de la Asamblea Nacional, y en consecuencia, a *ejercer directamente* todas las competencias parlamentarias de la misma, auto-atribuyéndose incluso la potestad de "delegar" el ejercicio de las mismas en "el órgano que ella disponga," irónicamente "para velar por el Estado de Derecho" cuyos remanentes cimientos pulverizó con la decisión

En cuanto a la potestad legislativa específicamente respecto de dicha Ley Orgánica de Hidrocarburos, la Sala resolvió, también inconstitucionalmente, atribuirla al Poder Ejecutivo, "sobre la base del estado de excepción" que ella misma había decretado en sentencia publicada un día antes Nº 155 del 27 de marzo de 2017, [2] indicando que "el Jefe de Estado podrá modificar, mediante reforma, la norma objeto de interpretación."

En fin, con esta sentencia se ha procedido a realizar un nuevo y quizás definitivo vaciamiento de las competencias de la Asamblea Nacional, por parte de la Sala Constitucional del Tribunal Supremo.

I.   EL OBJETO DEL PROCESO DE INTERPRETACIÓN LEGAL

Los representantes de la CVP al interponer ante la Sala Constitucional un Recurso de Interpretación "sobre el contenido y alcance de la disposición normativa contenida en el artículo 187, numeral 24 de la Constitución de la República Bolivariana de Venezuela, en concatenación con el artículo 33 de la Ley Orgánica de Hidrocarburos," la cuestión que pretendían dilucidar era, en sus palabras:

---

2   Véase en http://historico.tsj.gob.ve/decisiones/scon/marzo/197285-155-28317-2017-17-0323.HTML.

"cómo debe interpretarse tal norma, ante la actuación de desacato en la que se encuentra la Asamblea Nacional y, de ser el caso, ante nuevas omisiones parlamentarias derivadas del mismo; circunstancia que requiere un pronunciamiento interpretativo que esclarezca, qué debería hacerse ante tal situación, respecto de la regla aludida, para permitir el funcionamiento del Estado y del sistema delineado en aquella ley (la Ley de Hidrocarburos)."

Es decir, la pretensión interpretativa en realidad no se refería a norma constitucional alguna, sino a la operatividad del artículo 33 de la Ley de Hidrocarburos, frente a la situación definida por los solicitantes y declarada en anteriores sentencias por la propia Sala Constitucional, En tal sentido, la Sala Constitucional no tenía competencia para conocer de ese recurso de interpretación presentado.

En efecto, el artículo 266.6 de la Constitución le asigna a todas las Salas del Tribunal Supremo de Justicia la competencia para "conocer de los recursos de interpretación sobre el contenido y alcance de los textos legales, en los términos contemplados en la ley," lo que repite en el artículo 31.5 de la Ley Orgánica del Tribunal Supremo de Justicia le asigna a todas las Salas competencia para "conocer las demandas de interpretación acerca del alcance e inteligencia de los textos legales. La misma Ley, adicionalmente, en su artículo 25.17 le asigna específicamente a la Sala Constitucional competencia para "conocer la demanda de interpretación de normas y principios que integran el sistema constitucional," y en su artículo 26.21 le atribuye de manera específica a la Sala Político Administrativa, la competencia para conocer de "los recursos de interpretación de leyes de contenido administrativo".

Es decir, de acuerdo con la Constitución y la ley, y según ha reconocido la propia Sala Constitucional, existe una diferencia entre el recurso de interpretación constitucional y el recurso de interpretación de leyes,[3] correspondiendo de acuerdo con la

---

3   Conforme a lo ha resuelto la Sala Constitucional del Tribunal Supremo: "el recurso de interpretación constitucional es un mecanismo procesal destinado a

Constitución y la Ley, el primero a la Sala Constitucional del Tribunal Supremo; y el segundo, respecto de leyes administrativas como es la Ley Orgánica de Hidrocarburos, a la sala Político Administrativa del mismo Tribunal. Por tanto, la competencia para conocer de un recurso de interpretación como el resuelto por la Sala Constitucional a través de la sentencia que se comenta, corresponde de manera exclusiva a la Sala Político Administrativa del Tribunal Supremo de Justicia[4].

---

la comprensión del texto constitucional, en supuestos determinados que pudieren generar dudas en cuanto al alcance de sus normas, y cuyo conocimiento corresponde exclusivamente a esta Sala, como máximo órgano de la jurisdicción constitucional; distinguiéndola de la acción de interpretación de ley a que se refieren los artículos 266.6 constitucional y 5.52 de la Ley Orgánica del Tribunal Supremo de Justicia, cuya competencia se encuentra distribuida entre las distintas Salas que conforman este Máximo Tribunal, en atención a la materia sobre la cual verse el texto legal a ser interpretado." Véase sentencia N° 1077 de 22 de septiembre de 2000 (caso: *Servio Tulio León*), en http://historico.tsj.gob.ve/decisiones/scon/septiembre/1077-220900-00-1289.HTM; reiterada entre otras en la sentencia N° 601 de 9 de abril de 2007 (caso: *Instituto Autónomo Cuerpo de Bomberos del Estado Miranda*). en http://historico.tsj.gob.ve/decisiones/scon/abril/609-090407-07-0187.HTM.

4   Así lo estableció la propia Sala Constitucional al rechazar, por ejemplo, un recurso de interpretación de la Ley de Promoción y Protección de Inversiones que se interpuso ante su seno, declarando que: "la Sala ha dejado claramente establecido que la acción de interpretación constitucional es distinta a la de interpretación de "textos legales", que sí estaba recogida expresamente en nuestra legislación desde hacía décadas como competencia exclusiva de la Sala Político-Administrativa del Máximo Tribunal (número 24 del artículo 42 de la hoy derogada Ley Orgánica de la Corte Suprema de Justicia), competencia que ahora tienen todas las Salas del Tribunal Supremo, en atención a lo establecido en el artículo 5.52 de la Ley Orgánica del Tribunal Supremo de Justicia./ La Ley Orgánica del Tribunal Supremo de Justicia tampoco previó la acción de interpretación constitucional, pero sí la de las leyes, confirmando lo que había sido el criterio de esta Sala sobre la competencia distribuida entre todas las Salas que integran el más Alto Tribunal de la República. Esta ausencia de previsión legal acerca de la acción de interpretación constitucional es comprensible, por cuanto la jurisprudencia de esta Sala había dejado claramente sentado que se derivaba de los propios poderes que consagra la Constitución, por lo que resultaría irrelevante su previsión expresa. Es, en pocas palabras, un poder consustancial a su misión constitucional./ Esta Sala, con base en lo expuesto, ha aceptado siempre su

Sin embargo, a pesar de ello, y de su evidente incompetencia por haberse solicitado la interpretación del artículo 33 de la
Ley Orgánica de Hidrocarburos, la sala Constitucional declaró
su competencia fundamentándose en que la interpretación solicitada se hacía "en relación con el artículo 187, numeral 24
de la Constitución" así como en "la trascendencia del presente
asunto y su vinculación con el desacato que persiste en la
Asamblea Nacional, aunado a las omisiones parlamentarias

---

competencia para conocer de la interpretación constitucional, pero la ha declinado cuando se trata de pretensiones interpretativas de textos legales,
como sucede en el caso de autos. Sin embargo, los accionantes en el presente caso afirmaron la competencia de la Sala, aun siendo un recurso respecto
a una ley, en el entendido de que el asunto debatido guarda relación con tres
disposiciones constitucionales./ Ahora bien, no comparte la Sala la apreciación de los actores, sin negar la posible vinculación del asunto que plantean
con esas tres (o más) disposiciones de la Constitución, toda vez que lo nor-
mal es ese nexo, más o menos notorio, entre la legislación y los postulados
de rango supremo. No puede, entonces, sostenerse que la relación de una
norma legal con las normas constitucionales sea fundamento suficiente para
que esta Sala fije su sentido y alcance, pues sería tanto como desplazar a
ella la casi totalidad de las acciones autónomas de interpretación./ En realidad, lo relevante a efectos de la determinación de la competencia para conocer de la acción de interpretación, es precisar la "materia" que regula la
norma en cuestión, es decir, el ámbito de relaciones sobre las que incide
(civiles, mercantiles, laborales, administrativas, por citar parte de una clasi-
ficación tradicional de relaciones intersubjetivas regidas por el Derecho)./
En el caso de autos, se trata de una norma legal que regula la figura del arbi-
traje respecto de inversiones extranjeras, respecto de la cual a los accionantes se les presenta la duda acerca de si contiene una declaración de consentimiento general (legal) del Estado venezolano de someterse siempre a tal
medio de solución de conflictos o si, por el contrario, es sólo una previsión
que exige ese consentimiento en cada oportunidad en que sea necesario. / Es
evidente, entonces, que se trata de un asunto de Derecho Público, sobre las
relaciones (en este caso, la solución de controversias) derivadas de la inver-
sión extranjera en el Estado venezolano, lo que hace que la competencia,
por la materia, corresponda a la Sala Político-Administrativa de este Máximo Tribunal, con base en el número 6 del artículo 266 de la Constitución y
número 52 del artículo 5 de la Ley Orgánica del Tribunal Supremo de Justicia." Véase sentencia N° 609 de 9 de abril de 2007, en http://histo-
rico.tsj.gob.ve/decisiones/scon/abril/609-090407-07-0187.HTM.

que genera (art. 336.7 *eiusdem*) y en el marco del vigente Estado de Excepción (art. 339).".

Sin embargo, como resulta del propio texto del artículo 187.24 de la Constitución, nada de ambiguo u obscuro contenía que ameritase ser interpretado, pues lo que dispone es simplemente que *"Corresponde a la Asamblea Nacional: 24. Todo lo demás que le señalen esta Constitución y la ley."*

En cuanto al artículo 33 de la Ley Orgánica de Hidrocarburos, que sustituyó el artículo 5 de la Ley de Nacionalización petrolera de 1975, el mismo tampoco contiene ninguna ambigüedad ni oscuridad que requiera interpretación, limitándose a regular la intervención de la Asamblea Nacional en el proceso de constitución de empresas mixtas en el sector de hidrocarburos, en la siguiente forma:

"Artículo 33. La constitución de empresas mixtas y las condiciones que regirán la realización de las actividades primarias, requerirán la *aprobación previa de la Asamblea Nacional*, a cuyo efecto el Ejecutivo Nacional, por órgano del Ministerio de Energía y Petróleo, deberá informarla de todas las circunstancias pertinentes a dicha constitución y condiciones, incluidas las ventajas especiales previstas a favor de la República. La *Asamblea Nacional podrá modificar* las condiciones propuestas o establecer las que considere convenientes. Cualquier modificación posterior de dichas condiciones deberá también ser *aprobada por la Asamblea Nacional*, previo informe favorable del Ministerio de Energía y Petróleo y de la Comisión Permanente de Energía y Petróleo. Las empresas mixtas se regirán por la presente Ley y, en cada caso particular, por los términos y condiciones establecidos en el *Acuerdo que conforme a la ley dicte la Asamblea Nacional*, basado en el informe que emita la Comisión Permanente de Energía y Petróleo, mediante el cual apruebe la creación de la respectiva empresa mixta en casos especiales y cuando así convenga al interés nacional. Supletoriamente se aplicarán las normas del Código de Comercio y las demás leyes que le fueran aplicables."

Como se dijo, nada de oscuro o ambiguo tiene esta norma que requiera de interpretación por la vía de un proceso judicial, por lo que en realidad, lo que solicitaron los recurrentes fue que la Sala Constitucional, al haber declarado en desacato a la Asamblea Nacional en relación con decisiones judiciales anteriores, que copian en el recurso, determinara cómo debía aplicarse esa norma, en el sentido de si "en el contexto actual" y "ante nuevas omisiones parlamentarias derivadas" del desacato, se requería o no la aprobación previa de la Asamblea Nacional para la constitución de empresas mixtas y para determinar las condiciones que deben regir la realización de las actividades primarias, y que en consecuencia qué debía hacer el Ejecutivo ante tales circunstancias; y si la Asamblea Nacional podía o no modificar las condiciones propuestas o establecer las que considere convenientes.

El asunto, por supuesto, fue declarado de inmediato como de mero derecho para poder ser resuelto en un día, particularmente "en atención a la gravedad y urgencia de los señalamientos que subyacen en la solicitud de nulidad (sic) presentada, los cuales se vinculan a la actual situación existente en la República Bolivariana de Venezuela, con incidencia directa en todo el Pueblo venezolano." entrando "a decidir sin más trámites el presente asunto. Así se decide."

II. LA CONSTATACIÓN DE LA SITUACIÓN DE OMISIÓN CONSTITUCIONAL LEGISLATIVA DE FACTO POR DESACATO DE PARTE DE LA ASAMBLEA NACIONAL RESPECTO DE LAS MÚLTIPLES DECISIONES DEL TRIBUNAL SUPREMO, DICTADAS DESDE 2016

En el marco entonces de un proceso constitucional de interpretación, la Sala Constitucional, considerando que era "público, notorio y comunicacional que la situación de desacato por parte de la Asamblea Nacional se mantiene de forma ininterrumpida hasta la presente fecha," hizo referencia a todas las sentencias anteriores dictadas por el Tribunal Supremo en la materia, cuyo texto copió en la sentencia en las partes pertinentes. [5]

Primero, las dictadas por la Sala Electoral, en particular, las sentencias N° 260 del 30 de diciembre de 2015, N° 1 del 11 de enero de 2016, y N° 108 del 1° de agosto de 2016, respecto de las cuales indicó que "puede apreciarse que de manera enfática, categórica y expresa, la Sala Electoral de este Tribunal Supremo de Justicia, actuando en el marco de sus facultades y competencias constitucional y legalmente establecidas, procedió a la ratificación de los dispositivos por ella adoptados," con relación al caso de la juramentación de los diputados por el Estado Amazonas que esa Sala Electoral había suspendido, razón por la cual "se encuentran viciados de nulidad absoluta y por tanto resultan inexistentes aquellas decisiones dictadas por la Asamblea Nacional a partir de la incorporación de los mencionados ciudadanos."

Y luego, las dictadas por la propia Sala Constitucional sucesivamente cercenando las potestades y funciones de la Asamblea Nacional en particular las sentencias Nos. 808 y 810, de fechas 2 y 21 de septiembre de 2016, respectivamente, N° 952 del 21 de noviembre de 2016, Nos. 1012, 1013, 1014 de 25 de noviembre de 2016 y N° 1 del 6 de enero de 2017, en las cuales esa Sala se ratificó el desacato por parte de la Asamblea Nacional a las decisiones de la Sala Electoral antes mencionadas y se resolvió:

"que resultan manifiestamente inconstitucionales y, por ende, absolutamente nulos y carentes de toda vigencia y eficacia jurídica, los actos emanados de la Asamblea Nacional, incluyendo las leyes que sean sancionadas, mientras se mantenga el desacato a la Sala Electoral del Tribunal Supremo de Justicia."

5   De allí la extensión de la sentencia. Véase sobre esas sentencias Allan R. Brewer-Carías, *Dictadura Judicial y perversión del Estado de derecho*, Segunda Edición, (Presentaciones de Asdrúbal Aguiar, José Ignacio Hernández y Jesús María Alvarado), N° 13, Editorial Jurídica Venezolana, 2016.

La Sala, adicionalmente hizo mención a sus otras sentencias en la misma matera, N° 614 del 19 de julio de 2016, N° 478 del 14 de junio de 2016, N° 460 del 9 de junio de 2016 y N° 797 del 19 de agosto de 2016, concluyendo que todos los actos adoptados por la Asamblea en situación de desacato, "contrarían lo dispuesto en los artículos 226 y 336 Constitucionales, entre otros, constituyen muestras indubitadas de usurpación de funciones y de desviación de poder," como lo advirtió la propia Sala en sentencia N° 259 del 31 de marzo de 2016, siendo a la vez nulas como también lo destacó la Sala en su sentencia N° 9 del 1° de marzo de 2016, cuyos textos relevantes se copian en la sentencia objeto de presente comentario.

De acuerdo con la Sala:

> "la consecuencia lógica de los diversos y multifactoriales desacatos desplegados por un sector que dirige la Asamblea Nacional, desde la teoría jurídica de las nulidades, es generar la nulidad absoluta y carencia de cualquier tipo de validez y eficacia jurídica de las actuaciones que ha venido realizando. Así se declara."

De allí la Sala pasó a argumentar sobre el derecho a la tutela judicial efectiva citando sus anteriores sentencias N° 708 del 10 de mayo de 2001, N° 576 del 27 de abril de 2001 y 290 de fecha 23 de abril de 2010, cuyos textos también trascribió en las partes relevantes, concluyendo que dicho derecho no solo comprende el derecho de acceso a la justicia sino la efectiva ejecución del fallo que resulte de los procesos.

Por ello, la Sala destacó de nuevo que la actuación desplegada por la Asamblea Nacional, en contravención a la disposición expresa contenida en un fallo judicial, desconociendo lo dispuesto en una sentencia emanada del Tribunal Supremo "en la que se determina la nulidad de cualquier acto emanado de dicho órgano parlamentario, en contumacia y rebeldía a lo dispuesto por dicha decisión," se traduce "en la nulidad absoluta de dichos actos así emanados, junto a los derivados de los mismos," todo lo cual *incapacita al Poder Legislativo para ejercer sus atribuciones constitucionales de control político de gestión,"* citando en apoyo lo resuelto en sus sentencias N° 3 de 14 de enero 2016, y N° 9 del 1 de marzo de 2016, cuyos textos también transcribió en la sentencia, en sus partes pertinentes.[6]

Luego de toda esta argumentación basada en extractos de sus propias sentencias, la Sala pasó de nuevo a afirmar que constituía "un hecho público, notorio y comunicacional," con base en una reseña de prensa, que el 5 de enero de 2017, la Asamblea Nacional había iniciado su Segundo periodo de sesiones, "en desacato frente al Poder Judicial" por lo que la elección y juramentación de su Junta Directiva para el periodo en curso, "implica un vicio de nulidad absoluta que afecta la validez constitucional de ese y de los actos subsiguientes, así como también la legitimidad y eficacia jurídica de la juramentación y demás actos de la referida junta directiva," pasando la Sala a declarar formalmente a la Asamblea Nacional en situación de *Omisión Inconstitucional parlamentaria*, en los siguientes términos:

> "Como puede apreciarse, esta Sala ha advertido diversos desacatos en los que ha venido incurriendo de forma reiterada la Asamblea Nacional, sobre la base de la conducta contumaz de la mayoría de sus miembros, lo que vicia de nulidad absoluta sus actuaciones y, por ende, genera una situación al margen del Estado de Derecho que le impide ejercer sus atribuciones; circunstancia que coloca a la Asamblea Nacional en situación de Omisión Inconstitucional parlamentaria (art. 336.7 del Texto Fundamental), que esta Sala declara en este mismo acto."

---

6   Véase también sobre esas sentencias los comentarios en: Allan R. Brewer-Carías, *Dictadura Judicial y perversión del Estado de derecho*, Segunda Edición, (Presentaciones de Asdrúbal Aguiar, José Ignacio Hernández y Jesús María Alvarado), N° 13, Editorial Jurídica Venezolana, 2016.

III. LA INCONSTITUCIONAL CONSECUENCIA DE LA OMISIÓN INCONSTITUCIONAL LEGISLATIVA; LA USURPACIÓN DE TODAS LAS FUNCIONES DE LA ASAMBLEA NACIONAL POR PARTE DE LA SALA CONSTITUCIONAL

Esta declaración de situación de Omisión Inconstitucional parlamentaria efectuada conforme al artículo 336.7 de la Constitución, lejos de conducir a lo que dice dicha norma que es que una vez declarada la omisión, la Sala debe fijarle un plazo al ente omiso para que cumpla la acción omitida, "y, de ser necesario, los lineamientos de su corrección," la Sala Constitucional del Tribunal Supremo, en una evidente usurpación de funciones legislativas, que hace nulas sus propias actuaciones, decidió *"asumir de pleno derecho"* el *"ejercicio de la atribución constitucional contenida en el artículo 187, numeral 24"* *de la Constitución,"* que establece, como antes se dijo, que:

> *"Corresponde a la Asamblea Nacional: 24. Todo lo demás que le señalen esta Constitución y la ley."*

Es decir, de un plumazo, como de la nada, la Sala Constitucional del Tribunal Supremo de Justicia, como Jurisdicción Constitucional, *decidió asumir, in toto, de pleno derecho, todas las competencias de la Asamblea Nacional,* para lo cual no tiene competencia en forma alguna.

Ello no es otra cosa que un golpe de Estado, que como bien lo enseña el Presidente de la Instituto Iberoamericana de Derecho Constitucional, profesor Diego Valadés, no solo ocurre cuando unos militares deponen a un gobierno electo sino, también, cuando se produce "el desconocimiento de la Constitución por parte de un órgano constitucionalmente electo,"[7] como en el caso del Tribunal Supremo de Justicia, cuyos magistrados fueron electos en segundo grado, aún con vicios de inconstitucionalidad, por la Asamblea Nacional.

---

7   Véase Diego Valadés, *Constitución y democracia,* UNAM, México 2000, p. 35; y "La Constitución y el Poder" en Diego Valadés y Miguel Carbonell (Coordinadores), *Constitucionalismo Iberoamericano del siglo XXI,* Cámara de Diputados, UNAM, México 2000, p. 145.

Y fue con base en esta usurpación de funciones, evidentemente inconstitucional, y que solo puede dar lugar a actos ineficaces y nulos conforme al artículo 138 de la Constitución, que la Sala, actuando como si detentara el poder absoluto del Estado, pasó a resolver "la interpretación solicitada" del artículo 33 de la Ley Orgánica de Hidrocarburos que se le había formulado, con "carácter vinculante y valor *erga omnes*." disponiendo lo siguiente:

Primero, que a pesar del texto mismo de dicha Ley, "no existe impedimento alguno para que el Ejecutivo Nacional constituya empresas mixtas en el espíritu que establece el artículo 33 de la Ley Orgánica de Hidrocarburos," pero con la diferencia en relación con lo que dispone dicha norma, que en lugar de que debe solicitarse la aprobación previa de la Asamblea Nacional:

> "el Ejecutivo Nacional, por órgano del Ministerio de Energía y Petróleo, *deberá informar a esta Sala* de todas las circunstancias pertinentes a dicha constitución y condiciones, incluidas las ventajas especiales previstas a favor de la República. Cualquier modificación posterior de las condiciones deberá ser informada a esta Sala, previo informe favorable del Ministerio de Energía y Petróleo."

Segundo, como consecuencia de esta "interpretación" la Sala Constitucional fue más allá y le prohibió a la Asamblea Nacional que "actuando *de facto*," pueda hacer alguna modificación a "las condiciones propuestas ni pretender el establecimiento de otras condiciones."

Tercero, la Sala Constitucional, de nuevo actuando como si detentara el poder absoluto del Estado, pasó a "atribuirle" la potestad de legislar al Poder Ejecutivo, en esta ocasión solo en las materias de la ley de Hidrocarburos, disponiendo que:

> "sobre la base del estado de excepción, el Jefe de Estado podrá modificar, mediante reforma, la norma objeto de interpretación, en correspondencia con la jurisprudencia de este Máximo Tribunal (ver sentencia n.° 155 del 28 de marzo de 2017).

Es decir, en el marco del "estado de excepción" "decretado" inconstitucionalmente por la propia Sala Constitucional en la sentencia citada N° 155 del día anterior, 28 de marzo de 2017,[8] la Sala decidió delegarle al Presidente la potestad de reformar la legislación de hidrocarburos.

Cuarto, finalmente, la Sala Constitucional, de forma general advirtió, de nuevo en el marco de los supuestos poderes absolutos que decidió asumir, que:

> "mientras persista la situación de desacato y de invalidez de las actuaciones de la Asamblea Nacional, esta Sala Constitucional garantizará que las competencias parlamentarias sean ejercidas directamente por esta Sala o por el órgano que ella disponga, para velar por el Estado de Derecho."

Es decir, en este caso, sin referencia alguna a la materia de hidrocarburos, la Sala Constitucional ratificó, irónicamente que "para velar por el Estado de Derecho" cuyos remanentes cimientos fueron pulverizados con la misma sentencia, que todas las competencias que la Constitución y las leyes atribuyen a la Asamblea Nacional, serán ejercidas directamente por la Sala Constitucional; y no sólo eso, también "por el órgano que ella disponga," auto-atribuyéndose un poder universal de delegar y disponer de las funciones legislativas de la Asamblea, y decidir a su arbitrio cuál órgano del Estado va a legislar en algún caso, o cuál órgano va a controlar, en otro.

Nada más ni nada menos, que lo que sucede cuando hay un reparto de despojos.

New York, 30 de marzo de 2017

---

8   Véase en http://historico.tsj.gob.ve/decisiones/scon/marzo/197285-155-28317-2017-17-0323.HTML.

SÉPTIMA PARTE:

**EL GOLPE DE ESTADO JUDICIAL CONTINUADO:
EL ANUNCIO POR LA SALA CONSTITUCIONAL DE UNA
BIZARRA "REVISIÓN Y CORRECCIÓN" DE SENTENCIAS
POR EL JUEZ CONSTITUCIONAL POR ÓRDENES DEL
PODER EJECUTIVO, Y LA NO CREÍBLE DEFENSA DE
LA CONSTITUCIÓN POR PARTE DE QUIEN LA DESPRECIÓ
DESDE SIEMPRE**

**(Secuelas de las sentencias Nº 155 y 15 6 de
27 y 29 de marzo de 2017)**

I. **EL GOLPE DE ESTADO CONTINUADO EN VENEZUELA Y SU CONDENA GENERALIZADA**

Con las sentencias de la Sala Constitucional Nos 155 y 156 de fechas 27 y 29 de marzo de 2017,[1] sin la menor duda en Venezuela se produjo un golpe de Estado, al despojarse a la Asamblea Nacional de sus poderes constitucionales, y repartirlos como despojos, entre el Poder Ejecutivo y el Poder Judicial,[2] hecho que fue condenado en forma generalizada tanto en el país como en el ámbito internacional.

---

1   Véase la sentencia Nº 155 de 27 de marzo de 2017, en http://historico.tsj.gob.ve/decisiones/scon/marzo/197285-155-28317-2017-17-0323.HTML; y la sentencia Nº 156 de 30 de marzo de 2017 en http://historico.tsj.gob.ve/decisiones/scon/marzo/197364-156-29317-2017-17-0325.HTML.

2   Véase nuestros comentarios a dichas sentencias en los trabajos: "La consolidación de la dictadura judicial: La Sala Constitucional, en un juicio sin proceso, usurpó todos los poderes del Estado, decretó inconstitucionalmente

El mismo día de publicada la primera sentencia, el 28 de marzo de 2017, que fue el mismo día en la cual los representantes de una empresa del Estado presentaban su recurso de interpretación que originó la segunda sentencia que se publicó el 29 de marzo,[3] el Presidente de la República ya celebraba como una "sentencia histórica" el nuevo golpe de Estado que había comenzado a dar la Sala Constitucional, indicando en el Consejo de Ministros que, según se reseñó en la prensa, que "su equipo jurídico" se encontraba:

> "evaluando el alcance de la sentencia que emitió este martes el Tribunal Supremo de Justicia en el que ordena al Ejecutivo ejercer las acciones pertinentes para salvaguardar el orden constitucional.
>
> Me están facultando con un poder habilitante especial para defender la institucionalidad, la paz, la unión nacional y rechazar amenazas de agresión o intervencionismos contra nuestro país. Esta es una sentencia histórica."

La prensa reseñó finalmente que "durante el Consejo de Ministros, el jefe de Estado señaló que además pedirá sugeren-

---

un estado de excepción y eliminó la inmunidad parlamentaria (sentencia n° 155 de la Sala Constitucional), 29 de marzo de 2017; y "El reparto de despojos: la usurpación definitiva de las funciones de la Asamblea Nacional por la Sala Constitucional del Tribunal Supremo de Justicia al asumir el poder absoluto del Estado (sentencia n° 156 de la Sala Constitucional), 30 de marzo de 2017, publicados entre otros en *Diario Constitucional* , Santiago de Chile, 1 de abril de 2017, en http://diarioconstitucional.cl/noticias/actualidad-internacional/2017/03/31/opinion-acerca-de-la-usurpacion-de-funciones-por-el-tribunal-supremo-de-venezuela-y-la-consolidacion-de-una-dictadura-judicial/.

3   Recurso que según se indicó por la ONG Acceso a la Justicia, tuvo su motivación en que el Poder Ejecutivo había ofrecido "a la petrolera rusa Rosneft una participación en la empresa mixta Petropiar a cambio de ayuda para pagar bonos de la deuda que están próximos a vencerse, pero para concretar el acuerdo se requiere la aprobación de la Asamblea Nacional según la Ley de Hidrocarburos." Véase en "TSJ: no aclares que oscureces. *Las verdaderas repercusiones de las aclaratorias de las sentencias del TSJ,*" *Acceso a la Justicia, Caraca 1 de abril de 2017,* en http://www.accesoalajusticia.org/wp/infojusticia/noticias/tsj-no-aclares-que-oscureces/.

cias a la Procuraduría General de la República y a la Sala Constitucional para cumplir con las órdenes dictadas por el máximo órgano judicial,"[4] como si ésta última fuera un órgano asesor del Ejecutivo.

De lo anterior resulta evidente, por tanto, que todo lo que había y estaba haciendo la Sala Constitucional era por tanto conocido por el Jefe de Estado, cuyo Consejo de Ministros estaba entonces trabajando en cómo implementar "jurídica-mente" las consecuencias del golpe de Estado

En resumen, el mismo, como fue resumido por las Academias Nacionales en el Pronunciamiento que formularon sobre las sentencias el día 1 de abril de 2017, se concretó en las siguientes acciones inconstitucionales:

"En dichas sentencias, la Sala Constitucional (i) se atribuye a sí misma competencias legislativas de la Asamblea Nacional y la facultad de delegarlas en quienes y cuando lo considere conveniente; (ii) atribuye competencias legislativas al Presidente de la República y le ordena ejercerlas por encima de la reserva de las competencias del órgano legislativo; (iii) limita la inmunidad parlamentaria, mientras permanezca lo que ha llamado "situación de desacato y de invalidez de las actuaciones de la Asamblea Nacional". En particular, la Sentencia 155, (iv) le otorga al Presidente de la República los poderes más amplios que haya tenido ciudadano alguno en la historia republicana venezolana, en violación del principio de separación de poderes, y desmonta el sistema de controles y contrapesos establecidos en la Constitución para el correcto funcionamiento entre las ramas del Poder Público, con el efecto de instaurar una concentración de poderes totalmente contraria a los principios y normas de la Constitución. Por lo tanto, la Sala Constitucional usurpó en

---

4   Véase la reseña: "Nicolás Maduro: El TSJ ha dictado una sentencia histórica. Durante el Consejo de Ministros, el jefe de Estado señaló que además pedirá sugerencias a la Procuraduría General de la República para cumplir con las órdenes dictadas por el máximo órgano judicial," en El nacional, 28 de marzo de 2017, en http://www.el-nacional.com/noticias/gobierno/nicolas-maduro-tsj-dictado-una-sentencia-historica_87784.

modo flagrante la autoridad legislativa y se permite dictar normas y órdenes que solo corresponderían al Poder Constituyente,
razón por la cual sería forzoso concluir que las Sentencias 155 y
156 carecen de efectos y son nulas, además hacen responsables
a quienes las dictaron, según lo previsto en los artículos 25 y
138 de la Constitución."[5]

Adicionalmente, por ejemplo, la Cátedra de Derecho Constitucional de la Facultad de Ciencias Jurídicas y Políticas de la
Universidad Central de Venezuela, expresó sobre las sentencias 155 y 156 de la Sala Constitucional que las mismas "constituyen actos arbitrarios que instauran una tiranía judicial y la
ruptura del orden constitucional. La consecuencia de esta aberración jurídica e institucional socava y ultima al Estado de
Derecho y al Régimen de Libertades Públicas derogando materialmente la Constitución de la República;"[6] y la Conferencia
Episcopal de Venezuela expresó que los venezolanos:

"estamos ante unas ejecutorias que desconocen e inhabilitan
el órgano público que representa la soberanía popular, en función del ejercicio omnímodo y unilateral del poder, sin tomar en
cuenta a la gente. Son decisiones moralmente inaceptables y,
por tanto, reprobables. Las dos sentencias, producto de unas
medidas que sobrepasan el ejercicio equitativo del poder, han
provocado reacciones de numerosos países y pueden generar en
Venezuela una escalada de violencia. [...]

Más allá de las consideraciones jurídicas y constitucionales,
la eliminación de la Asamblea Nacional, suplantándola por una
representación de los poderes judicial y ejecutivo, es un desconocimiento absoluto de que la soberanía reside en el pueblo y
de que a él le toca, en todo caso, dar su veredicto. Una nación
sin parlamento es como un cuerpo sin alma. Está muerto y desa-
parece toda posibilidad de opinión divergente o contraria a
quienes están en el poder. Se abre la puerta a la arbitrariedad, la

5   Véase Comunicado de 2 de abril de 2017, en FRENTEPATRIÓTI-
CO.COM/pararescatarelporvenir.wordpress.com.

6   Véase en https://pararescatarelporvenir.com/2017/04/02/la-universidad-en-
defensa-de-la-constitucion/.

corrupción y la persecución, un despeñadero hacia la dictadura siendo, como siempre, los más débiles y pobres de la sociedad los más perjudicados. Por estas razones, repetimos, esta distorsión es moralmente inaceptable."[7]

Lo ocurrido con las sentencias fue advertido de inmediato por el Secretario General de la OEA, Dr. Luis Almagro, quien apenas se publicaron, el día 30 de marzo de 2017, denunció con razón, "el auto-golpe de Estado perpetrado por el régimen venezolano contra la Asamblea Nacional, último poder del Estado legitimado por el voto popular," afirmando con lamento que lo que tanto había "advertido lamentablemente se ha concretado." El Secretario General fue también preciso al destacar los aspectos medulares de las dos sentencias indicando que:

"El Tribunal Supremo de Justicia (TSJ) ha dictado dos decisiones por las que despoja de sus inmunidades parlamentarias a los diputados de la Asamblea Nacional y, contrariando toda disposición constitucional, se atribuye las funciones de dicho Poder del Estado, en un procedimiento que no conoce de ninguna de las más elementales garantías de un debido proceso.

Por la primera de ellas, del 27 de marzo de 2017, el TSJ declara la inconstitucionalidad de acuerdos legislativos calificando como actos de traición a la patria el respaldo a la Carta Democrática Interamericana, instrumento jurídico al cual Venezuela ha dado su voto al tiempo de aprobarlo y fue el primer país en solicitar su aplicación en el año 2002.

Por el segundo fallo, del 29 de marzo, este tribunal declara la "situación de desacato y de invalidez de las actuaciones de la Asamblea Nacional", en forma que no conoce respaldo constitucional ni en las atribuciones de la Asamblea (art. 187 de la Constitución), ni mucho menos en la de la Sala Constitucional

---

7   Véase "Conferencia Episcopal Venezolana se pronunció sobre sentencia del TSJ," Comunicado de la presidencia de la Conferencia Episcopal de Venezuela ante las decisiones del Tribunal Supremo de Justicia, Caracas 2 de marzo de 2017, en http://www.el-nacional.com/noticias/iglesia/conferencia-episcopal-venezolana-pronuncio-sobre-sentencia-del-tsj_88436-.

del TSJ (art. 336 de la Constitución) y que viola la separación de poderes que la propia Constitución exige sea respetada por todos los jueces los que deben "asegurar su integridad" (art. 334).

Dichas sentencias, a juicio del Secretario General, al "despojar de las inmunidades parlamentarias a los diputados de la Asamblea Nacional y de asumir el Poder Legislativo en forma completamente inconstitucional son los últimos golpes con que el régimen subvierte el orden constitucional del país y termina con la democracia."[8]

La denuncia del golpe de Estado también fue objeto de la atención de la prensa mundial y basta con destacar el editorial del diario *El País* de Madrid del mismo día 30 de marzo de 2017, en el cual se destacó que:

> "La anulación de las competencias de la Asamblea Nacional venezolana, el traspaso de estas al Tribunal Supremo de Justicia –controlado por el chavismo– y la asunción de poderes extraordinarios en materia penal, militar, económica, social, política y civil por parte de Nicolás Maduro supone un mazazo institucional de una gravedad extrema, sin parangón desde que comenzara la crisis institucional en Venezuela. Es un auténtico golpe de Estado para el que no cabe la más mínima matización."[9]

Y fue condenado por toda la comunidad internacional, destacándose entre otros, lo expresado por los expresidentes reunidos en torno a la Iniciativa Democrática España y las Américas IDEA con fecha 30 de marzo de 2017,[10] cuando expresaron su:

---

8   Véase: "Almagro denuncia auto-golpe de Estado del gobierno contra Asamblea Nacional," *El nacional*, 30 de marzo de 2017, en http://www.el-nacional.com/noticias/mundo/almagro-denuncia-auto-golpe-estado-del-gobierno-contra-asamblea-nacional_88094.

9   Véase "Golpe de Estado en Venezuela. Nicolás Maduro consolida una dictadura," *El País*, 30 de marzo de 2017, en http://elpais.com/el-pais/2017/03/30/opinion/1490890200_815029.html.

10   Véase "Exjefes de Estado y de Gobierno de IDEA condenan golpe de Estado en Venezuela, "31 de marzo de 2017, en http://www.diario-

"más severa condena del golpe de Estado que se ha consumado en Venezuela con las decisiones 155 y 156 de su Tribunal Supremo de Justicia, dictadas los días 27 y 29 de marzo, mediante
las que se abroga éste el ejercicio de las competencias constitucionales de la Asamblea Nacional desconociéndola, le pone final
a la inmunidad parlamentaria de que gozan sus diputados, y le
encarga a Nicolás Maduro Moros, Presidente de la República
Bolivariana, gobernar al país por decreto, mediante un régimen
de excepción y, de ser el caso, apelando a la Justicia Militar."[11]

En sentido similar, en la misma fecha, el expresidente del
Gobierno español, Felipe González, expresó que

"La sentencia de la Corte Suprema anulando todos los poderes de la Asamblea Nacional es el paso definitivo que completa
la estrategia de la trama totalitaria que desgobierna Venezuela.
Un gobierno cívico militar, somete al Poder Judicial, al Consejo
Nacional Electoral y líquida la democracia anulando los poderes de la Asamblea Nacional."[12]

Incluso, hasta los cancilleres de Argentina, Uruguay, Brasil
y Paraguay en el seno del Mercosur, cuyos Tratados contienen
una cláusula democrática la cual durante tanto tiempo habían
olvidado, la redescubrieron, activándola, por considerar que en
Venezuela había una "falta de separación de poderes" instando
"al Gobierno de Venezuela a adoptar inmediatamente medidas
concretas, concertadas con la oposición, para asegurar la efectiva separación de poderes, el respeto del Estado de Derecho,
los derechos humanos, y el respeto de las instituciones;" y exhortando al régimen bolivariano a respetar el cronograma electoral, restablecer la división de poderes y garantizar el pleno

---

lasamericas.com/america-latina/exjefes-estado-y-gobierno-idea-condenan-
golpe-estado-venezuela-n4118573.

11   Véase "Declaración de condena al golpe de Estado en Venezuela," *IDEA,*
     30 de marzo de 2017, en http://www.diariolasamericas.com/america-
     latina/exjefes-estado-y-gobierno-idea-condenan-golpe-estado-venezuela-
     n4118573.

12   "Véase Felipe González, "El paso definitivo de la trama totalitaria," en *El
     País*, Madrid, 2 de abril de 2017.

goce de los derechos humanos, las garantías individuales y las libertades fundamentales y liberar a los presos políticos."[13]

II. LA REACCIÓN DE LA FISCAL GENERAL DE LA REPÚBLICA

En medio de todas las reacciones de rechazo y repulsa ante las acciones de la Sala Constitucional, las cuales sin embargo, fueron celebradas por el Presidente de la República, como "históricas," la Sra. Luisa Ortega Díaz, Fiscal General de la República, quien por su acción y omisión fue durante los últimos 15 años el bastión más importante en defensa del autoritarismo y de ocultamiento de todas las inconstitucionalidades cometidas por todos los poderes públicos controlados por el régimen; sorpresivamente, el día 31 de marzo de 2017, al presentar el Balance de Gestión del Ministerio Público, blandiendo la Constitución como siempre lo han hecho los funcionarios que la violan para pretender argumentar que actúan conforme a sus previsiones, expresó públicamente que de dichas sentencias se evidenciaban "varias violaciones del orden constitucional y desconocimiento del modelo de Estado consagrado en nuestra Constitución," considerando que ello constituía "una ruptura del orden constitucional." [14]

Fue la única manifestación de disidencia dentro de los Poderes Públicos controlados por el régimen autoritario respecto

---

13   "Véase la reseña "El Mercosur activa la cláusula democrática por la "falta de separación de poderes" en Venezuela. Los estados parte consideraron que el régimen de Nicolás Maduro rompió el "Orden democrático". El lunes reiterarán su posición ante la OEA," en *Infobae,* 2 de abril de 2017, en http://www.infobae.com/politica/2017/04/01/el-mercosur-activa-la-clausula-democratica-por-la-falta-de-separacion-de-poderes-en-venezuela/.

14   Véase el texto en la reseña "Fiscal general de Venezuela, Luisa Ortega Díaz, dice que sentencias del Tribunal Supremo sobre la Asamblea Nacional violan el orden constitucional," en Redacción BBC Mundo, *BBC Mundo*, 31 de marzo de 2017, en http://www.bbc.com/mundo/noticias-america-latina-39459905 Véase el video del acto en https://www.youtube.com/watch?v=GohPIrveXFE.

de lo que significaron las sentencias,[15] lo que para algunos evidencia, por lo menos en su texto, como lo observó cándidamente Américo Martín, "una especie de reacción democrática dentro del chavismo y un reflejo de la presión nacional o internacional,"[16] aun cuando evidentemente no constituyó ninguna posible ruptura con el gobierno de parte de la Fiscal General.

El Presidente de la Asamblea Nacional, Julio Borges, en todo caso expresó sobre lo expresado por la Fiscal General, que "El paso que ha dado, de hacer valer los valores de la Constitución, el mundo se lo reconoce;" y por su parte, el antiguo Presidente de la misma Asamblea, Henry Ramos Allup también expresó que:

> "La declaraciones dadas por la Fiscal General de la República señalando las aberradas sentencias y calificándolas como una ruptura del orden constitucional significan un paso adelante de una institución que no quiere prestarse a las violaciones de la Constitución."[17]

---

15   Contrariamente a lo que expresó el "Defensor del pueblo" el quien luego de condenar "la campaña emprendida por Luis Almagro," **expresó** "su firme apoyo" a la reciente sentencia del Tribunal Supremo de Justicia sobre la eliminación de la inmunidad parlamentaria, alegando que ésta "evalúa apropiadamente" el comportamiento de quienes pudieran atentar contra el país." Véase la reseña "Defensor del Pueblo apoyó la sentencia del TSJ que limita la inmunidad parlamentaria," en *Notototal*, 29 de marzo de 2017, en http://notitotal.com/2017/03/29/defensor-del-pueblo-apoya-la-sentencia-del-tsj-limita-la-inmunidad-parlamentaria/.

16   Véase en Nicholas Casey y Patricia Torres, "Venezuelan Court Revises Ruling That Nullified Legislature," en *The New York Times,* April 2, 2017, p. 10.o

17   Véase ambas declaraciones de Julio Borges y Henry Ramos Allup en la reseña "Fiscal general de Venezuela, Luisa Ortega Díaz, dice que sentencias del Tribunal Supremo sobre la Asamblea Nacional violan el orden constitucional," en *Redacción BBC Mundo, BBC Mundo,* 31 de marzo de 2017, en http://www.bbc.com/mundo/noticias-america-latina-39459905 Véase el video del acto en https://www.youtube.com/watch?v=GohPIrveXFE.

Esta manifestación de la Fiscal General, por otra parte, otros como Michael Penfold, consideraron que constituía la expresión de "un nuevo juego de poder," que el gobierno nunca pensó que provendría "del interior del mundo chavista," agregando que:

"El gobierno subestimó, mucho más que el nivel de irritación internacional, el impacto que las fricciones generadas por la disolución de la Asamblea Nacional podía llegar a producir dentro de sus propias esferas de poder, encontrándose con una Fiscal General de la República que inmediatamente ventiló su opinión sobre las implicaciones tan atroces que se derivaban de unas sentencias judiciales que alteraban de raíz el orden constitucional. Evidentemente, la Fiscal General no emitió esta opinión sin el apoyo político de otros factores relevantes, que seguramente compartían las mismas inquietudes frente a las desviaciones del gobierno nacional."

Agregó Penfold, por otra parte, que:

"La consecuencia el riesgo más grave para el gobierno es que las palabras de Ortega Díaz le permita a los organismos internacionales contar con la opinión autorizada, nada menos que de la Fiscalía General de la República, para declarar formalmente el colapso de la división de poderes y el cese del funcionamiento de la democracia en Venezuela." [18]

En todo caso, al expresar cautela, uno de los dirigentes de uno de los principales partidos de oposición, Richard Casanova, indicó con razón que:

"No sabemos si la motivación es honesta, ojalá así sea, tampoco sabemos si es una posición definitiva pero por lo pronto, su postura contribuyó a una inmensa victoria de las fuerzas democráticas. No es una heroína, ni hay que aplaudir nada, simplemente reconocer y valorar positivamente cuando -quienes

---

18   Véase Michael Penfold, "El nuevo juego de poder en Venezuela: de la ruptura al impasse constitucional," en *Prodavinci*, 1 de abril de 2017, en http://prodavinci.com/blogs/el-nuevo-juego-de-poder-en-venezuela-de-la-ruptura-al-impasse-constitucional-por-michael-penfold/.

han venido dando soporte a la dictadura- dan pasos en beneficio del orden constitucional y la institucionalidad democrática."[19]

Lo cierto en todo caso, es que al valorar lo dicho por la Fiscal General, no hay que olvidar que esta señora, a pesar de que era la constitucionalmente encargada de "garantizar en los procesos judiciales el respeto a los derechos y garantías constitucionales" (art. 285.1, Constitución), estuvo encargada por orden del gobierno autoritario de garantizar que la persecución política contra quienes se opusieron y se han opuesto al mismo, se hiciese al margen de la constitución, habiendo sido la que materializó la imputación, la acusación, el enjuiciamiento y el encarcelamiento de todos aquellos que por alguna razón política cayeron en sus garras, violándoles impunemente todos los derechos y garantías judiciales y del debido proceso.[20] Demasiados fueron los perseguidos, quienes por supuesto no olvidan los embates que sufrieron en procesos conducidos por esta señora durante los últimos tres lustros, solo por tener una opinión diferente a la que ella asumió como suya.

En todo caso, y a pesar de ello, no puede dejarse de reconocer que la Fiscal General, a pesar de haber "olvidado" sus funciones respecto en los casi cincuenta procesos y sentencias dictadas por la misma Sala Constitucional desde enero de 2017, que igualmente han violado el orden constitucional y

---

19   Véase la reseña: "El Golpe de Estado continua, tiene consecuencias y responsables", 1° de abril de 2017, en http://www.lapatilla.com/site/2017/04/01/el-golpe-de-estado-continua-tiene-consecuencias-y-responsables/.

20   Véase solo por lo que respecta a quien esto escribe, lo expuesto en Allan R. Brewer-Carías, *En mi propia defensa. Respuesta preparada con la asistencia de mis defensores Rafael Odreman y León Enrique Cottin contra la infundada acusación fiscal por el supuesto delito de conspiración*, Colección Opiniones y Alegatos Jurídicos N° 13, Editorial Jurídica venezolana, Caracas 2016; y *El caso Allan R. Brewer-Carías vs. Venezuela ante la Corte Interamericana de Derechos Humanos. Estudio del caso y análisis crítico de la errada sentencia de la Corte Interamericana de Derechos Humanos N° 277 de 26 de mayo de 2014*, Colección Opiniones Y Alegatos Jurídicos, N° 14, Editorial Jurídica Venezolana, Caracas 2014.

democrático,[21] ahora, después de haber cohonestado hasta la saciedad todas las violaciones constitucionales ocurridas en el país durante los últimos lustros, al menos "descubrió" y se dio cuenta súbitamente, que las dos últimas sentencias, que son repetición de las anteriores, violan el orden constitucional, desconocen el Estado de derecho y constituyen una ruptura del orden constitucional; llegando incluso a considerar que era "su obligación manifestar ante el país su preocupación por tal evento," haciendo además un llamado a "la reflexión para que se tomen caminos democráticos, que respetando la Carta Magna, propiciemos un ambiente de respeto y rescate de la pluralidad," y que se debata "de forma democrática" y se "respeten las diferencias."[22]

---

21   El listado de esas sentencias, respecto de "solo a las que han afectado directamente a la Asamblea Nacional, y sin contar las sentencias N° 155 y 156, da un total de 46 sentencias que como lo indicó José Ignacio Hernández, "en su conjunto configuran el golpe de Estado. Estas son, de la Sala Constitucional: 1.778/2015; 7/2016; 9/2016; 184/2016; 225/2016; 259/2016; 264/2016; 269/2016; 274/2016; 327/2016; 341/2016; 343/2016; 411/2016; 460/2016;473/2016; 478/2016;614/2016; 615/2016; 618/2016; 797/2016; 808/2016; 810/2016; 814/2016; 893/2016; 907/2016; 938/2016; 939/2016; 948/2016; 952/2016; 1.012/2016; 1.103/2016;1.014/2016; 1.086/2016; 2/2017; 3/2017; 4/2017; 5/2017; 6/2017; 7/2017; 88/2017; 90/2017 y 113/2017. De la Sala Electoral, son: N° 260/2015; 1/2016; 108/2016 y 126/2016." Véase en "Sobre el inconstitucional exhorto del Consejo de Defensa Nacional al TSJ; por José Ignacio Hernández, en "*Prodavinci,* 1 de abril de 2017, en http://prodavinci.com/blogs/sobre-el-inconstitucional-exhorto-del-consejo-de-defensa-nacional-al-tsj-por-jose-ignacio-hernandez/... Véase los comentarios a todas esas sentencias en Allan R. Brewer-Carías, *Dictadura judicial y perversión del Estado de derecho. La Sala Constitucional y la destrucción de la democracia en Venezuela.* Colección Estudios Políticos, N° 13, Editorial Jurídica Venezolana International. Segunda edición ampliada. New York-Caracas, 2016.

22   Véase el texto en la reseña "Fiscal General de Venezuela, Luisa Ortega Díaz, dice que sentencias del Tribunal Supremo sobre la Asamblea Nacional violan el orden constitucional," en Redacción BBC Mundo, *BBC Mundo*, 31 de marzo de 2017, en http://www.bbc.com/mundo/noticias-america-latina-39459905 Véase el video del acto en https://www.youtube.com/watch?v=GohPIrveXFE.

Sobre ello, estoy seguro que los perseguidos políticos en tantos procesos en los cuales al contrario de lo que ahora propicia, sufrieron las abyectas violaciones a los principios y garantías constitucionales más elementales por parte de esta señora y sus secuaces en el Ministerio Público, no celebrarán nada y considerarán dichas declaraciones solo como una muestra de cinismo, sabiendo cómo, al contrario de lo que expresó, la Fiscal General en dichos procesos penales lo que hizo fue darle la espalda a cualquier camino democrático, irrespetando la Carta Magna, conduciéndolos en un ambiente de irrespeto total para los acusados, en una acción caracterizada por la ausencia total de espíritu de pluralismo, que siempre desconoció, al punto de amenazar personalmente a personas honorables en el sentido de que si no les gustaba el régimen que se fueran del país.[23]

En todo caso, el cinismo se confirmará cuando se sepa cómo al reunirse mansamente con el Sr. Maduro, pudo llegar a "dirimir" el "impase" del cual habló el Presidente de la República,[24] o se atenuará si hace lo que para ser coherente debió haber hecho de inmediato que era, como Fiscal General de la República, el haber tomado la iniciativa para propiciar la remoción de los magistrados que dieron el golpe de Estado, y con la diligencia que siempre demostró para perseguir a tantos, iniciar el enjuiciamiento de los mismos; como lo expresó el Colegio de Abogados del Distrito Federal al exhortar a "la Fiscal General de la República a interponer de manera inmediata las acciones legales y sus respectivos antejuicios de méri-

---

23   En mi presencia esto se lo expresó al Director del diario *Tal Cual*, Teodoro Petckoff, de viva voz, a mitades de 2005.

24   Véase la reseña "Maduro, tras instalar Consejo de Defensa de la Nación: Tengo fe de que se harán las aclaratorias necesarias," Noticiero digital, 31 Marzo, 2017, en http://www.noticierodigital.com/2017/03/maduro-tengo-fe-absoluta-de-que-este-consejo-hara-las-aclaratorias-necesarias/.

to contra los responsables de la ruptura del hilo constitucional y del orden democrático señalado en sus declaraciones."[25]

Ello mismo le solicitaron los profesores de la Cátedra de Derecho Constitucional de la Universidad Central de Venezuela, para que "proceda, como titular de la acción penal, iniciar los procedimientos que correspondan contra los perpetradores de los delitos cometidos y los actos de transgresión del orden constitucional."[26]

III. LA CONVOCATORIA Y REUNIÓN DE UN CONSEJO CONSULTIVO DE DEFENSA DE LA NACIÓN Y LA "EXHORTACIÓN" DEL PODER EJECUTIVO A LA SALA CONSTITUCIONAL PARA QUE VIOLASE LA LEY

La Constitución regula en su artículo 323, en título relativo a la Seguridad de la Nación, a un órgano denominado "Consejo de Defensa de la Nación" que es solo un órgano consultivo para la planificación y asesoramiento del Poder Público en los asuntos relacionados con la defensa integral de la Nación, su soberanía y la integridad de su espacio geográfico, integrado por los titulares de todos los Poderes Públicos y algunos Ministros.

---

25   Véase "Del dicho al hecho... Colegio de Abogados de Caracas insta a la Fiscal a ejercer acciones sobre su pronunciamiento," 1 de abril de 2017, en https://pararescatarelporvenir.com/2017/04/01/el-colegio-de-abogados-de-caracas/.

26   Véase Comunicado de la Cátedra de Derecho Constitucional de la Faculta de Ciencias Jurídicas y Políticas de la Universidad Central de Venezuela, expresó sobre las sentencias 155-17 y 156-17 de la Sala Constitucional "constituyen actos arbitrarios que instauran una tiranía judicial y la ruptura del orden constitucional. La consecuencia de esta aberración jurídica e institucional socava y ultima al Estado de Derecho y al Régimen de Libertades Públicas derogando materialmente la Constitución de la República." Véase Comunicado de 2 de abril de 2017, en FRENTEPATRIÓTICO.COM/pararescatarelporvenir.wordpress.com En igual sentido véase "Juristas coinciden en que golpe contra la AN continúa aún con "sentencias de rectificación" *La Patilla*.com, 2 de abril de 2017, en http://www.lapatilla.com/site/2017/04/02/juristas-coinciden-en-que-golpe-contra-la-an-continua-aun-con-sentencias-de-rectificacion/.

Luego de las sentencias de la Sala Constitucional y de las declaraciones de la Fiscal General, el Presidente de la República convocó dicho Consejo confiando que daría "buenos resultados para... hacer las aclaratorias respectivas, las aclaratorias necesarias, en el marco de la autonomía y la constitucionalidad de cada poder, para despejar cualquier tensión y cualquier duda", y que en el mismo "este "impase" sea superado lo más rápido posible" considerando, como si alguien pudiera creerle, que en Venezuela "tenemos poderes independientes." [27]

Lo cierto fue que a la reunión de dicho Consejo, que se efectuó el mismo día 31 de marzo de 2017 en la noche, en la cual no asistieron ni los titulares del Poder Legislativo, ni del Poder Ciudadano, ni del Poder Judicial, es decir, solo integrado por funcionarios del Poder Ejecutivo, se adoptó una decisión en la madrugada del día 1 de marzo de 2017, en la cual luego de ratificarse, como si ello no estuviese dispuesto en la Constitución, que "el máximo Tribunal de la República en su Sala Constitucional es la instancia competente para el control de la constitucionalidad de los actos emanados de cualquier órgano del poder público nacional que coliden con la Carta Magna, así como la resolución de los conflictos entre poderes," en lugar de requerirle que dirimiera el supuesto conflicto existente (lo que por supuesto era imposible ya que era entre la propia Sala Constitucional y la Fiscal General, y la primera no podía resolver en causa propia), lo que resolvió fue, sin sentido alguno y luego de destarar los supuestos "loables esfuerzos" del Presidente de la República "en la búsqueda de soluciones para resolver, dentro del marco constitucional y mediante el diálogo constructivo, los conflictos entre los órganos del poder público nacional," exhortar al Tribunal Supremo de Justicia para que cometiera abiertamente una ilegalidad, es decir, proceder:

---

27 Véase la reseña "Maduro, tras instalar Consejo de Defensa de la Nación: Tengo fe de que se harán las aclaratorias necesarias," *Noticiero digital*, 31 Marzo, 2017, en http://www.noticierodigital.com/2017/03/maduro-tengo-fe-absoluta-de-que-este-consejo-hara-las-aclaratorias-necesarias/.

"a revisar las decisiones 155 y 156 con el propósito de mantener la estabilidad constitucional y el equilibrio de poderes mediante los recursos contemplados en el ordenamiento jurídico venezolano." [28]

Este acuerdo del Consejo Nacional de la Defensa, que como se dijo fue realmente un acuerdo adoptado por funcionarios del Poder Ejecutivo exclusivamente, por supuesto, emitido por un órgano que como lo destacó José Ignacio Hernández "carece de competencia para pronunciarse sobre "conflictos" de Poderes o sentencias de la Sala Constitucional," fue además:

"violatorio de los principios más básicos del Derecho venezolano, al "exhortar" la revisión de las sentencias Nro. 155 y 156; pues en estricto sentido, esas sentencias no pueden ser revisadas por nadie, ni pueden ser corregidas, al haber vencido el lapso previsto para ello. Tampoco puede la Sala Constitucional "revocar" esas sentencias." [29]

No se olvide, en efecto que como en todos los países del mundo, el artículo 252, del Código de Procedimiento Civil prescribe categóricamente que "después de pronunciada la sentencia definitiva o la interlocutoria sujeta a apelación, no podrá revocarla ni reformarla el Tribunal que la haya pronunciado," razón por la cual es una ilegalidad infame que los funcionarios del Poder Ejecutivo que participaron en la reunión de ese Consejo, le hubieran solicitado a la Sala Constitucional que "revise" sus sentencias, lo que no le es permitido hacer; de manera que incluso si lo hacía lo que iba a evidenciar es que

---

28 Véase su texto en "Consejo de Defensa Nacional exhorta al TSJ a revisar sentencias 155 y 156 // #MonitorProDaVinci,'1 de abril de 2017, en http://prodavinci.com/2017/04/01/actualidad/consejo-de-defensa-nacional-exhorta-al-tsj-a-revisar-sentencias-155-y-156-monitorprodavinci/.

29   Véase José Ignacio Hernández, "Sobre el inconstitucional exhorto del Consejo de Defensa Nacional al TSJ," en *Prodavinci*, 1 de abril de 2017, en http://prodavinci.com/blogs/sobre-el-inconstitucional-exhorto-del-consejo-de-defensa-nacional-al-tsj-por-jose-ignacio-hernandez/.

carecía totalmente de autonomía e independencia, como efectivamente ocurrió. [30]

Además, era evidentemente inocua cualquier "revisión" de esas dos sentencias respecto de la Asamblea Nacional, la cual había sido despojada de sus competencias por las sentencias anteriormente dictadas por la misma Sala Constitucional desde enero de 2016 que consolidaron un "golpe de estado permanente" perpetrado contra la Asamblea.[31]

IV. EL INSÓLITO ANUNCIO DEL ACATAMIENTO POR LA SALA CONSTITUCIONAL DE LA ORDEN "EXHORTADA" DADA POR EL PODER EJECUTIVO

En todo caso, en cumplimiento inmediato de lo resuelto por el Poder Ejecutivo, mediante el uso del parapeto conocido como Consejo de Defensa de la Nación, integrado en este caso

---

30   Sobre ello observó José Ignacio Hernández "que si la Sala Constitucional cumple con el comunicado del Consejo, es por cuanto carece de autonomía e independencia. Por composición numérica, el Consejo es dominado por el Gobierno, y según la Constitución, la Sala Constitucional debe ser autónoma frente al Gobierno. Todo lo contrario a lo que se desprende del comunicado, en el cual pareciera que, por consensos dentro del Consejo, se pactan decisiones del Tribunal." Véase en "Sobre el inconstitucional exhorto del Consejo de Defensa Nacional al TSJ; por José Ignacio Hernández", Prodavinci, 1 de abril de 2017, en http://prodavinci.com/blogs/sobre-el-inconstitucional-exhorto-del-consejo-de-defensa-nacional-al-tsj-por-jose-ignacio-hernandez/ El mismo profesor Hernández en otro evento expresó sobre ello lo ocurrido que "Todos vimos cómo el TSJ y la Sala Constitucional siguen instrucciones del Gobierno, pero ahora lo vimos en televisión. Vimos en vivo y directo como el presidente Nicolás Maduro, en el Consejo de Defensa de la Nación que nada tenía que ver en este asunto, le daba órdenes al TSJ para que corrigiera sus decisiones y en cuestión de horas publicaron dos aclaratorias. Un tribunal independiente no aceptaría eso." Véase en Juan Francisco Alonso, "Tribunal Supremo de Justicia no ha dado marcha atrás en su golpe al Parlamento," en Diario las Américas, 1 de maro de 2017, en DIARIOLASAMERICAS.COM/pararescatarelporvenir.wordpress.com.

31   Véase en "Sobre el inconstitucional exhorto del Consejo de Defensa Nacional al TSJ; por José Ignacio Hernández, *Prodavinci,* 1 de abril de 2017, en http://prodavinci.com/blogs/sobre-el-inconstitucional-exhorto-del-consejo-de-defensa-nacional-al-tsj-por-jose-ignacio-hernandez/.

solo por funcionarios del mismo, la Sala Constitucional del Tribunal Supremo en la madrugada del día 1 de abril de 2017, hizo montar en la página web del Tribunal Supremo la información de que se habían dictado dos sentencias, las N° 157 y 158, mediante las cuales se modificaban las anteriores que habían sido cuestionadas. Lo que apareció en la página web del Tribunal Supremo fue la información siguiente:

> "*Decisión 157*: Se Aclara de Oficio la sentencia N° 155 de fecha 28 de marzo de 2017, en lo que respecta a la inmunidad parlamentaria. Se suprime dicho contenido. Se suprime la cautelar 5.1.1 de dicho fallo.

> *Decisión 158*: Se Aclara de Oficio la sentencia N° 156 de fecha 29 de marzo de 2017, en lo que respecta al punto 4.4 del dispositivo cuyo contenido está referido a que la Sala Constitucional garantizará que las competencias parlamentarias sean ejercidas directamente por ésta o por el órgano que ella disponga, para velar por el Estado de Derecho, el cual se suprime."

Y nada más. Para el domingo 2 de abril de 2017 en horas de la noche, no solo las sentencias anunciadas no habían sido publicadas, sino que la misma página web del Tribunal Supremo estaba "caída."[32]

Lo único que se conocía de parte del Tribunal Supremo era un "Comunicado" leído el día 1 de abril de 2017 por el Presidente del mismo, en el cual su "junta directiva," contrariamente a lo dispuesto en las sentencias Nos 155 y 156 dictadas dos días antes, atendiendo "al exhorto del Consejo de Defensa," procedió "a revisar las sentencias," afirmando –contrariamente a lo que dice su texto– que el máximo Tribunal del país "no disolvió o anuló la Asamblea Nacional ni la despojó de sus atribuciones con las decisiones tomadas el 28 y 29 de marzo."

---

32 En el Internet no hubo posibilidad de acceder a la página del Tribunal Supremo, durante el sábado y el domingo 1 y 2 de abril de 2017, y al intentar entrar en la misma salía la indicación "*This site can't be reached.* www.tsj.gob.ve *took too long to respond.*"

Los magistrados supuestamente reconocieron "la inmunidad parlamentaria como una garantía de la función legislativa dentro de los límites establecidos en la Constitución," indicando que "con la aclaratoria sobre las decisiones se "permite sumar" en el espíritu democrático."[33]

Y a renglón seguido, como si se tratase de un juego inocente, el Sr. Maduro, Presidente de la República, en vista de este anuncio, afirmó que después de haber enfrentado "una situación compleja" informaba que "en pocas horas, activando los mecanismos de la Constitución, fue superada exitosamente la controversia que surgió entre dos poderes," comentando que:

> "me tocó como Jefe de Estado actuar. Actué rápido, sin dilación, sin demoras y ya en la madrugada de hoy 1 de abril habíamos superado absolutamente la controversia que había surgido".[34]

Por supuesto, ninguna "controversia constitucional" había surgido (conceptualmente es imposible que surja entre la Sala Constitucional y otro órgano del Estado), que hubiese sido superada, siendo lo expresado por el Jefe de Estado demasiado elemental. El Presidente de la Asamblea Nacional, Julio Borges, en cambio afirmó que:

> "La macolla del TSJ quiere hacer ver que echaron la sentencia para atrás. El TSJ quiere maquillar un muerto. El TSJ ya dio un golpe de Estado que no pueden corregir. Aún si anularan la sentencia, ya cometieron el golpe. El reculamiento (sic) lo que demuestra es que en Venezuela no hay separación de poderes."[35]

---

33   Véase "TSJ al país: No despojamos al Parlamento de sus atribuciones," *El Nacional* 1º de abril de 2017, en http://www.el-nacional.com/noticias/politica/tsj-pais-despojamos-parlamento-sus-atribuciones_88473.

34   Véase la reseña: "Maduro: Actué rápido y pudimos superar exitosamente la controversia entre el TSJ y el MP," en *Noticiero Digital*, 1 de abril de 2017, en   http://www.noticierodigital.com/2017/04/maduro-actue-rapido-y-pudimos-superar-exitosamente-la-controversia-entre-el-tsj-y-el-mp/.

35   "Diputados afirman que "rectificación" del TSJ no borra golpe de Estado", en   http://www.el-nacional.com/noticias/politica/diputados-afirman-que-rectificacion-del-tsj-borra-golpe-estado_88511.

Sobre ello, el profesor Gerardo Fernández, al indicar con razón que lo que había hecho el Tribunal Supremo era "acatar órdenes del Poder Ejecutivo," en "otro signo inequívoco de la inexistencia de la separación de poderes en el país," aún sin conocer el texto de las sentencias, precisó que:

> "La aclaratoria no resuelve la ruptura del orden constitucional porque el régimen a través del TSJ sigue usurpando las funciones de la Asamblea Nacional, lo cual ha consolidado a través de casi 60 sentencias. El orden constitucional sigue alterado, el régimen impide a la AN ejercer su función política, legislativa, de control y administrativa. Aún con la aclaratoria, permanece vigente la imposibilidad de controlar contratos de interés público."[36]

Precisó, además, con razón, que "una aclaratoria como herramienta procesal solo es admisible para corregir errores materiales, por ejemplo de una fecha, pero no para cambiar el fondo de la decisión," todo lo cual se completó con la apreciación del profesor Alberto Arteaga de que en este caso:

> "nunca una aclaratoria pudo confundir más y expresar el estado de anomia del país. Queda claro ante el mundo que desapareció todo vestigio de poder judicial autónomo e independiente. Más grave que las decisiones 155 y 156 del TSJ, es la rectificación inmediata por 'acatamiento' al Ejecutivo."[37]

Es decir, conforme al artículo 252 del Código de Procedimiento Civil, la Sala Constitucional ni podía ni revocar ni reformar las sentencias 155 y 156, y menos aún podía actuar de oficio. Respecto de sentencias definitivas, el tribunal que las dicta solo puede "aclarar dudas, salvar omisiones o rectificar errores de copia, o dictar ampliaciones, siempre y cuando lo hubiere solicitado algunas de las partes al día de la publicación

---

36 "Se mantiene desconocimiento de la Asamblea Nacional. Gerardo Fernández y Alberto Arteaga Sánchez señalaron que los cambios parciales en los fallos revelan que no hay separación de poderes, en http://www.el-nacional.com/noticias/politica/mantiene-desconocimiento-asamblea-nacional_88521.

37 *Idem.*

de la sentencia, o al día siguiente;"[38] pero sin embargo, como se anunció en la página web del Tribunal Supremo, y lo destacó el profesor Román José Duque Corredor, lo que ocurrió fue que, de oficio:

> "1°) La Sala Constitucional suprime un contenido de la sentencia 155, que representó una amenaza a la inmunidad parlamentaria y una medida cautelar que implicaba ruptura del principio de la separación de poderes; y

> 2°) La Sala Constitucional suprime totalmente el contenido de la sentencia 156 que significo la usurpación por su parte de la totalidad de las competencias de la Asamblea Nacional."[39]

Ello, por supuesto y con razón, a juicio del mismo profesor Duque, constituyó "la aceptación de la Sala Constitucional de su actitud hostil contra un poder legítimo, como lo es la Asamblea Nacional," habiéndose configurado con sus sentencias 155 y 156, según la jurisprudencia de su Sala Penal, el "delito de rebelión contra un poder nacional, en atención a lo dispuesto en el artículo 143, del Código Penal," del cual son responsables penalmente los magistrados según el artículo 200 de la Constitución; lo que obliga a la Fiscal a solicitar se califiquen estas faltas como causales de la remoción de los referidos magistrados.[40]

Todos estos acontecimientos, como lo recordó Oswaldo Álvarez Paz, "protagonizados alternativamente por el Tribunal Supremo de Justicia, la Fiscal General de la República, el Ejecutivo y los conocidos corifeos, apóstoles de la "revolución" bolivariana," por lo demás, lo que hicieron fue "desenmascarar nacional e internacionalmente al régimen dictatorial que nos

---

38   *Idem.*

39   Véase Román José Duque Corredor, "Los 7 magistrados de la Sala Constitucional y sus responsabilidades penales y éticas. su enjuiciamiento y remoción,' 1° de abril de 2017, en http://justiciayecologiaintegral.blogspot.com/2017/04/los-7-magistrados-de-la-sala.html.

40   *Idem.*

gobierna," y "terminar de darle la razón más plena a los informes de Luis Almagro, secretario general de la OEA y a la solidaridad de los gobiernos de alrededor de 20 países que lo acompañan en sus corajudas acciones."[41]

Queda por analizar el contenido de las sentencias anunciadas antes de que la página web del Tribunal Supremo fuese tumbada, situación en la que permanece cuando termino de escribir esta nota.

New York, 10.30 pm., 2 de abril de 2017

---

41   Véase Oswaldo Álvarez Paz, "Pasado, Presente y Futuro," 2 de marzo de 2017, en https://pararescatarelporvenir.com/2017/04/03/oswaldo-alvarez-paz-10/.

OCTAVA PARTE

LA NUEVA FARSA DEL JUEZ CONSTITUCIONAL CONTROLADO: LA INCONSTITUCIONAL Y FALSA "CORRECCIÓN" DE LA USURPACIÓN DE FUNCIONES LEGISLATIVAS POR PARTE DE LA SALA CONSTITUCIONAL DEL TRIBUNAL SUPREMO

(Sentencias Nº 157 y 158 de 1º de abril de 2017)

I. LA ILEGAL ACTUACIÓN DE OFICIO DE LA SALA CONSTITUCIONAL

Como la Sala Constitucional lo había anunciado en su página web el día 1 de abril de 2017,[1] a solicitud del Presidente de la República a través de una reunión de un Consejo consultivo de Defensa de la Nación,[2] procedió de oficio a *reformar y re-*

---

1   Véase sobre el anuncio de las aclaratorias, los comentarios en Allan. Brewer-Carías: "El golpe de Estado judicial continuado, la no creíble defensa de la constitución por parte de quien la despreció desde siempre, y el anuncio de una bizarra 'revisión y corrección' de sentencias por el juez constitucional por órdenes del poder ejecutivo. (Secuelas de las sentencias Nº 155 y 156 de 27 y 29 de marzo de 2017), New York, 2 de abril de 2017, en http://allanbrewercarias.net/site/wp-content/uploads/2017/04/150.-doc.-BREWER..-EL-GOLPE-DE-ESTADO-Y-LA-BIZARRA-REFORMA-DE-SENTENCIAS.-2-4-2017.pdf.

2   La propia Sala confesó en un Comunicado de 3 de abril de 2017 publicado en *Gaceta Oficial* que "El Tribunal Supremo de Justicia en consideración al exhorto efectuado por el Consejo de Defensa de la Nación ha procedido a revisar las decisiones 155 y 156, mediante los recursos contemplados en el ordenamiento jurídico venezolano, y en tal sentido, hoy son públicas y notorias sendas sentencias aclaratorias que permiten sumar en lo didáctico y expresar cabalmente el espíritu democrático constitucional que sirve de

vocar parcialmente sus sentencias N° 155[3] y 156[4] de 27 y 29 de marzo de 2017, dictando para ello las sentencias Nos. 157[5] y 158[6] de fecha 1 de abril de 2017 (cuyo texto sin embargo solo fue conocido cerca de las 11 am del día 4 de abril de 2017), en violación de los principios más elementales del debido proceso en Venezuela; irónicamente invocando como motivación fundamental, la "garantía de la tutela judicial efectiva consagrada en el artículo 26 constitucional."

Con dichas sentencias, como lo precisó el profesor Román José Duque Corredor, los magistrados de la Sala Constitucio-

---

fundamento a las decisiones de este Máximo Tribunal." Véase en la *Gaceta Oficial* N° 41.127 de 3 de abril de 2017.

3   Véase sentencia N° 155 de 27 de marzo de 2017, en http://historico.tsj.gob.ve/decisiones/scon/marzo/197285-155-28317-2017-17-0323.HTML. Véase los comentarios a dicha sentencia en Allan. Brewer-Carías: "El reparto de despojos: la usurpación definitiva de las funciones de la Asamblea Nacional por la Sala Constitucional del Tribunal Supremo de Justicia al asumir el poder absoluto del Estado (sentencia n° 156 de la Sala Constitucional), 30 de marzo de 2017, en http://diariocons-titucional.cl/noticias/actualidad-internacional/2017/03/31/opinion-acerca-de-la-usurpacion-de-funciones-por-el-tribunal-supremo-de-venezuela-y-la-consolidacion-de-una-dictadura-judicial/.

4   Véase la sentencia N° 156 de 29 de marzo de 2017 en http://historico.tsj.gob.ve/decisiones/scon/marzo/197364-156-29317-2017-17-0325.HTML. Véase los comentarios a dicha sentencia en Allan. Brewer-Carías: "La consolidación de la dictadura judicial: la Sala Constitucional, en un juicio sin proceso, usurpó todos los poderes del Estado, decretó inconstitucionalmente un estado de excepción y eliminó la inmunidad parlamentaria (sentencia n° 156 de la Sala Constitucional), 29 de Marzo de 2017, en http://diarioconstitucional.cl/noticias/actualidad-internacional/2017/03/31/opinion-acerca-de-la-usurpacion-de-funciones-por-el-tribunal-supremo-de-venezuela-y-la-consolidacion-de-una-dictadura-judicial/.

5   Véase en http://historico.tsj.gob.ve/decisiones/scon/abril/197399-157-1417-2017-17-0323.HTML.

6   Véase en http://Historico.Tsj.Gob.Ve/Decisiones/Scon/Abril/197400-158-1417-2017-17-0325.Html.

nal cometieron "fraude procesal por falseamiento de la verdad, la adulteración del proceso, y fraude a la ley."[7]

En efecto, la referida norma, al contrario de lo que pretendió hacer la Sala Constitucional, no le otorga poder o competencia alguna al Tribunal Supremo para tomar decisión alguna, y menos para reformar y revocar de oficio sus sentencias, sino que lo que establece es solo un *derecho* que solo las personas pueden ejercer, que es el de acceder a la justicia "para hacer valer sus derechos e intereses," y obtener "la tutela efectiva de los mismos" y "con prontitud la decisión correspondiente;" y todo ello, en el marco de una justicia que conforme a la misma norma, entre otros debe ser "*imparcial, idónea, transparente, autónoma, independiente y responsable.*"

En los casos decididos por la Sala en estas sentencias Nº 157 y 158, la misma confesó que para actuar, nadie y ni siquiera las partes en los viciados juicios en los cuales se dictaron las sentencias Nos 155 y 156 le solicitó a la Sala que tomara decisión alguna, razón por la cual expresó sin ambages *que actuó de oficio*, pero sin fundamentar cómo y en virtud de cuál previsión constitucional o legal. Lo único que dijo la Sala en ambas sentencias fue que:

> "con base en el artículo 252 del Código de Procedimiento Civil, el cual es aplicable supletoriamente a las causas que conoce este Máximo Tribunal, en concordancia con el artículo 98 de la Ley Orgánica del Tribunal Supremo de Justicia, esta Sala **procede de oficio a aclarar**" [las sentencias, y a revocarlas parcialmente] (negrilla en el original).

Las Salas del Tribunal Supremo de Justicia, como lo dice el artículo 89 de la Ley Orgánica que la rige, conforme al clásico principio dispositivo del derecho procesal, solo puede conocer

---

7   Véase Román José Duque Corredor, "Fraude procesal de los magistrados de la Sala Constitucional," 4 de abril de 2017, en http://justiciayecologiaintegral.blogspot.com/2017/04/fraude-procesal-de-los-magistrados-de.html?spref=fb&m=1.

de los asuntos que le competen *a instancia de parte interesa-da*, siendo la única excepción en que pueda actuar de oficio solo "en los casos que disponga la ley." El principio está ratificado en materia de recursos de nulidad, en el artículo 32 de la misma Ley Orgánica al indicar que en ejercicio del control concentrado de la constitucionalidad sólo puede tener lugar mediante demanda de parte, siendo la excepción, solo, la posibilidad de la Sala "de suplir, de oficio, las deficiencias o técnicas del demandante."

Es ilegal por tanto que la Sala Constitucional, de oficio pretenda proceder a reformar y a revocar sus sentencias, vía aclararlas, lo que por lo demás, no se admite en ninguna parte del mundo.[8]

En cuanto a la posibilidad de aclarar sentencias, si eso fue lo que realmente quiso hacer la Sala Constitucional, el artículo 252 del Código de Procedimiento Civil es categórico al disponer que el Tribunal que la haya pronunciado una sentencia:

> Artículo 252. Después de pronunciada la sentencia definitiva o la interlocutoria sujeta a apelación, *no podrá* revocarla *ni reformarla* el Tribunal que la haya pronunciado. Sin embargo, el Tribunal podrá, *a solicitud de parte*, aclarar los puntos dudosos, salvar las omisiones y rectificar los errores de copia, de referencias o de cálculos numéricos que aparecieren de manifiesto en la misma sentencia, o dictar ampliaciones, dentro de tres días, después de dictada la sentencia, con tal de que dichas aclaraciones y ampliaciones las *solicite alguna de las partes* en el día de la publicación o en el siguiente."

---

8   Como lo expreso el mismo Duque Corredor, "la irrevocabilidad de las sentencias o la prohibición de revocarlas o reformarlas por el tribunal que las haya pronunciado, establecida en el artículo 252 del Código de Procedimiento Civil," implica que "los jueces agotan su jurisdicción y por ende nada pueden añadir o quitar a sus sentencias;" [...] Por ello, nunca un tribunal, so pretexto de aclaratorias, puede revocar, transformar o modificar su fallo, lo que implica un fraude a la ley," *Idem.*

Es decir, toda aclaratoria o ampliación de una sentencia conforme a esa norma (i) debe ser hecha por el Tribunal *"a solicitud de parte,"* nunca de oficio; (ii) solo "dentro de tres días después de dictada la sentencia;" (iii) solo si la aclaratoria o ampliación la *"solicite alguna de las partes;"* y (iv) solo si la solicitud se formula "en el día de la publicación [de la sentencia] o en el siguiente."[9]

En este caso de las Sentencias Nº 157 y 158 del 1 de abril de 2017, ninguno de los requisitos legales establecidos en el artículo 252 del Código de Procedimiento Civil los cumplió la Sala Constitucional, violándolo abiertamente; de manera que como lo afirmó la Academia de Ciencias Políticas y Sociales, en este caso, "lo único que quedó realmente aclarado, es la falta de independencia del poder Judicial,"[10] o como lo indicó la Asamblea nacional en Acuerdo de 5 de abril de 2017, dichas sentencias "son una muestra más del menosprecio del Derecho por parte del Tribunal Supremo de Justicia y su actitud servil al Poder Ejecutivo."[11]

Parece que para este órgano judicial, "máxime interprete de la Constitución," el derecho simplemente existe solo para los

---

9   Además, como lo observó la Sala en la propia sentencia, pero no ocurrió en los casos resueltos, "cualquier ciudadano o ciudadana que tenga interés legítimo en un proceso judicial o autoridad pública, incluyendo a la Procuraduría General de la República, a la Defensoría del Pueblo o a la Fiscalía General de la República, entre otros, les asiste el derecho a solicitar formalmente la aclaratoria de cualquier sentencia, una vez pronunciada la misma, en atención a la tutela judicial efectiva y al debido proceso consagrados en el Texto Fundamental."

10 Véase "Declaración de a Academia de Ciencias Políticas y Sociales, sobre la posición de la Fiscal General de la República y las aclaratorias de la Sala Constitucional del Tribunal Supremo de Justicia," de 4 de abril de 2017, en www.acienpol.org.ve.

11 Véase "Acuerdo sobre la activación del procedimiento de remoción de los magistrados de la Sala Constitucional del Tribunal Supremo de Justicia, por su responsabilidad en la ruptura del orden constitucional," 5 de abril de 2017, en http://www.asambleanacional.gob.ve/uploads/documentos/doc_4cef040952a501b2e64c6999deedce3e1f8c9b52.pdf.

demás órganos del Estado y para los ciudadanos, pero no se le aplica a la Sala Constitucional, donde por lo visto reina la arbitrariedad.

II. LA ILEGAL REFORMA Y REVOCACIÓN PARCIAL (NO ACLARACIÓN) DE LA SENTENCIA N° 155 DE 27 DE MARZO DE 2017

Como se dijo, la sentencia N° 157 de 1 de abril de 2017, se dictó con el objeto de reformar y revocar parcialmente la sentencia N° 155 de 27 de marzo de 2017, mediante la cual la Sala Constitucional había anulado mediante sentencia definitiva el Acuerdo adoptado por la Asamblea Nacional sobre la Reactivación del Proceso de Aplicación de la Carta Interamericana de la OEA, como mecanismo de resolución pacífica de conflictos para restituir el orden constitucional en Venezuela, de 21 de marzo de 2017.

La Sala Constitucional, para decidir, se fundamentó en el mencionado artículo 252 del Código de Procedimiento Civil, en el cual se prescribe expresamente que el Tribunal que haya pronunciado una sentencia definitiva en ningún caso puede "revocarla ni reformarla," pudiendo solo "aclararla" o "ampliarla" en los términos indicados en la norma. Precisándose respecto del primer supuesto (aclaración) es solo para "aclarar los puntos dudosos, salvar las omisiones y rectificar los errores de copia, de referencias o de cálculos numéricos que aparecieren de manifiesto en la misma sentencia." En palabras incluso de la propia Sala Constitucional expresada en sentencia N° 814 de 11 de octubre de 2016:[12]

> "la aclaratoria tiene por objeto lograr que sea expresada en mejor forma la sentencia, de manera que permita el conocimiento cabal de su contenido, evitando las dudas o los malos entendidos que la lectura de su texto pueda generar, a los fines de la apropiada comprensión integral de la decisión."

---

12   Véase en http://historico.tsj.gob.ve/decisiones/scon/octubre/190792-814-111016-2016-2016-897.HTML.

Y aparentemente con base en ello, en palabras de la Sala, la misma, con la sentencia N° 157 de 1 de abril de 2017, supuestamente procedió "**de oficio a aclarar**" las sentencias N° 155 y 156 de 27 y 29 de marzo de 2017, habiendo sin embargo hecho dos cosas distintas, primero, reformar las sentencias, y segundo, revocarlas parcialmente, para lo cual no solo no tenía competencia alguna, sino que la ley se lo prohibía expresamente.

1. *La ilegal "reforma" de la sentencia N° 155 de 27 de marzo de 2017.*

En cuanto a la sentencia N° 155 de 27 de marzo de 2017, la Sala Constitucional en efecto procedió a reformarla ilegalmente mediante la sentencia N° 157 de 1° de abril de 2017 en la propia parte motiva de la misma, al hacer la Sala el resumen de lo decidido en la sentencia N° 155 de 2017, indicando entre otras decisiones (además de declarar su competencia, admitir la demanda y declarar el asunto de mero derecho), las siguientes:

"**4.- DECLARA** la **NULIDAD POR INCONSTITUCIONALIDAD** *"(d) el acto parlamentario aprobado por la Asamblea Nacional en fecha 21 de marzo de 2017, llamado 'Acuerdo sobre la Reactivación del Proceso de Aplicación de la Carta Interamericana de la OEA…"*

5.- Se **INICIA DE OFICIO** el proceso de control innominado de la constitucionalidad respecto de los actos señalados en la presente decisión, cuyo expediente iniciará con copia certificada de la misma.

5.1.- Se **DECRETAN LAS SIGUIENTES MEDIDAS CAUTELARES:**

5.1.1.-Se **ORDENA** al Presidente de la República Bolivariana de Venezuela que, en atención a lo dispuesto en el artículo 236.4, en armonía con lo previsto en los artículos 337 y siguientes *eiusdem* (ver sentencia n° 113 del 20 de marzo de 2017), entre otros, proceda a ejercer las medidas internacionales que estime pertinentes y necesarias para salvaguardar el orden constitucional, así como también que, en ejercicio de sus atribuciones constitucionales y para garantizar la gobernabilidad del país, tome las medidas civiles, económicas, militares, penales, administrativas, políticas, jurídicas y sociales que estime pertinentes y necesarias para evitar un estado de conmoción; y en el marco del Estado de Excepción y ante el desacato y omisión legislativa continuada por parte de la Asamblea Nacional, revisar excepcionalmente la legislación sustantiva y adjetiva (incluyendo la Ley Orgánica contra la Delincuencia Organizada y Financiamiento al Terrorismo, la Ley Contra la Corrupción, el Código Penal, el Código Orgánico Procesal Penal y el Código de Justicia Militar –pues pudieran estar cometiéndose delitos de naturaleza militar–), que permita conjurar los graves riesgos que amenazan la estabilidad democrática, la convivencia pacífica y los derechos de las venezolanas y los venezolanos; todo ello de conformidad con la letra y el espíritu de los artículos 15, 18 y 21 de la Ley Orgánica Sobre Estados de Excepción vigente."[13]

Al presentar en esta forma el "resumen" de lo decidido en la sentencia N° 155, la Sala Constitucional la reformó ilegalmente, pues "corrigiendo" el error en el cual sin duda había incurrido, ubicó, *agregando numerales* antes inexistentes, las inconstitucionales "medidas cautelares" que dictó *dentro del "proceso de control innominado de la constitucionalidad respecto de desconocidos actos estatales, que resolvió ilegalmente "iniciar de oficio;"* y que debía iniciarse, como se indicó expresamente en la sentencia, con copia certificada ("iniciará con copia certificada") de la decisión que por supuesto debía emitirse en el futuro y que al dictarse la sentencia, aún no se había emitido.

---

13   Véase sentencia N° 155 de 27 de marzo de 2017, en http://historico.tsj.gob.ve/decisiones/scon/marzo/197285-155-28317-2017-17-0323.HTML. Véase los comentarios a dicha sentencia en Allan. Brewer-Carías: "El reparto de despojos: la usurpación definitiva de las funciones de la Asamblea Nacional por la Sala Constitucional del Tribunal Supremo de Justicia al asumir el poder absoluto del Estado (sentencia n° 156 de la Sala Constitucional), 30 de marzo de 2017, en http://diarioconstitucional.cl/noticias/actualidad-internacional/2017/03/31/opinion-acerca-de-la-usurpacion-de-funciones-por-el-tribunal-supremo-de-venezuela-y-la-consolidacion-de-una-dictadura-judicial/.

Sin embargo, como observamos en su momento,[14] en la sentencia Nº 155 de 27 de marzo de 2017, después de resolver en forma definitiva la nulidad del acto impugnado, y sin iniciarse aún el nuevo ilegalmente juicio ordenado de oficio en otro expediente y con copia de la sentencia, la Sala dictó inconstitucionalmente un conjunto de medidas cautelares sin juicio ni proceso, que ahora, en la sentencia modificatoria Nº 157 de 1 de abril de 2017, pretende decirle a los venezolanos lo que no dijo en la que sentencia reformada, tratando de justificar la arbitrariedad que significó dictar medidas cautelares en ausencia de proceso alguno (luego de terminado el primero y sin haberse comenzado el segundo).

La reforma de la sentencia, en la forma mencionada, por lo demás, careció totalmente de motivación.

2. *La ilegal revocación parcial de la sentencia Nº 155 de 27 de marzo de 2017 en cuanto a la violación de la inmunidad parlamentaria, y al decreto de estado de excepción inconstitucionalmente adoptado autorizando al Presidente a adoptar todo tipo de medidas.*

Además de reformar la sentencia en la forma antes mencionada, la Sala Constitucional pasó de seguidas a revocarla parcialmente, lo que está expresamente prohibido en el artículo 252 del Código de Procedimiento Civil, apelando la Sala, ilegal y falsamente, a lo que regula la norma que permite al juez "aclarar" las sentencias.

La revocación parcial se refirió a algunas partes de la sentencia en las cuales inconstitucionalmente, la Sala:

Primero, desconoció la inmunidad parlamentaria de los diputados a la Asamblea Nacional; y

Segundo, la Sala, ni más ni menos, decretó un estado de excepción, ordenando al Presidente de la República a tomar "las medidas civiles, económicas, militares, penales, administrati-

---

14 *Idem.*

vas, políticas, jurídicas y sociales que estime pertinentes y necesarias para evitar un estado de conmoción," y proceder a revisar, y en consecuencia, legislar, respecto de toda "la legislación sustantiva y adjetiva."

Para la revocación parcial de la sentencia N° 155, la Sala Constitucional solo esgrimió la siguiente "motivación," que no fue tal:

Primero, que en virtud de que el 31 de marzo de 2017 había habido "algunas consideraciones y opiniones emitidas en relación con la sentencia" N° 155, el Tribunal Supremo de Justicia, por convocatoria del Presidente de la República, había asistido a una reunión extraordinaria del Consejo de Defensa de la Nación

Segundo, que en dicho Consejo, se "exhortó" al Tribunal Supremo de Justicia a "aclarar el alcance de las decisiones números 155 y 156, dictadas el 28 y 29 de marzo de 2017, respectivamente, con el propósito de mantener la estabilidad institucional y el equilibrio de poderes, mediante los recursos contemplados en el ordenamiento jurídico venezolano."

Y precisamente, "atendiendo al alcance constitucional que tiene el exhorto del Consejo de Defensa de la Nación," (sic)[15] la Sala entonces pasó a "analizar la situación planteada," refiriéndose única y exclusivamente al tema de la violación de la inmunidad parlamentaria en la que había incurrido; pero ignorando lo concerniente al inconstitucional decreto de estado de excepción que contenía su sentencia N° 155.

---

15   Sobre el "alcance constitucional del exhorto del Consejo de Defensa" que supuestamente le permitió "a la Sala Constitucional "analizar la situación planteada," el profesor Duque Corredor, con razón, indicó que ello "es falso, porque, por un lado, las competencias del Consejo mencionado se limitan a las materias de la seguridad de la Nación y no a las materias judiciales y mucho menos relativas a revisión de sentencias del Tribunal Supremo de Justicia o de los tribunales. "Ello es falso también" porque "en ninguna disposición de esta Ley se prevé que mediante exhortos de órganos del Ejecutivo Nacional las Salas del Tribunal Supremo de Justicia puedan revisar sus sentencias." *Idem.*

Sobre la grave violación a la inmunidad parlamentaria debe recordarse que, de paso, en la sentencia N° 155, la Sala consideró "oportuno" dejar sentado que:

> "la inmunidad parlamentaria sólo ampara, conforme a lo previsto en el artículo 200 del Texto Fundamental, los actos desplegados por los diputados en ejercicio de sus atribuciones constitucionales (lo que no resulta compatible con la situación actual de desacato en la que se encuentra la Asamblea Nacional) y, por ende, en ningún caso, frente a ilícitos constitucionales y penales (flagrantes) (ver sentencia de esta Sala Constitucional n° 612 del 15 de julio de 2016 y de la Sala Plena nros. 58 del 9 de noviembre de 2010 y 7 del 5 de abril de 2011, entre otras)."

Sobre esta aseveración dada como cierta en la sentencia N° 155 de la Sala Constitucional, en la sentencia N° 157 comenzó por aclarar (excusarse?) de que había hecho referencia a la inmunidad parlamentaria, *en la motiva de la sentencia "mas no en su dispositiva,"* considerando sin embargo, que dicho "señalamiento *aislado en la motiva*" había sido, por supuesto con razón, "tema central del debate público," lo que la Sala saludó con toda ironía, como "como expresión de una robusta democracia en el marco del Estado Democrático y Social de Derecho y de Justicia que se desarrolla y funciona plenamente en Venezuela," pero advirtiendo que en este caso, se habían difundido "diversas interpretaciones erradas sobre algunos aspectos de la decisión objeto de esta aclaratoria."

La Sala nada dijo sobre las mismas, ni sobre qué había sido lo errado, y así, sin motivación alguna, considerando simplemente que la convocatoria efectuada por el Jefe del Estado para reunir al Consejo de Defensa de la Nación, "a objeto de tratar en su seno la controversia surgida entre autoridades del Estado venezolano, se nos presenta como una situación inédita para la jurisdicción constitucional," pasó a "aclarar" falsamente y de oficio, "en ejercicio de la potestad que para este caso corresponde y con base en el artículo 252 del Código de Procedimiento Civil," que "el dispositivo 5.1.1 y lo contenido sobre el mismo en la motiva; así como lo referido a la inmunidad parlamentaria," supuestamente obedecían a medidas cautelares dictadas por esta Sala, lo cual era falso, indicando para terminar que "como garantía de la tutela judicial efectiva" consagrada en el artículo 26 de la Constitución, sin argumentar absolutamente nada sobre el inconstitucional decreto de estado de excepción contenido en el "dispositivo 5.1.1,0" concluyó señalando que:

> "se revocan en este caso la medida contenida en el dispositivo 5.1.1, así como lo referido a la inmunidad parlamentaria. Así se decide.

Y para el asombro del lector, eso fue todo.

Sin motivación alguna, la sentencia N° 157 no aclaró nada sino que revocó parcialmente la sentencia N° 155, lo que está expresamente prohibido en Venezuela, indicándose que lo resuelto debía además, tenerse como "parte complementaria de la sentencia N° 155 del 28 de marzo de 2017. Así se decide."

Mayor arbitrariedad es imposible de encontrar en los anales de la justicia constitucional en el derecho comparado.

III. LA ILEGAL REFORMA Y REVOCACIÓN PARCIAL (NO ACLARACIÓN) DE LA SENTENCIA N° 156 DE 29 DE MARZO DE 2017

Como se dijo, en el otro caso, la sentencia N° 158 de 1 de abril de 2017 se dictó con el objeto de reformar y revocar parcialmente la sentencia N° 156 de 29 de marzo de 2017 mediante la cual la Sala Constitucional, al conocer de un recurso de interpretación de una norma constitucional y otra de rango legal, que intentó una empresa del Estado del sector de los hidrocarburos, resolvió, "con carácter vinculante y valor *erga omnes* "declarar la **Omisión Inconstitucional parlamentaria por parte de la Asamblea Nacional, y** disponer entre otros aspectos, los siguientes:

"4.3.- Sobre la base del estado de excepción, el Jefe de Estado podrá modificar, mediante reforma, la norma objeto de interpretación, en correspondencia con la jurisprudencia de este Máximo Tribunal (ver sentencia n° 155 del 28 de marzo de 2017).

4.4.- Se advierte que mientras persista la situación de desacato y de invalidez de las actuaciones de la Asamblea Nacional, esta Sala Constitucional garantizará que las competencias parlamentarias sean ejercidas directamente por esta Sala o por el órgano que ella disponga, para velar por el Estado de Derecho."[16]

Con estos dispositivos, violando la Constitución, la Sala Constitucional, por una parte, le otorgó la potestad de legislar en materia de hidrocarburos al Presidente de la República, y por la otra, asumió todas las competencias de la Asamblea Nacional, para ejercerlas directamente.

La Sala Constitucional, en su sentencia N° 158 de 1° de abril de 2017, sin hacer mención inicial, como lo hizo en la sentencia N° 157 sobre si se fundamentaba en el mencionado artículo 252 del Código de Procedimiento Civil que prohíbe a los jueces "revocar o reformar" sus sentencias definitivas, pudiendo sólo aclararlas; se basó para supuestamente "aclarar" la sentencia N° 156 en los dos dispositivos mencionados, al igual que hizo en la antes mencionada sentencia N° 157 de 1° de abril de 2017, en las siguientes consideraciones:

---

16 Véase la sentencia N° 156 de 29 de marzo de 2017 en http://historico.tsj.gob.ve/decisiones/scon/marzo/197364-156-29317-2017-17-0325.HTML. Véase los comentarios a dicha sentencia en Allan. Brewer-Carías: "La consolidación de la dictadura judicial: la Sala Constitucional, en un juicio sin proceso, usurpó todos los poderes del Estado, decretó inconstitucionalmente un estado de excepción y eliminó la inmunidad parlamentaria (sentencia n° 156 de la Sala Constitucional), 29 de Marzo de 2017, en http://diarioconstitucional.cl/noticias/actualidad-internacional/2017/03/31/opinion-acerca-de-la-usurpacion-de-funciones-por-el-tribunal-supremo-de-venezuela-y-la-consolidacion-de-una-dictadura-judicial/.

Primero, que en virtud de que el 31 de marzo de 2017, había habido "algunas consideraciones y opiniones emitidas en relación con los dispositivos de la sentencia N° 156, el Tribunal Supremo de Justicia, por convocatoria del Presidente de la República, había asistido a una reunión extraordinaria del Consejo de Defensa de la Nación

Segundo, que en dicho Consejo, se "exhortó" al Tribunal Supremo de Justicia a "aclarar el alcance de las decisiones Nros. 155 y 156, dictadas el 28 y 29 de marzo de 2017, respectivamente, con el propósito de mantener la estabilidad institucional y el equilibrio de poderes, mediante los recursos contemplados en el ordenamiento jurídico venezolano."

Y precisamente, "atendiendo al alcance constitucional que tiene el exhorto del Consejo de Defensa de la Nación" (sic), la Sala entonces pasó a "analizar la situación planteada, y después de referirse a sus potestades en el ejercicio de la jurisdicción constitucional para interpretar la Constitución, y a que a su juicio era "un hecho público, notorio y comunicacional la situación de desacato y de omisión inconstitucional en la que se encuentra la Asamblea Nacional," respecto de las anteriores sentencias dictadas por la Sala Electoral y la propia Sala Constitucional,[17] pasó a recordar que en la sentencia N° 156 de 29 de marzo de 2017 había decidido que en relación con el artículo 33 de la Ley de Hidrocarburos, que no existía impedimento alguno para que el Ejecutivo Nacional constituya empresas mixtas en el sector" sustituyendo a la Asamblea para conocer de las circunstancias de las contrataciones, en sustitución de la Asamblea Nacional.

---

17   La Sala en la sentencia, hizo referencia nuevamente a las sentencias dictadas "en su Sala Electoral (Nros. 260 del 30 de diciembre de 2015, 1 del 11 de enero de 2016 y 108 del 1 de agosto de 2016) y en Sala Constitucional (Nros. 269 del 21 de abril de 2016, 808 del 2 de septiembre de 2016, 810 del 21 de septiembre de 2016, 952 del 21 de noviembre de 2016, 1012, 1013, 1014 del 25 de noviembre de 2016 y 2 del 11 de enero de 2017)."

Ahora, para proceder "supuestamente "aclarar" dicha sentencia N° 156 de 29 de marzo de 2017, la Corte, primero, mutó la naturaleza definitiva de la misma transformándola en una "medida cautelar;" y segundo, sin motivación alguna, pasó a revocar las decisiones mediante las cuales había usurpado las potestades de la Asamblea Nacional

1. *Una ilegal "mutación" de la sentencia N° 156 de 29 de marzo de 2017, trastocándola ilegalmente de "sentencia definitiva" en una "medida cautelar".*

La Sala Constitucional con base en lo antes indicado, que solo es repetición de lo que resolvió en la sentencia N° 156, afirmó falsamente que en la misma, supuestamente *advirtió cautelarmente*, tanto en la parte motiva como en su dispositivo 4.4, que:

> "(…) mientras persista la situación de desacato y de invalidez de las actuaciones de la Asamblea Nacional, esta Sala Constitucional garantizará que las competencias parlamentarias sean ejercidas directamente por esta Sala o por el órgano que ella disponga, para velar por el Estado de Derecho."

La afirmación es por supuesto completamente falsa, pues dicha sentencia N° 156 de 29 de marzo de 2017, como es bien sabido, fue una *sentencia definitiva* que puso fin a un "proceso de interpretación constitucional," no pudiendo por tanto contener en forma definitiva ninguna medida cautelar.

De acuerdo con lo decidido por la propia Sala Constitucional, precisamente en la sentencia N° 155 de 27 de marzo de 2017, "aclarada" también como antes se dijo, las medidas cautelares a las que se refiere el Capítulo II de la Ley Orgánica del Tribunal Supremo (*"De los procesos ante la Sala Constitucional"*) solo pueden dictarse *"con ocasión de los procesos jurisdiccionales* tramitados en su seno." para "salvaguardar la situación jurídica de *los justiciables*," constituyendo "la garantía

de la ejecución del fallo definitivo,"[18] pero que por "su instrumentalidad," solo pueden dictarse *antes de que concluya el
juicio*, por lo que al "no constituir un fin por sí mismas,"
siempre "son provisionales y, en consecuencia, fenecen cuando se produce la sentencia que pone fin al proceso principal."
No hay posibilidad por tanto en un juicio, que la sentencia definitiva contenga medidas cautelares, y menos que se trans-
forme ex post la sentencia definitiva en medida cautelar como
si el juicio en el cual se dictó no hubiese fenecido.

2. *La ilegal revocación parcial de la sentencia N° 156 de 29
    de marzo de 2017 en cuanto a la usurpación de las funcio-
    nes legislativas por parte de la Sala Constitucional*

Pero además de la anterior ilegalidad, la Sala Constitucional, sin embargo, indicó que los dispositivos de su sentencia
definitiva N° 156 que falsamente calificó como medidas cautelares, también habían sido con razón "tema central del debate
público," lo que la Sala también en este caso saludó con toda
ironía "como expresión de una robusta democracia en el marco
del Estado Democrático y Social de Derecho y de Justicia que
se desarrolla y funciona plenamente en Venezuela," pero advirtiendo que en este caso, se habían también difundido "diversas interpretaciones erradas sobre algunos aspectos de la
decisión objeto de esta aclaratoria."

La Sala, tampoco nada dijo sobre las mismas, y sobre qué
había sido lo errado, y así, también en este caso, sin motivación alguna, considerando simplemente que la convocatoria
efectuada por el Jefe del Estado para reunir al Consejo de Defensa de la Nación, "a objeto de tratar en su seno la controversia surgida entre autoridades del Estado venezolano, se nos
presenta como una situación inédita para la jurisdicción constitucional," pasó a retractarse de lo que había decidido, diciendo
que lo que decidió no lo decidió, precediendo así a "aclarar"

---

18   Citando las sentencias N° 269 del 25 de abril de 2000, (caso: *ICAP*); N°
      1.025 del 26 de octubre de 2010 (caso: *"Constitución del Estado Táchira"*).

falsamente y de oficio, supuestamente "en ejercicio de la potestad que para este caso corresponde y con base en el artículo 252 del Código de Procedimiento Civil," que:

> "en el fallo Nº 156 dictado el 29 de marzo de 2017 los dispositivos 4.3 y 4.4 y lo que respecta a lo indicado en la parte motiva sobre los mismos, *tienen naturaleza cautelar*, en vista de que el desacato de la Asamblea Nacional, que le impide el ejercicio de sus atribuciones constitucionales es de carácter circunstancial; y, en todo caso, *esta Sala no ha dictado una decisión de fondo* que resuelva la omisión."

De entrada, frente a esta afirmación insólita, lo que cabría preguntar es ¿si la Sala ya decidió la cuestión de fondo mediante sentencia definitiva (Nº 156), cómo es que la Sala ahora puede decir que no ha dictado decisión de fondo? Se le olvidó a la Sala súbitamente que en este caso ya no había juicio donde dictar "sentencia de fondo," pues el único que había terminó precisamente con la sentencia que se reformó.

De nuevo, afirmación de la Sala Constitucional fue totalmente falsa, pues la sentencia Nº 156 de 29 de marzo de 2017, fue una *sentencia definitiva*, dictada en un "juicio de interpretación constitucional" que concluyó con la misma, y que por tanto impide esencialmente que sus dispositivos puedan tener el carácter cautelar que ahora le inventó la Sala. Esta decisión, ni siquiera se puede considerar como una ilegal "reforma" de la sentencia Nº 156 por vía de aclaración, porque en ningún caso una sentencia definitiva se puede trastocar, cambiar y convertir en una medida cautelar, que solo se puede dictar en el curso de un juicio, pero nunca una vez que el mismo ha terminado.

Por ello la absoluta ilegalidad que afecta la sentencia Nº 158 de 1º de abril de 2017, la cual argumentando que al estar caracterizadas las medidas cautelares "por su instrumentalidad, provisionalidad y mutabilidad," supuestamente "para este ejercicio se tendrán en cuenta las circunstancias del caso y los intereses públicos en conflicto."

Y de nuevo, para el asombro del lector, eso fue todo.

Sin motivación, falsamente calificando una sentencia definitiva como medida cautelar, no se aclaró nada sino que se revocó parcialmente una sentencia, lo que está expresamente prohibido en Venezuela, indicándose también que lo resuelto por la sentencia N° 158 de 1 de abril de 2017 debía además tenerse como "parte complementaria de la sentencia N° 156 del 29 de marzo de 2017. Así se decide."

De nuevo, así de arbitraria funciona la Justicia Constitucional en Venezuela, con base en falsedades.

IV. REVOCACIÓN PARCIAL DE SENTENCIAS PARA QUE TODO SIGA IGUAL Y LA RESPONSABILIDAD DE LA FISCAL GENERAL DE LA REPÚBLICA TRAS CONSIDERAR TODO LO OCURRIDO COMO UNA RUPTURA DEL ORDEN CONSTITUCIONAL

La ilegal e inconstitucional modificación y revocación parcial de las sentencias N° 155 y 156, mediante las sentencias 157 y 158, por la presión-exhorto ejercida por el Consejo de Defensa de la Nación, y para pretender "aclarar" ante el mundo que se había dado marcha atrás al golpe de Estado cometido, y que supuestamente habría resuelto un falso "impase" entre la Sala Constitucional y la Fiscal General de la República quién había denunciado que con las sentencias se había producido una ruptura del orden constitucional, en realidad no cambió nada.

Se trató de una revocación ilegal parcial, que dejó incólumes todas las otras decisiones contenidas en las sentencias N° 155 y 156, entre ellas, como lo destacó José Ignacio Hernández, la que prejuzgó en el sentido de que los diputados de la Asamblea Nacional incurrieron en el delito de traición a la patria (sentencia N° 155); y la que usurpó la función de control de la Asamblea Nacional sobre la creación de empresas mixtas, al permitir al Gobierno crearlas en el sector hidrocarburos bajo el control de la Sala. En las nuevas sentencias N° 157 y

158, además, la Sala Constitucional, ratificó que la Asamblea Nacional no puede ejercer sus funciones constitucionales por encontrarse en "desacato" y la Sala mantiene su criterio de la usurpación de funciones de la Asamblea Nacional, impidiéndole ejercer sus funciones.[19]

Por ello, en relación con las sentencias Nros. 157 y 158 de la Sala Constitucional, el Consejo Permanente de la Organización de Estados Americanos en su Resolución CP/RES. 1078 (2108/17) del 3 de abril de 2017, declaró que las mismas eran "son incompatibles con la práctica democrática y constituyen una violación del orden constitucional de la República, urgiendo al Gobierno "restaurar la plena autoridad de la Asamblea Nacional."[20]

Y finalmente la propia Asamblea Nacional, el 5 de abril de 2017 adoptó sendos Acuerdos "sobre la activación del procedimiento de remoción de los magistrados de la Sala Constitucional del Tribunal Supremo de Justicia, por su responsabilidad en la ruptura del orden constitucional,",[21] y "en rechazo a

---

19   Véase José Ignacio Hernández, ¿Qué dicen las sentencias 157 y 158 del TSJ?," en *Prodavinci*, 4 de abril de 2017, en http://prodavinci.com/blogs/que-dicen-las-sentencias-157-y-158-del-tsj-por-jose-ignacio-hernandez-g/?platform=hootsuite. En particular sobre el tal "desacato" debe recordarse lo expresado por el Consejo de la facultad de Derecho de la Universidad Católica Andrés Bello en Comunicado Público: "Debe insistirse que aun en el supuesto de que existiese tal desacato judicial, la consecuencia procesal del mismo no podría nunca ser la nulidad absoluta de todos los actos y actuaciones, presentes o futuros, del Poder Legislativo Nacional, sino (a lo sumo) la nulidad del voto de aquellos parlamentarios supuestamente "mal incorporados" a la Asamblea o bien la imposición de multas coercitivas hasta tanto ese órgano del Poder Público cumpla la sentencia, tal como dispone el artículo 122 de la Ley Orgánica del Tribunal Supremo de Justicia." Caracas 30 de marzo de 2017.

20   Véase   en   http://www.oas.org/es/centro_noticias/comunicado_prensa.asp?sCodigo=C-022/17.

21   Véase   en   http://www.asambleanacional.gob.ve/uploads/documen´-tos/doc_4cef040952a501b2e64c6999deedce3e1f8c9b52.pdf.

la ruptura del orden constitucional y a la permanencia de la situación de golpe de estado en Venezuela," exigiendo a la Fiscal General de la República incoar "las averiguaciones conducentes al establecimiento de la responsabilidad penal en la materia."[22]

La respuesta inmediata que la Asamblea Nacional recibió respecto de sus Acuerdos fue un Comunicado emitido por el Tribunal Supremo de Justicia, rechazando:

"categóricamente cualquier acto que pretenda deslegitimar la actuación de los Magistrados y Magistradas de la Sala Constitucional, quienes han actuado en cumplimiento de los mandatos constitucionales en resguardo del orden democrático y la paz social."[23]

Con esto, parece que el Tribunal Supremo no se percató, como en cambio sí lo concientizó todo el mundo dentro y fuera del país, que fueron ellos mismos quienes se deslegitimaron y fueron ellos mismos los que actuaron incumpliendo con los mandatos constitucionales, y fueron ellos mismos quienes atentaron contra el orden democrático y la paz social.

Pero, como lo recuerda el viejo refrán castellano, "no hay peor ciego que el que no quiere ver," es decir, "porque viendo no ven."[24]

New York, 5 de abril de 2017

---

22   Véase   en   http://www.asambleanacional.gob.ve/uploads/documentos/doc_ece7eb3d5595a491e95a2fa61daf922538d4ada8.pdf.

23   Véase en http://runrun.es/nacional/303794/comunicado-tsj-rechaza-sesion-de-la-an-para-iniciar-proceso-de-destitucion-de-magistrados.html.

24   Parábola, Biblia, Libro Mateo 13:13-17.

NOVENA PARTE:

LA ÚLTIMA USURPACIÓN: LA SALA CONSTITUCIONAL ANULÓ SIN JUICIO LA DESIGNACIÓN DEL VICE-FISCAL GENERAL DE LA REPÚBLICA Y SE ARROGÓ APROBAR EL NOMBRAMIENTO DEL MISMO A PESAR DE QUE LE CORRESPONDE A LA FISCAL GENERAL CON LA APROBACIÓN DE LA ASAMBLEA NACIONAL

La última usurpación de autoridad ocurrida en Venezuela ha sido la perpetrada, de nuevo, por la Sala Constitucional del Tribunal Supremo de Justicia, al declarar nula sin juicio ni proceso de nulidad alguno, la designación hecha por la Fiscal General de la República del Vice-Fiscal del organismo; disponer que dicha designación debe ser sometida a la sala Constitucional en lugar de a la Asamblea nacional, y finalmente, decidir asumir el nombramiento directamente, violando la Constitución.

En efecto, la Fiscal General de la República, el Vice-Fiscal y el Director General de Actuación Procesal del organismo solicitaron ante la Sala Constitucional del Tribunal Supremo la declaratoria de nulidad del el Decreto N° 2.878, del 23 de mayo de 2017, mediante el cual el Presidente de la República estableció las Bases Comiciales para la Asamblea Nacional Constituyente que había convocado inconstitucionalmente y en fraude a la voluntad popular, mediante Decreto N° 2.830 de 1° de mayo de 2017. [1]

---

1   Véase sobre ello Allan R. Brewer-Carías, *La inconstitucional convocatoria de una Asamblea Nacional Constituyente en fraude a la voluntad popular*, Editorial Jurídica Venezolana International, Caracas 2017

La Sala Constitucional, mediante sentencia N° 470 de 27 de junio de 2017[2] declaró inadmisible el recurso intentado única y exclusivamente "por haber operado la cosa juzgada" en virtud de que la misma Sala ya había "juzgado sobre la constitucionalidad" del decreto impugnado, al declarar sin lugar el recurso de nulidad contra el mismo decreto que había intentado el abogado Emilio J Urbina Mendoza, mediante sentencia N° 455, del 12 de junio de 2017.[3]

Sin embargo, la sentencia no quedó allí como procesalmente hubiese correspondido, sino que la Sala previamente pasó a juzgar *de oficio*, sobre la validez del nombramiento del Vice-Fiscal de la República quien aparecía firmando el recurso de nulidad, y quien había sido nombrado por la Fiscal conforme a la Ley Orgánica del Ministerio Público, en carácter de "encargado."

La Sala Constitucional consideró que dicho Vice Fiscal carecía de legitimación para actuar en el proceso, considerando que su designación debía "contar con la previa autorización de la mayoría de los integrantes del órgano legislativo nacional," lo que no había ocurrido, a pesar de su carácter de "encargado." Y agregó entonces la Sala "al estar y mantenerse en desacato la Asamblea Nacional, lo que debió haber hecho la Fiscal General para proceder nombrar al Vice Fiscal:

> "lo conducente dentro del Estado de Derecho y de Justicia, *era acudir a esta Sala Constitucional*, dada la situación de anormalidad institucional existente que choca con el Estado de Derecho, para el debido aval constitucional como consta de otras competencias atribuidas a la Asamblea Nacional, y que por la actitud de la mayoría en desacato, debe resguardar esta máxima instancia judicial para asegurar el orden constitucional,

---

2   Véase   en   http://historico.tsj.gob.ve/decisiones/scon/junio/200380-470-27617-2017-17-0665.HTML

3   Véase sobre dicha sentencia Allan R. Brewer-Carías, *La inconstitucional convocatoria de una Asamblea Nacional Constituyente en fraude a la voluntad popular*, Editorial Jurídica Venezolana International, Caracas 2017, pp. 131 y ss.

la institucionalidad, la democracia y la justicia (véanse sentencias nros. 06 del 20 de enero de 2017, 90 del 24 de febrero de
2017, entre otras), razón por la cual esta Sala como garante de
la constitucionalidad y del Estado de Derecho, *declara nula* por
ser contraria al Texto Constitucional y a la Ley que rige las funciones del Ministerio Público, la Resolución n° 651 de fecha 17
de abril de 2017, publicada en la Gaceta Oficial de la República
Bolivariana de Venezuela n° 41.132 de esa misma fecha, donde
la ciudadana Luisa Ortega Díaz, en su condición de Fiscal General de la República, designó al prenombrado abogado como
Vicefiscal General de la República (Encargado). Al adolecer de
nulidad absoluta tal designación, los actos y actuaciones realizadas por el prenombrado ciudadano, en las cuales haya fungido
como "Vicefiscal General de la República" son nulos de nulidad
absoluta y no tienen por tanto efectos jurídicos. Así se decide."

Y no contenta con lo decidido sin proceso ni contradictorio
alguno, violando el derecho a la defensa de la Fiscal General
que había nombrado al Vice-Fiscal encargado, y de éste mismo, la Sala Constitucional pasó a usurpar la competencia exclusiva de la Fiscal General de la república y de la propia
Asamblea Nacional, decidiendo que "esta Sala por auto separado designará de manera temporal un Vicefiscal General de la
República. Así se decide."

No era difícil imaginar lo que la Sala perseguía con esta absurda sentencia,[4] que no era otra cosa que neutralizar totalmente a la Fiscal general de la República. Es decir, que una vez
que la Sala procediera a designar directamente al Vice-Fiscal,
aseguraba así que éste, subordinado a la propia Sala Constitucional, entonces podía proceder a solicitar un antejuicio de
mérito contra la propia Fiscal conforme al artículo 25.5 de la
Ley Orgánica del Ministerio Público. Precisamente para ello,
en la misma sentencia decidió que la Fiscal General había in-

---

4   Véase José Ignacio Hernández, "El TSJ avanza en su intento de anular y
     remover a la Fiscal," en *Prodavinci*, 27 de junio de 2017, en http://pro-
     davinci.com/blogs/el-tsj-avanza-en-su-intento-de-anular-y-remover-a-la-
     fiscal-por-jose-ignacio-hernandez-g-1/

currido "en un error inexcusable en los términos establecidos en el artículo 22 numerales 8 y 10 de la Ley Orgánica del Poder Ciudadano."

Sobre la sentencia N° 470 de 27 de junio de 2017, la propia Fiscal General de la República, Luisa Ortega Díaz, en rueda de prensa que dio el día 28 de junio de 2017, declaró lo siguiente respecto de los magistrados de la Sala Constitucional:

> "ellos destituyen al Vicefiscal, esta competencia es exclusiva según la Ley Orgánica del Ministerio Publico de nombramiento de la Fiscal General, en tal caso, debe ser aceptada por la Asamblea Nacional, no por parte del Tribunal Supremo de Justicia.
>
> Los Magistrados del Tribunal Supremo de Justicia son los que están derogando la Constitución, ¡Esto yo no lo voy a permitir! Si ellos lo hicieron con la Asamblea Nacional, Diputados ustedes no están en desacato, eso no existe, eso no se le puede aplicar a los Diputados, ustedes no hicieron nada, eso es problema de la Asamblea Nacional.
>
> Yo estoy investida de autoridad, y estoy obligada y tendrá el deber de garantizar la Constitución, me impone a mí la obligación de defenderla a ella misma, según el Artículo 333 de la CRBV, yo desconozco estas sentencias.
>
> ¡Defenderé la democracia y la Constitución con mi vida, Lo juro!" [5]

Ese mismo día, el Tribunal Supremo le prohibió la salida del país y le congeló sus cuentas bancarias. !! [6]

New York, 28 de junio de 2017

---

5   Transmitido por VPI TV, 27 de junio de 2017, en: https://www.youtube.com/watch?v=ab6B4Pclkj8.

6   En "TSJ congela cuentas de Luisa Ortega y le prohíbe salir del país," en *CNNespañol*, 28 de junio de 2017, en http://cnnespanol.cnn.com/2017/06/28/tsj-congela-cuentas-de-luisa-ortega-y-le-prohibe-salir-del-pais/

ÍNDICE GENERAL